ACTUALITÉ 2018-2019

TOUS LES ÉVÉNEMENTS INCONTOURNABLES

personnalités / acteurs / affaire
citaθ
dates / chiffres clefs / lois maj
définiθ / sigles.

W0332198

Ouvrage coordonné par Sophie Mattern

Marie-Laure Boursat
Diplômée de l'ESCP Europe
Responsable de Prépa ECOpole
Juré d'oraux d'écoles de commerce

Céline Charles
Diplômée de droit public international
de l'Université du Québec à Montréal
Professeure de sciences économiques
et sociales

Élodie Grémaud
Diplômée d'histoire contemporaine
d'Aix-Marseille Université
Professeure des écoles, auteure d'ouvrages
chez Magnard

Thibaut Klinger
Normalien agrégé d'histoire
Professeur d'histoire-géographie

Marion Le Calvez
Diplômée de l'IEP de Paris, agrégée d'histoire
Professeure d'histoire-géographie

Sophie Mattern
Agrégée de sciences économiques et sociales
Juré du Concours Général, de Sciences Po Paris
et du CAPES de SES

Marie Perez
Normalienne
Professeure de philosophie

Avec la contribution de **Louise Cormier**

Vuibert

Conception de la couverture et de l'intérieur : Séverine Tanguy
Réalisation : Nord Compo
Crédits photographiques de couverture : Chesnot/Getty Images (plat 1) ; Nicolas Tucat/AFP (plat 4) ; Saul Loeb/AFP (plat 4) ; Peter-Braakmann/Istockphoto (plat 4) ; Kentaro Aoyama/Yomiuri/The Yomiuri Shimbun/AFP (plat 4) ; Valery Sharifulin/Getty Images (plat 4).

ISBN : 978-2-311-20632-6

SOMMAIRE

ÉCONOMIE ET POLITIQUE

PARTIE 1

GÉOPOLITIQUE

PARTIE 2

DROIT ET SOCIÉTÉ

PARTIE 3

ENTREPRISES ET MONDE DU TRAVAIL

PARTIE 4

CULTURE ET ENVIRONNEMENT

CLASSEMENTS ET CHIFFRES INCONTOURNABLES

PARTIE 1

ÉCONOMIE ET POLITIQUE

Quinquennat Macron : un an après, l'heure du bilan ?

par Marion Le Calvez

Le 14 mai 2017, Emmanuel Macron devenait à 39 ans le plus jeune chef d'État que la République française ait connu. Un mois plus tard, « La République en marche ! » obtenait la majorité absolue de sièges à l'Assemblée nationale. Porté par cet état de grâce, le nouveau président de la République, soucieux de transformer la France en profondeur, s'est alors lancé dans un vaste programme de réformes. Un an après, un premier bilan peut être dressé.

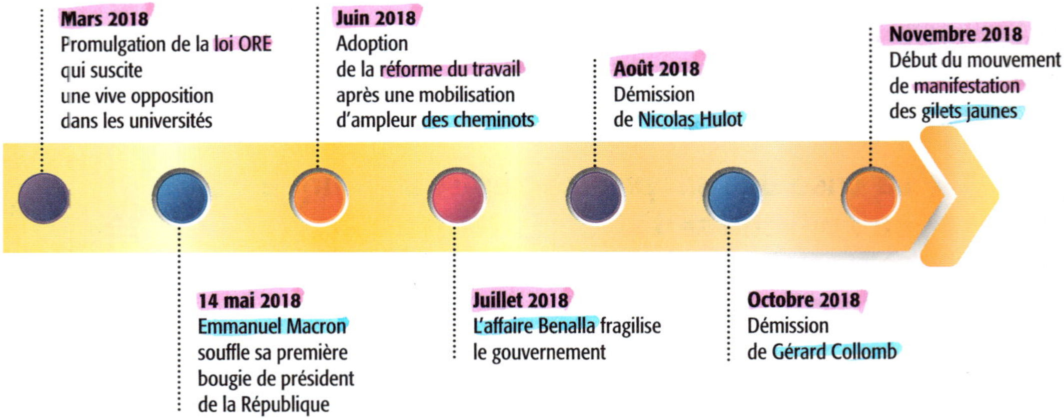

Une chute nette de popularité et des tensions au sein de la majorité

La rentrée 2018 n'a pas été simple pour Emmanuel Macron. Selon un sondage Kantar Sofres-OnePoint réalisé pour *Le Figaro Magazine*, RTL et LCI, seuls 19 % des Français estimaient le bilan de Macron positif en septembre 2018, contre 35 % en janvier de la même année.

Parallèlement à cette baisse de popularité, les rangs des marcheurs et de leurs soutiens semblent s'être délités depuis l'élection de mai 2017. Quelques députés ont osé critiquer les mesures gouvernementales, notamment à l'occasion du vote de la loi asile et immigration, adoptée en août 2018.

De plus, le gouvernement semble fragilisé, d'abord par l'affaire Benalla, qui a émoussé la réputation du président de la République en juillet 2018, puis par les démissions successives de Nicolas Hulot et de Gérard Collomb.

Surtout, les critiques sont de plus en plus vives contre le chef de l'État et sa majorité, accusés tant sur le fond que sur la forme.

Le Président des riches ?

C'est l'une des critiques récurrentes que doit essuyer Emmanuel Macron. De Marine Le Pen à Jean-Luc Mélenchon, en passant par Laurent Wauquiez, les principales figures de l'opposition affirment que les plus riches seraient les grands gagnants des réformes fiscales adoptées depuis un an par la majorité. Quant aux Français, ils seraient 72 % à percevoir Emmanuel Macron comme le « président des riches »selon un sondage Odoxa-Dentsu Consulting réalisé au mois de mai pour franceinfo et *Le Figaro*.

Le gouvernement s'en défend, énumérant les mesures pensées pour améliorer le quotidien des classes moyennes et des ménages les plus modestes. La majorité a ainsi accordé à tous les salariés une baisse des cotisations sociales afin d'augmenter leur pouvoir d'achat. Dans la même logique, le gouvernement a annoncé la suppression progressive à l'horizon 2021 de la taxe d'habitation. En compensation, il a dû augmenter la contribution sociale généralisée (CSG), ce qui a valu au président de la République une volée de bois vert de la part des retraités touchés par la hausse de la CSG.

Si Emmanuel Macron est régulièrement assimilé au président des riches, c'est également en raison de sa politique sociale. Au mois de juin 2018, il a choqué une partie des Français en évoquant le « *pognon de dingue* » que coûtent les aides sociales en France. Parallèlement, la loi de finances 2019 prévoit de réaliser 3 milliards d'euros d'économie en ne revalorisant que très faiblement les aides personnalisées au logement, les allocations familiales et les pensions de retraite.

Autre mesure qui suscite des critiques fortes, la hausse des taxes sur les cigarettes et sur le diesel, que beaucoup voient comme des mesures pénalisant d'abord les revenus les plus modestes. Il en est de même pour la limitation de la vitesse à 80 km/h sur les nationales, accusée de pénaliser les Français les plus dépendants de leur automobile au quotidien.

Le 17 novembre 2018, la hausse des prix du carburant automobile a suscité une mobilisation importante de la part de manifestants arborant des « gilets jaunes ». Depuis, ces gilets jaunes ont élargi leur mot d'ordre : tout en bloquant des axes routiers, ils revendiquent l'augmentation du pouvoir d'achat des classes moyennes et populaires, issues essentiellement des zones périurbaines et rurales. Le samedi 1er décembre 2018, d'importantes scènes de violence ont émaillé les manifestations des gilets jaunes, principalement dans la capitale, confrontant l'Élysée et Matignon à la plus grave crise politique et sociale de ce début de quinquennat.

Malgré les efforts de communication de l'Élysée pour casser cette image de « président des nantis », les critiques pleuvent, énumérant les réformes fiscales avantageuses dont bénéficient les plus riches. En remplaçant l'impôt sur la fortune (ISF) par l'impôt sur la fortune immobilière (IFI), la majorité a en effet offert aux foyers fiscaux les plus favorisés une économie d'impôts de 3,2 milliards d'euros. De même, la « flat tax » a permis aux contribuables concernés par un taux d'imposition supérieur à 30 % de réaliser des économiques substantielles d'impôts.

Autre mesure phare promise par Emmanuel Macron : la transformation du crédit d'impôt pour la compétitivité et l'emploi (CICE) en baisse durable de cotisations patronales à partir de janvier 2019.

Un Président de droite ?

Durant sa campagne présidentielle, Emmanuel Macron affirmait n'être ni de droite ni de gauche. Un an après son élection, 43 % des Français estiment pourtant que le chef de l'État mène une politique de droite, quand seulement 7 % des sondés considèrent qu'il mène une politique de gauche (source : sondage Odoxa-Dentsu Consulting pour franceinfo et *Le Figaro* publié en mai 2018). Dans les rangs politiques, le constat est plus net encore. Une large frange de la droite républicaine salue les réformes menées par le président Macron.

Dans le domaine de l'emploi, le Président poursuit la réforme du droit du travail impulsée sous Hollande avec la loi El Khomri. Son objectif : inverser la courbe du chômage grâce à davantage de flexibilité. Dans cette logique, Emmanuel Macron entend bien honorer l'une de ses promesses de campagne, à savoir la suppression de 120 000 postes de fonctionnaires durant son quinquennat. En 2018, le gouvernement a annoncé la suppression de plus de 4 000 postes dans la fonction publique. Parallèlement, le ministre de l'Action et des Comptes publics, Gérald Darmanin, a annoncé vouloir généraliser le recrutement hors statut dans la fonction publique, c'est-à-dire augmenter le nombre de contractuels. Les syndicats dénoncent une remise en cause du statut général des fonctionnaires. Sur ce plan, la réforme de la SNCF est sûrement l'un des épisodes les plus houleux de l'année 2018 en France. Définitivement adoptée en juin 2018, cette réforme ferroviaire doit transformer la SNCF en société anonyme, supprimer le statut de cheminot pour les salariés nouvellement recrutés et ouvrir le rail à la concurrence d'ici 2020. Le mouvement de contestation suscité par cette réforme, bien que vain, a fortement perturbé le trafic ferroviaire et a été, sur la durée, l'un des plus suivis dans le rail français depuis vingt ans.

Dans le domaine de l'éducation, le président Macron est également accusé de mener une « politique de droite ». Promulguée en mars 2018, la loi relative à l'orientation et la réussite des étudiants (ORE) a suscité un vif mécontentement dans les universités françaises. Durant l'été 2018, c'est la plateforme Parcoursup qui a fait l'objet de nombreuses critiques, puisqu'un nombre important de futurs étudiants se sont trouvés sans affectation. Toujours dans le domaine de l'éducation, le Président a tenu sa promesse de campagne de généraliser des classes à douze élèves en CP et CE1 au sein des réseaux d'éducation prioritaire. En contrepartie, Jean-Michel Blanquer, le ministre de l'Éducation nationale, a annoncé la suppression de 1 800 postes dans l'Éducation nationale, exclusivement dans le secondaire, essuyant, là encore, une vague de critiques. Parallèlement, le ministre défend avec énergie sa réforme du lycée et du bac.

Un Président arrogant et autoritaire ?

Au-delà du fond, c'est aussi sur la forme qu'Emmanuel Macron affronte des critiques. Début octobre 2018, 71 % des Français estiment qu'Emmanuel Macron est arrogant selon un sondage Elabe réalisé pour BFMTV. Cette opinion est régulièrement ravivée par les « petites phrases » du Président. Fin août, par exemple, à l'occasion d'un discours prononcé au Danemark, Emmanuel Macron a qualifié les Français de « *Gaulois réfractaires au changement* ». Peu après, le Président s'est adressé en ces termes à un jeune chômeur se plaignant de ne pas trouver de travail : « *Je traverse la rue, je vous en trouve [du travail]* ». L'échange a aussitôt suscité de nombreuses réactions indignées sur les réseaux sociaux, le Président étant accusé de mépris de classe. Les défenseurs d'Emmanuel Macron, à l'inverse, louent son franc-parler et son dynamisme.

Des critiques s'élèvent également contre les réformes jugées expéditives et verticales, d'un Président accusé de vouloir transformer la France à coup d'ordonnances. Toujours selon le sondage Elabe réalisé pour BFMTV en octobre 2018, 79 % des Français jugent ainsi qu'Emmanuel Macron est autoritaire. Les députés de l'opposition fustigent les méthodes de la majorité, qui font de l'Assemblée nationale une simple chambre d'enregistrement où le groupe parlementaire LaREM approuve docilement tout projet de loi présenté par le gouvernement. De leur côté, les syndicats critiquent vivement les parodies de concertation organisées par le gouvernement.

Là encore, le Président justifie et revendique la méthode. Dès sa campagne, il s'était positionné comme le Président « jupitérien » dont la France avait besoin, en rupture avec la figure du « Président normal » incarnée par François Hollande. Pour autant, il semble aujourd'hui soucieux de redorer son image. Lors d'une allocution télévisée prononcée début octobre, il s'est exprimé en ces termes : « *Ces derniers mois ont pu rendre moins perceptible (le) sens (de mon action). D'abord, parce que parfois, par ma détermination ou mon parler-vrai j'ai pu déranger ou choquer certains. Et j'entends les critiques* ». Mais le Président ne changera pas de cap. Aux mécontents, nombreux, il rétorque que son mandat dure cinq ans et que l'heure n'est pas encore au bilan.

L'Allemagne s'affaiblit-elle ?

par Élodie Grémaud

L'Allemagne est un poids lourd de l'Union européenne. C'est un pays fédéral où les *Länder* (régions) ont aussi des pouvoirs élargis. C'est le premier pays d'Europe par son PIB (3 046 milliards d'euros) et sa population (82 millions d'habitants). Elle envoie donc la plus grande délégation de députés au Parlement européen (96 députés, c'est le nombre maximum sur 750 députés) et est le plus gros contributeur au budget de l'Union européenne (19,7 % du budget européen en 2014). Mais depuis les élections nationales du 24 septembre 2017, Angela Merkel est affaiblie en Allemagne et, par répercussion, sur la scène internationale.

Automne 2015
Décision d'ouvrir le pays à 890 000 demandeurs d'asile

Juillet 2017
Tensions entre l'Allemagne et la Turquie

24 septembre 2017
Renouvellement du Bundestag. L'AfD envoie 92 députés au Bundestag

26 septembre 2017
Discours d'Emmanuel Macron sur l'Europe à la Sorbonne

29 octobre 2018
Angela Merkel renonce à la présidence de son parti le CDU

L'isolement d'Angela Merkel dans son pays

Élue à la tête de la CDU en 2000 (l'Union chrétienne-démocrate d'Allemagne), parti libéral-conservateur fondé en 1945, Angela Merkel est devenue chancelière fédérale d'Allemagne en 2005. Pendant 10 ans, elle a été l'une des femmes les plus puissantes du monde. À l'automne 2015, quand elle propose d'accueillir des milliers de demandeurs d'asile sans avoir vraiment consulté son partenaire de coalition, ni les partenaires européens, ni les *Länder*, elle inquiète l'opinion, qui va se détourner des formations politiques classiques.

La sanction arrive dès les élections régionales en septembre 2016. L'AfD (Alternative pour l'Allemagne), parti d'extrême droite, devance la CDU dans le fief de la chancelière, le Mecklembourg-Poméranie-Occidentale. Puis, le 24 septembre 2017, l'AfD, parti eurosceptique fondé en 2013, envoie 92 députés au Bundestag (le Parlement allemand).

Trois échelons de pouvoirs

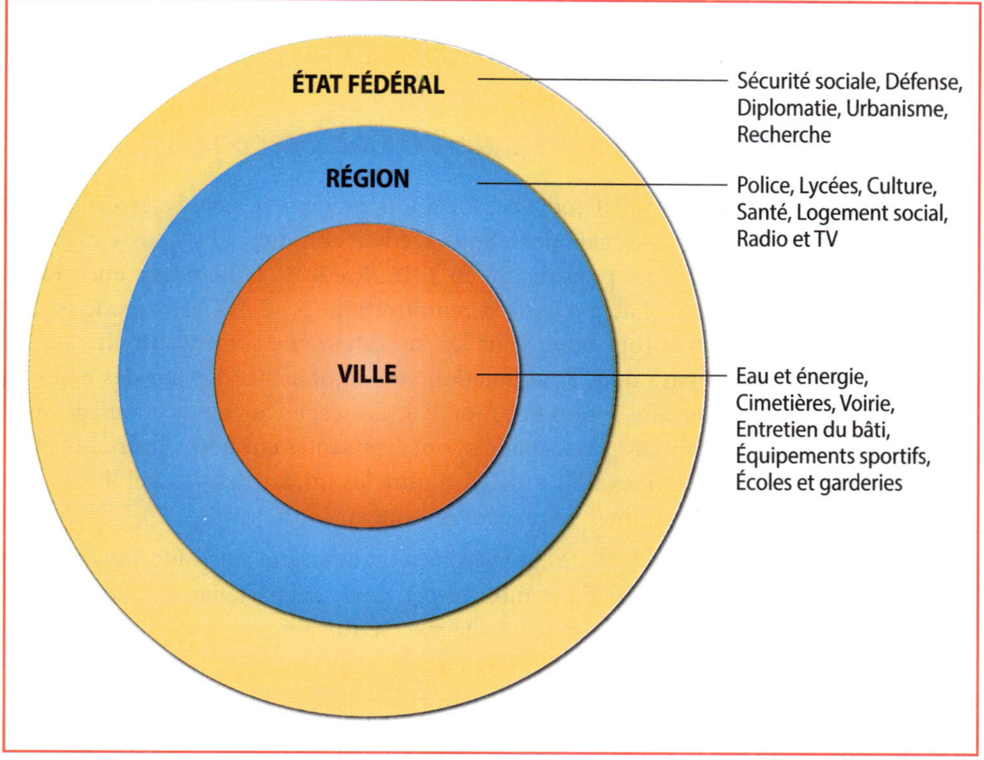

Source : ipj.news.

En 2018, le CDU et le SPD (parti social-démocrate) recueillent seulement 56 % des sièges, soit 399 députés au Bundestag. L'effondrement des deux grands partis politiques d'après-guerre est un séisme pour l'Allemagne. La chancelière mettra six mois pour organiser un gouvernement de « grande coalition », la « GroKo », composé de la CDU, de la CSU (Union chrétienne-sociale) et du SPD. Cette fragile coalition s'occupe principalement de la gestion quotidienne des affaires du pays. Chaque dossier avance lentement après de multiples négociations. À la suite d'un nouveau revers lors des élections régionales en Bavière et en Hesse en octobre 2018, Angela Merkel annonce qu'elle ne briguera pas un nouveau mandat à la tête de la CDU en décembre 2018. La compétition s'annonce entre les différents candidats à la succession, modérés et conservateurs. En revanche, Angela Merkel compte terminer son mandat à la tête de la chancellerie jusqu'en 2021 sans en briguer un suivant. Lors des élections en Hesse, l'AfD a récolté 13 % des voix et le parti est maintenant représenté dans tous les parlements régionaux d'Allemagne. Non seulement la CDU perd des voix, mais aussi l'autre grand parti, le SPD. Le paysage politique s'est fragmenté en de nombreux partis, au détriment des deux grands partis historiques. Est-ce que la « GroKo » va rester en place ? Enfin, A. Merkel va-t-elle garder la même crédibilité à l'international pendant les deux années qui lui restent à gouverner ? Est-ce que l'immobilisme va gagner ? Les dossiers vont-ils rester en suspens ? Les soubresauts de la politique intérieure allemande ont eu des conséquences sur la politique de l'Union européenne, sans toutefois paralyser le pays, car les *Länder* disposent de nombreuses compétences de gestion.

L'isolement de l'Allemagne dans l'Union européenne

Le modèle économique de l'Allemagne est à la fois solide et fragile. La croissance est de 2,2 %. Son PIB est en hausse également. Son excédent commercial est passé d'environ 200 milliards d'euros en 2013 à près de 250 en 2016. En 2017, l'Allemagne enregistrait son taux de chômage le plus faible depuis la réunification (5,7 %). C'est aussi le pays le moins endetté de l'Union européenne. Tous les indicateurs ne sont néanmoins pas au vert. L'Allemagne est un pays dont la population vieillit. Son PIB dépend des exportations, et donc des variations du commerce mondial. Certes, il y a peu de chômage, mais les salaires sont faibles. En outre, les inégalités sont croissantes entre les plus riches et les plus pauvres, entre les anciennes RFA et RDA. Enfin, les infrastructures publiques sont en mauvais état et des programmes de rénovation sont en cours.

Depuis 2010 et la crise des dettes souveraines, l'Allemagne est toute puissante en Europe. Depuis quelques années, elle semble s'éloigner de ses partenaires. Tout d'abord, le Brexit prive l'Allemagne d'une relation forte avec le Royaume-Uni. De plus, les pays du Visegrád (Pologne, Slovaquie, Hongrie et République tchèque) s'opposent aux positions favorables de l'Allemagne envers les demandeurs d'asile. Ceci renforce les liens entre les pays du Visegrád. L'Europe du Sud, quant à elle, garde une rancœur envers l'Allemagne suite à la crise économique. Quant au tandem franco-allemand, il fonctionne plus ou moins bien selon les dossiers. Ainsi les deux pays se sont entendus lors de la crise ukrainienne en 2014-2015. En revanche, Paris reproche à Berlin de négocier seul avec la Turquie pour limiter l'afflux de réfugiés en 2016. La France et l'Allemagne souhaitent avancer dans la construction européenne, mais ils ne vont pas au même rythme.

Emmanuel Macron avait prononcé le 26 septembre 2017 un discours à la Sorbonne pour réformer l'Union européenne avec une cinquantaine de propositions sur la zone euro, la défense, la politique migratoire, l'environnement… Un an après, plusieurs projets sont mis en suspens à cause de la fragilité politique d'Angela Merkel. Par exemple, les discussions sur le budget de la zone euro, prévu pour 2021, avancent lentement même si la chancelière a donné son accord pour un budget limité. Sur l'accueil des réfugiés, les discussions sont également bloquées. Mais des convergences se font, notamment sur la création d'une force commune d'intervention.

L'Allemagne est toujours bien représentée dans les institutions européennes. Dans le Parlement européen, sur les huit groupes politiques, quatre sont dirigés par des Allemands (jusqu'aux élections de 2019). Trois institutions européennes sur quatre ont un secrétaire général allemand. En novembre 2019, le successeur à la Banque centrale européenne pressenti est l'allemand Jens Weidmann, déjà président de la Bundesbank.

L'isolement de l'Allemagne dans le monde

Avec l'Amérique de Donal Trump, la mésentente est croissante. Les États-Unis étaient pourtant un allié depuis la fin de la Seconde Guerre mondiale, auprès duquel l'Allemagne avait trouvé une légitimité démocratique. La mésentente date pourtant de quelques années, avant Trump. En effet, l'Allemagne n'était intervenue ni lors de la guerre d'Irak (2003-2011) ni lors de l'intervention en Libye (2011), contrairement aux États-Unis. Le 18 mars 2017, Donald Trump donne un camouflet symbolique à Angela Merkel en lui refusant une poignée de main. Les États-Unis n'ont plus de politique allemande, même s'il existe toujours des bases américaines dans le pays.

Donald Trump fustige les excédents commerciaux de l'Allemagne, critique sa faible participation financière dans le budget de l'Organisation du traité de l'Atlantique Nord (OTAN) et lui reproche au contraire « d'enrichir » la Russie par l'intermédiaire de ses approvisionnements en énergie (critique du projet de gazoduc Nord Stream qui reliera la Russie à l'Allemagne par la mer Baltique). Angela Merkel a répliqué qu'elle menait ses politiques de façon « indépendante » et qu'elle fournissait le deuxième contingent de soldats à l'OTAN.

Les relations tendues entre l'Europe et la Turquie se cristallisent autour de l'Allemagne. De fait, l'Allemagne était un partenaire privilégié de la Turquie depuis de longues années. En effet, la plus grande diaspora turque du monde réside en Allemagne. Les tensions ont commencé avec le putsch raté de juillet 2016 et l'arrestation de citoyens allemands à Ankara, puis elles ont grimpé, en mars 2017, avec les propos du président Erdoğan à l'encontre d'Angela Merkel. À la suite de l'annulation de meetings pro-Erdoğan en Allemagne et de l'autorisation d'une manifestation de Kurdes hostiles au régime d'Ankara, Erdoğan a déclaré, en interpellant directement la chancelière, « *Tu as recours en ce moment précis à des pratiques nazies* ». En Turquie, l'arrestation de militants des droits de l'homme en juillet 2017 et le maintien en prison d'un ressortissant allemand n'ont fait qu'envenimer la situation. Les réprimandes sont économiques, l'Allemagne a déconseillé aux touristes d'aller là-bas, et a gelé ses livraisons d'armes. Néanmoins, toutes les relations ne sont pas coupées avec la Turquie. La visite du président Erdoğan en Allemagne en septembre 2018 pour tenter d'entamer un processus de réconciliation.

L'Allemagne n'a pas participé aux côtés de la France et du Royaume-Uni aux frappes en Syrie, lancées par les États-Unis en avril 2018. Elle soutient certes ses partenaires européens, mais refuse de participer au conflit. L'opinion allemande, en effet, est pacifiste. En outre, l'équipement militaire est insuffisant, faute d'investissements.

L'affaiblissement politique de l'Allemagne s'est donc concrétisé avec l'annonce du départ d'Angela Merkel. Elle tient à finir son mandat, mais, en quittant la tête de son parti, Angela Merkel va-t-elle pouvoir rester chancelière jusqu'en 2021 ? Son parti, la CDU, va-t-il pouvoir se redresser ? Le couple franco-allemand va-t-il devoir rester dans l'immobilisme jusqu'en 2021 ?

La guerre commerciale aura bien lieu !

par Céline Charles

« *La Chine va retirer ses barrières douanières parce que c'est ce qu'il faut faire. Les taxes vont devenir réciproques et un accord sera trouvé sur la propriété intellectuelle* », écrivait le président américain au printemps 2018, promettant « *un superbe avenir pour les deux pays !* » Cet optimiste a conquis de nombreux observateurs, qui ont cru à un réchauffement des relations sino-américaines. Mais, face à la montée des tarifs douaniers, ils se sont rendus à l'évidence : la guerre commerciale était déclarée ! Engagée par Donald Trump avec la Chine, l'Union européenne et ses partenaires de l'Alena, cette guerre est l'une des manifestations du protectionnisme américain loué par le président des États-Unis. Mais quels sont les fondements de ce protectionnisme ? Est-il en mesure de réduire le chômage et de soutenir la croissance économique ?

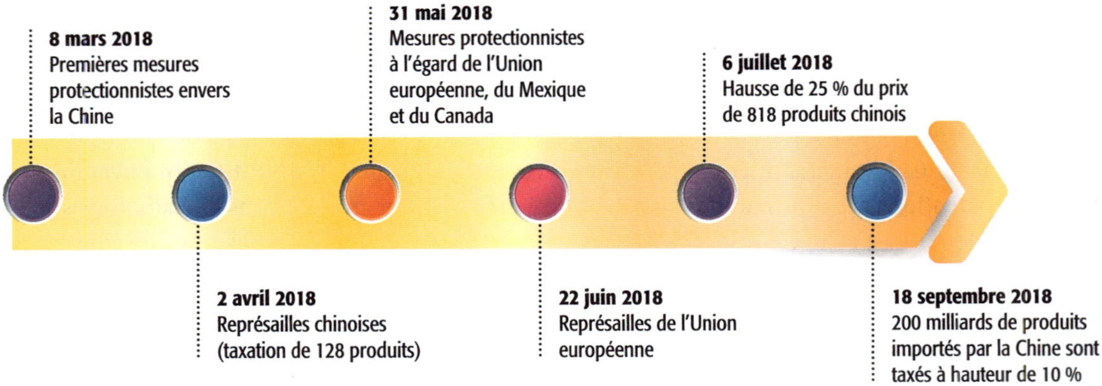

La guerre des prix

C'est au printemps 2018 que le président américain s'est lancé dans une véritable guerre commerciale. En mars, il a augmenté de 10 % les droits de douane sur les importations d'acier et de 25 % ceux des importations d'aluminium en provenance de Chine. L'exemption qui protégeait le Canada, le Mexique et l'Union européenne n'a été que de courte durée. En avril, les États-Unis ont décidé d'élargir la liste des produits concernés par une hausse des droits de douane. En juillet, on en comptait plus de 800 ! Le président américain semble bien décidé à gagner : en septembre, les droits de douane ont augmenté pour près de 200 milliards d'importations chinoises.

Ce protectionnisme vise une diminution des importations, jugées délétères pour la production et l'emploi. Les mesures tarifaires ne sont toutefois pas les seuls leviers que les États peuvent activer. À l'été 2018, le président américain a annoncé la volonté d'adopter des mesures non tarifaires comme le contrôle voire l'interdiction d'investissements chinois aux États-Unis.

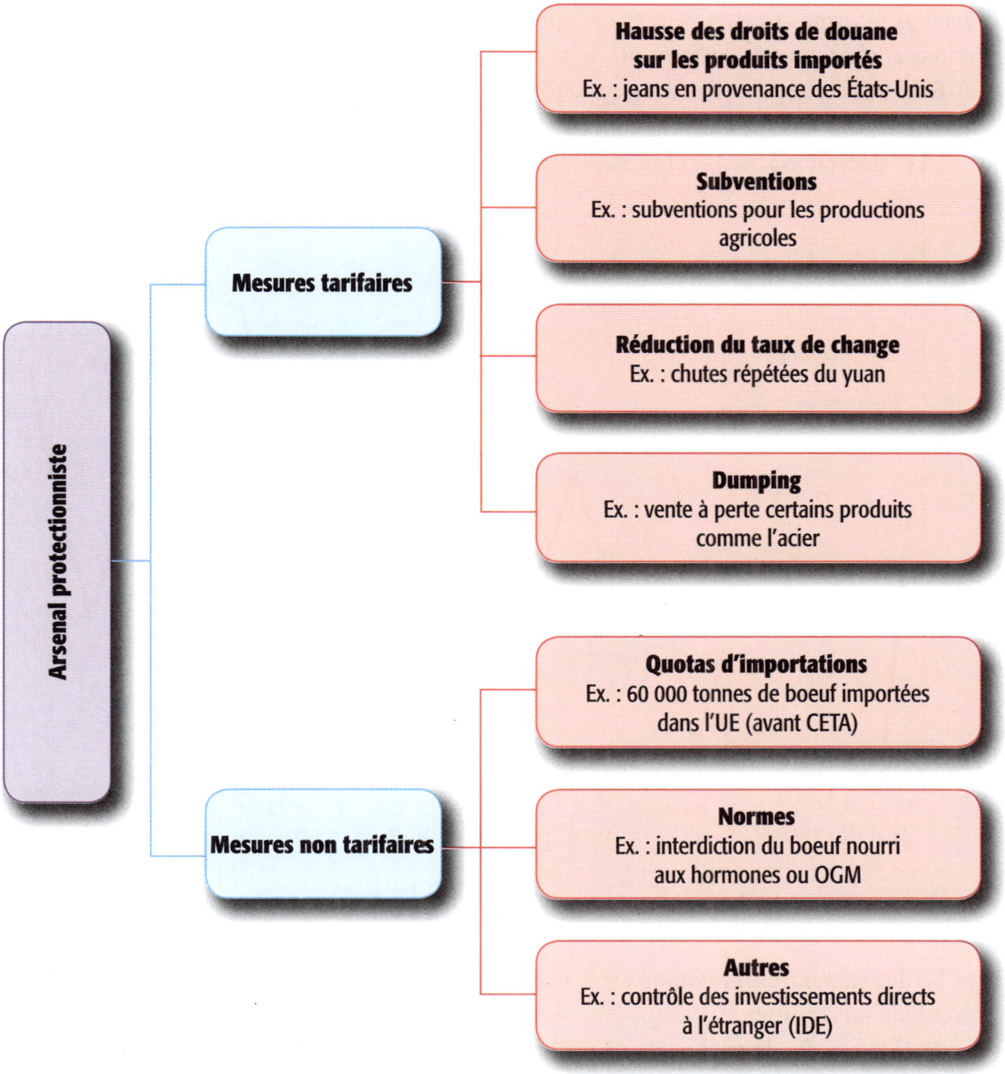

La guerre des mots

De nombreux arguments économiques et politiques sont avancés par l'administration Trump pour légitimer cette guerre. Le premier motif invoqué est le déficit commercial. En juillet 2018, il était évalué à plus de 50 milliards de dollars. Le déficit commercial américain signifie que la valeur des importations est supérieure à celle des exportations. Cet écart résulte de plusieurs facteurs. Les États-Unis accusent la Chine de « concurrence déloyale » pour certains produits comme l'acier. Les prix cassés des produits chinois sont très compétitifs. Par ailleurs, la demande intérieure américaine de certains produits comme les automobiles et les biens industriels ne diminue pas en dépit de la hausse du prix de ces biens. Les récentes réformes fiscales prises par l'administration Trump l'expliquent. Enfin, les exportations américaines de certains produits comme le soja et le porc ont ralenti durant l'année 2018 du fait des représailles des pays dont les exportations sont davantage taxées.

Le déficit commercial américain (en milliards de dollars)

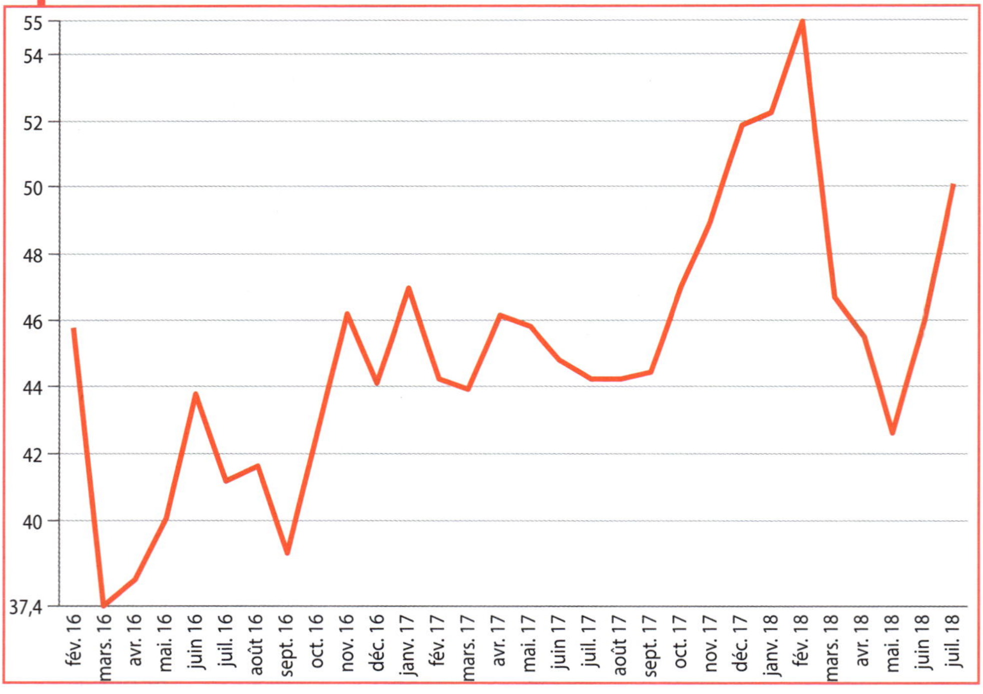

Source : Census Bureau.

Le deuxième motif invoqué est le non-respect des règles imposées par l'Organisation mondiale du commerce (OMC). Au-delà de la concurrence déloyale, la Chine est accusée par les États-Unis de protectionnisme agressif et récurrent : subventions pour ses entreprises, réservation de marchés publics, contrôle des investissements étrangers…

Enfin, le dernier motif invoqué est que le transfert des technologies est rendu obligatoire pour les entreprises étrangères s'installant en Chine. Autrement dit, ces dernières sont contraintes de diffuser leur capital technologique, source d'innovations. Fustigeant une « *atteinte au droit de propriété intellectuelle* », les États-Unis ont menacé de limiter les investissements chinois sur le sol américain dans des secteurs technologiques comme la robotique, l'aéronautique et les énergies renouvelables.

Si la Chine est le principal ennemi des États-Unis, d'autres pays ne sont pas épargnés. À la suite du retrait des États-Unis de l'accord sur le nucléaire iranien, le président américain a prévenu qu'à partir du 4 novembre 2018, tout opérateur qui achètera du pétrole à l'Iran sera puni par Washington.

Les maux de la guerre

De nombreux observateurs pensent que cette guerre commerciale sera dommageable à l'économie mondiale.

Les mesures protectionnistes ont enclenché des mesures de rétorsion. Les États-Unis sont donc eux aussi pénalisés. Comme le fait remarquer un décideur chinois : « *Si la recette du Coca-Cola est une propriété américaine, la confection des canettes est une affaire chinoise !* » Aussi, le prix du soda augmente-t-il mécaniquement.

Les consommateurs sont largement touchés par cette guerre. À la rentrée 2018, Walmart menaçait l'administration Trump d'une hausse des prix pour un certain nombre de produits de première nécessité (farine, shampoing…) si de nouvelles taxes étaient imposées sur les marchandises chinoises. Cette hausse augmenterait les dépenses des ménages et détériorerait leur pouvoir d'achat.

Les producteurs sont également concernés. Une baisse des exportations de soja et de porc a d'ailleurs forcé le président américain, en juillet dernier, à leur verser une aide exceptionnelle (12 milliards de dollars) pour compenser les pertes.

Alors qu'en est-il de la croissance économique mondiale ? De nombreux observateurs envisagent une baisse du taux de croissance du PIB en 2019. En effet, on note une corrélation positive entre le commerce international et la croissance économique. Aussi, lorsque le premier ralentit, la croissance fait de même, comme l'illustre le graphique ci-dessous.

Qu'en est-il du chômage ? Le 20 janvier 2017, le président américain a promis d'être le plus « *grand créateur d'emplois que Dieu ait jamais créé* ». Sa politique « *America First* » porte ses fruits à court terme : Donald Trump a dissuadé Ford de construire une usine au Mexique, ce qui a contribué à la création de 700 emplois sur le sol américain. En 2018, le taux de chômage aux États-Unis est inférieur à 4 % de la population active. Néanmoins, ces résultats doivent être nuancés : une baisse des exportations entraînera une baisse de l'emploi. Car pourquoi garder des salariés si les carnets de commandes se désemplissent ? Une hausse du coût des importations alourdit les coûts de production et le coût de la vie, au détriment des plus démunis.

Le président américain est cependant loin d'infléchir sa politique commerciale à l'approche des élections de mi-mandat qui se sont tenues le 6 novembre 2018.

La première crise du quinquennat Macron : l'affaire Benalla

par Marie Perez

Le 18 juillet, la France découvre l'affaire Benalla, un nom qui va être relayé en continu sur toutes les chaînes d'informations durant l'été. De révélation en révélation, l'affaire prend une ampleur inattendue et aboutit finalement à une impasse juridique et à une fragilisation de l'image présidentielle. Comment un inconnu, Alexandre Benalla, à la fonction indéfinie et ambiguë, est-il devenu, en quelques mois, la cause de la première véritable crise politico-judiciaire du quinquennat d'Emmanuel Macron ?

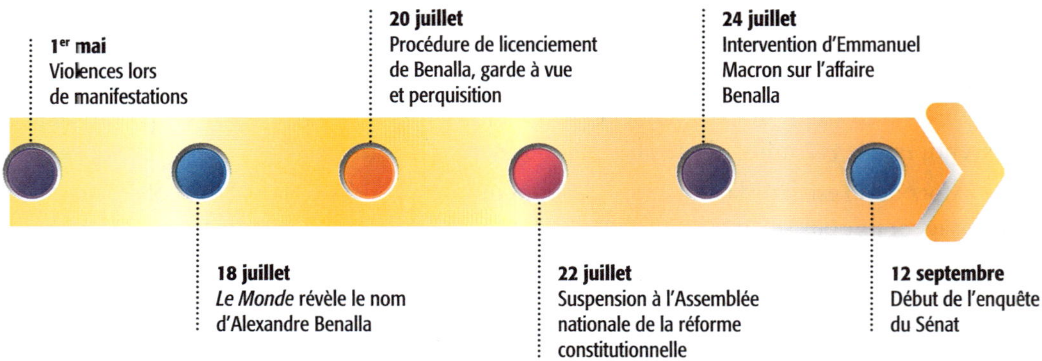

Une bavure policière ?

Lors de manifestations du 1er mai 2018, des vidéos amateurs diffusées sur les réseaux sociaux montrent ce qui semble d'abord n'être qu'une bavure policière : un homme coiffé d'un casque de police et entouré de CRS violente un jeune homme puis moleste une jeune femme sur la place de la Contrescarpe, dans le Ve arrondissement de Paris. Des faits qui alimentent une nouvelle fois le débat sur l'usage excessif de la violence par les forces de l'ordre. En juin, l'IGPN, la police des polices, publie alors pour la première fois un rapport officiel recensant le nombre de victimes de violences policières.

Le mercredi 18 juillet, le journal *Le Monde* révèle que le policier du 1er mai est en fait Alexandre Benalla, « proche collaborateur du président ». Sur les images, il apparaît accompagné de Vincent Crase, gendarme réserviste employé du mouvement « La République en Marche » (LREM). D'autres documents montrent encore Alexandre Benalla portant un brassard de police, utilisant une radio et muni des équipements réservés ordinairement à la police. Le directeur de cabinet d'Emmanuel Macron, Patrick Strzoda, confie au *Monde* qu'Alexandre Benalla est chargé de mission à l'Élysée : il s'occupe de la sécurité et n'était présent lors des manifestations qu'à titre d'observateur. Les vidéos du 1er mai ont entraîné une suspension de quinze jours pour comportement « *manifestement inapproprié* » ainsi qu'une injonction de « comportement exemplaire » : en cas de récidive, celui-ci ne pourra plus exercer à l'Élysée.

Alexandre Benalla en prise avec un manifestant, le 1er mai 2018

Source : AFP.

Une résolution obscure

Le parquet de Paris ouvre alors une enquête préliminaire pour « *violences par personne chargée d'une mission de service public* », « *usurpation de fonctions* » et « *usurpation de signes réservés à l'autorité publique* ». La présidence se contredit dans sa défense : elle assure que Benalla n'organise plus la sécurité du Président lors de ses déplacements, alors que de nombreux clichés le montrent aux côtés du couple Macron. Licencié, Benalla fait l'objet d'une enquête et d'une perquisition à son domicile parisien qui conduisent à sa mise en examen pour « *violences en réunion* » et « *immixtion dans l'exercice d'une fonction publique* », « *port et complicité de port prohibé et sans droit d'insignes réglementés* ». Des chefs d'accusation qui touchent aussi Vincent Crase, également mis en examen pour « *port prohibé d'une arme de la catégorie B* ».

Commence alors un jeu inquiétant où chaque personnalité politique se renvoie la responsabilité : Gérard Collomb, alors ministre de l'Intérieur, est entendu par la commission des lois de l'Assemblée. Appelé à la démission par la droite et la gauche, il invoque la responsabilité du préfet de police de Paris et du directeur du cabinet du président de la République.

Emmanuel Macron s'exprime enfin le 24 juillet, dans un cadre inattendu, à la fin d'une session parlementaire à la Maison de l'Amérique latine : « *Le seul responsable de cette affaire, c'est moi et moi seul !* », dit-il. « *S'ils veulent un responsable, il est devant vous, qu'ils viennent le chercher.* » L'Assemblée clôt son enquête en août, sans émettre de rapport. En septembre, c'est alors au Sénat de reprendre la commission d'enquête en auditionnant le chef du cabinet d'Emmanuel Macron, Françoix-Xavier Lauch, ainsi qu'Alexandre Benalla lui-même. Les auditions se poursuivent durant tout le mois d'octobre.

Le 26 septembre s'ouvre également une nouvelle affaire : le parquet de Poitiers commence une enquête préliminaire suite à la publication par Mediapart de clichés montrant Benalla dans un restaurant du centre-ville de Poitiers, en avril 2017, muni d'une arme alors qu'il ne bénéficie d'une autorisation de port d'arme qu'en octobre 2017.

Une crise révélatrice de failles juridiques et politiques

Le premier effet de l'affaire Benalla est la suspension, pour la première fois au cours de la Ve République, de l'examen d'une réforme. Emmanuel Macron prévoyait une révision des institutions et de la Constitution : 30 % de parlementaires en moins, limitation du cumul des mandats, 15 % de proportionnelle dans les élections législatives… Le débat est en cours à l'Assemblée lorsque surgit l'affaire en juillet. L'opposition de droite et de gauche dénonce avec véhémence ce qu'elle qualifie de « *scandale d'État* », Jean-Luc Mélenchon demande une motion de censure contraignant le gouvernement à s'expliquer. L'agitation est telle que le gouvernement décide de suspendre l'examen de sa réforme constitutionnelle en attendant « *des conditions plus sereines* », en janvier 2019.

C'est ensuite la personnalité, la fonction et le statut inhabituel de Benalla qui sont mis en cause : né en 1991, ce réserviste de la gendarmerie est renvoyé de son poste de chauffeur d'Arnaud Montebourg pour « *faute professionnelle* » alors qu'il a voulu fuir après un accident de voiture. Protecteur d'Emmanuel Macron pendant sa campagne de décembre 2016 à mai 2017, il est nommé chargé de mission à l'Élysée comme adjoint au chef de cabinet de François Xavier Lauch. Aperçu lors de très nombreux déplacements officiels ou privés, Daniel Cohn Bendit révèle en octobre que le couple présidentiel est très proche de Benalla. À seulement 27 ans, son ascension politique fulgurante interroge. Michel Onfray le qualifie de « *favori du roi* », soulignant les avantages disproportionnés dont bénéficiait Benalla, notamment un somptueux appartement de fonction ayant été auparavant occupé par la famille illégitime de Mitterrand. Ce brouillage de la frontière entre amitié privée et fonction publique officielle est au cœur des critiques adressées au gouvernement.

Alexandre Benalla affiche alternativement deux visages opposés. Son délit de fuite et ses frasques lors des manifestations du 1er mai, sa défense véhémente en juillet, où il invoque le code pénal pour justifier son acte (il se contentait de « *prêter main-forte aux policiers* » comme l'autorise l'article 73), et son audace lorsqu'il accuse la presse et les politiques d'instrumentaliser une banale affaire pour nuire au Président contrastent avec ses auditions au Sénat où il apparaît humble, conciliant et multipliant les excuses auprès des sénateurs. Aucune décision n'est encore rendue, l'enquête du Sénat et les auditions se poursuivront jusqu'à la fin de l'année 2018.

La vague populiste continue de submerger l'Europe

par Marion Le Calvez

L'année 2018 a été rythmée par de nombreuses échéances électorales en Europe. Comme en 2017, le succès de partis de droite radicale, xénophobes, populistes et eurosceptiques, constitue la tendance marquante de ces élections. De quoi susciter l'inquiétude des partis traditionnels, à quelques mois des élections européennes de mai 2019.

Janvier 2018
Le président Miloš Zeman et son Parti démocratique civique se maintiennent au pouvoir en République tchèque

Mars 2018
Réélection de Vladimir Poutine en Russie

Mars 2018
Victoire du Mouvement 5 étoiles et de la Ligue du Nord en Italie

Avril 2018
Maintien au pouvoir du Premier ministre Viktor Orbán en Hongrie

Juin 2018
Victoire du Parti démocrate slovène et de son leader Janez Janša en Slovénie

Octobre 2018
Percée historique de l'AfD en Bavière (Allemagne)

Octobre 2018
Maintien au pouvoir du parti Droit et Justice en Pologne

Mai 2019
Élections européennes

La droite populiste se maintient au pouvoir

Constatée en 2017, la déferlante populiste qui touche l'Europe depuis quelques années semble se poursuivre en 2018. Dans plusieurs pays, les élections de l'année 2018 ont, en effet, permis aux partis d'extrême droite en place de se maintenir au pouvoir.

C'est le cas en République tchèque, où le président Miloš Zeman et son Parti démocratique civique ont été réélus en janvier 2018. Les électeurs tchèques ont voté à plus de 50 %, au second tour, pour ce candidat très à droite, pro-Poutine, antimigrants et anti-islam. En octobre 2018, le parti de Miloš Zeman a confirmé son ascension à l'occasion des élections sénatoriales.

C'est également le cas en Russie, où Vladimir Poutine, à la tête du parti Russie unie, a été très largement réélu président de la République, pour un quatrième mandat, avec plus de 76 % des voix en mars 2018.

En Lettonie, l'année 2018 a confirmé au pouvoir le parti prorusse, Harmonie, dirigé par Nils Ušakovs. De même, en Hongrie, les élections législatives du mois d'avril ont permis au Premier ministre Viktor Orbán et à son parti, le Fidesz, de se maintenir à la tête de la coalition de droite populiste et nationaliste qui dirige le pays. Au pouvoir depuis 2010, Viktor Orbán s'illustre depuis plusieurs années par un virage radical à droite. Assimilant migrants et terroristes, Viktor Orbán considère Donald Trump comme une « icône » et multiplie les réformes liberticides. Dans ce contexte, le Parlement européen a brandi contre la Hongrie l'article 7 du traité sur l'Union européenne, une procédure permettant de punir un État qui bafoue les valeurs de l'Union européenne.

En Pologne, enfin, les élections locales du mois d'octobre 2018 ont permis au parti conservateur et nationaliste, Droit et Justice, de se maintenir au pouvoir. Premier parti de Pologne depuis 2015, détenant la présidence (en la personne d'Andrzej Duda) et la majorité absolue à la Chambre des députés, Droit et Justice est de plus en plus contesté pour ses dérives autoritaires. Sa réforme de la Cour suprême, adoptée en juillet 2018, est accusée de porter atteinte à l'indépendance de la justice. Face à ce qu'elle considère comme une violation grave de l'État de droit en Pologne, la Commission européenne a réagi en vertu de l'article 7 du traité de Maastricht.

La droite populiste se hisse au sommet

En 2018, l'extrême droite s'est ainsi renforcée, jusqu'à conquérir le pouvoir, dans des pays où elle était auparavant minoritaire.

En Italie, d'abord, les élections législatives du mois de mars 2018 ont consacré la victoire du Mouvement 5 étoiles et de la Ligue du Nord. Rencontrant des difficultés pour former un gouvernement de coalition, les principales forces politiques en présence ont finalement réussi à se mettre d'accord au mois de juin 2018. Les dirigeants du Mouvement 5 étoiles, Luigi Di Maio, et de La Ligue, Matteo Salvini, occupent ainsi les fonctions de vice-présidents du conseil des ministres dans un gouvernement dirigé par Giuseppe Conte, un juriste sans étiquette partisane.

En Slovénie, les élections législatives du mois de juin ont confirmé le succès des idées xénophobes puisque le Parti démocrate slovène, dirigé par Janez Janša, a obtenu 25 % des voix. Soutenu par le dirigeant hongrois, Victor Orbán, Janša a fait de la menace d'une « invasion migratoire » le cœur de sa campagne. En échec pour former un gouvernement, Janez Janša a finalement laissé le candidat de centre gauche, Marjan Šarec, arrivé en deuxième position, former et diriger le gouvernement de coalition.

En septembre 2018, enfin, c'est au tour de la Suède d'être gagnée par la vague d'extrême droite populiste. Si les élections n'ont pas permis de dégager de majorité claire, le parti d'extrême droite, Démocrates de Suèdes, dirigé par Jimmie Åkesson, réalise tout de même une percée inédite dans un pays traditionnellement épargné par les idées xénophobes et europhobes.

La droite populiste connaît une ascension, mais reste cantonnée à l'opposition

En octobre 2018, les résultats aux élections régionales en Bavière étaient particulièrement attendus puisqu'il s'agissait des premières élections en Allemagne depuis les législatives de 2017. Ces dernières ont en effet consacré le recul historique des partis traditionnels (CDU-CSU et SPD). Surtout, elles se sont accompagnées d'une percée inédite de l'extrême droite, le parti AfD (*Allianz für Deutschland).* Les élections d'octobre en Bavière ont confirmé cette tendance amorcée en 2017 à l'échelle nationale : les partis traditionnels enregistrent un net recul. Même si la CSU arrive en tête, elle perd sa majorité absolue et affronte le pire score de son histoire. À l'inverse, les Verts, mais aussi le parti d'extrême droite AfD réalisent une percée significative.

En Irlande, les élections d'octobre 2018 ont conduit à la réélection du Président sortant, Michael D. Higgins. Bien que perdant, un candidat a suscité la surprise en se hissant en deuxième position, avec 23,3 % des voix. Il s'agit de Peter Casey, candidat proclamé indépendant qui s'est illustré durant la campagne pour ses propos hostiles aux Roms et aux étrangers accusés de profiter des aides sociales.

Entre tentatives d'explication et inquiétude à l'approche des élections européennes de 2019

La crise de confiance dont souffrent les élites traditionnelles est l'une des causes fréquemment invoquées pour expliquer cette « vague brune » en Europe. Cette crise s'est traduite par la hausse de l'abstention et le repli vers des forces politiques perçues comme des alternatives. Les partis populistes d'extrême droite qui s'installent progressivement dans les différents pays européens partagent, en effet, cette rhétorique anti-élite. Dans une tribune, publiée au début du mois d'octobre 2018, le leader du parti d'extrême droite allemand (AfD), Alexander Gauland, a ainsi fustigé la « classe mondialisée » qu'il a opposée aux classes moyennes et populaires dont il prétend défendre les intérêts. Outre le rejet des élites traditionnelles, les partis d'extrême droite européens fondent leur rhétorique sur un rejet de la démocratie libérale. Dans son discours d'intronisation de mai 2018, le président hongrois s'est exprimé en ces termes : « *L' ère de la démocratie libérale touche à sa fin. Elle ne parvient pas à protéger la dignité humaine, est incapable d'offrir la liberté, ne peut pas garantir la sécurité et ne peut plus maintenir la culture chrétienne* ».

Ces partis ont également fait de la crise migratoire le cœur de leur discours. Leur argumentaire est d'autant plus audible que les pays de l'Union européenne ne sont pas parvenus à se mettre d'accord sur une politique commune d'accueil des migrants. Pour ces différents partis d'extrême droite, les migrants constituent autant un danger identitaire (sur fond d'ultranationalisme et de rejet du multiculturalisme) qu'une menace économique (dans une Europe marquée par les difficultés économiques et le creusement des inégalités). C'est dans cette logique que le magazine *Demokracija*, organe de presse du parti slovène d'extrême droite de Janez Janša, a organisé, en octobre 2018, un concours de contes anti-migrants à l'attention des moins de 10 ans. Le règlement du concours invite les écrivains en herbe à relater l'histoire d'une famille traditionnelle (père, mère, enfants) menacée par « *des intrus* » et autres « *espèces invasives étrangères* » que les héros doivent cependant vaincre, car « *à la fin, le patriotisme et la famille gagnent toujours* ».

Enfin, ces partis extrêmes font de la lutte contre l'Union européenne un autre élément clé de leur discours. Leur euroscepticisme présente un risque d'autant plus grand pour les élections européennes à venir que le dirigeant hongrois, Viktor Orbán, aspire à former une coalition d'extrême droite, où se mêleraient notamment la Hongrie, la Pologne, la République tchèque, l'Italie et la Slovaquie afin de briguer le maximum de sièges au Parlement européen. L'issue des élections est donc plus qu'incertaine dans une Europe qui semble profondément divisée.

Tableau récapitulatif des résultats de l'extrême droite lors des élections en Europe en 2018

	L'extrême droite arrive au pouvoir	L'extrême droite se maintient au pouvoir	L'extrême droite réalise une percée significative, mais reste cantonnée à l'opposition
Bavière Régionales			Percée historique de l'extrême droite l'Alternative pour l'Allemagne (AfD). La CDU perd sa majorité absolue malgré une droitisation de son discours.
Hongrie Législatives		Maintien au pouvoir de la coalition des partis de droite populistes et national-conservateurs menée par le Premier ministre Viktor Orbán.	
Irlande Présidentielles			Percée du candidat populiste Peter Casey.
Italie Législatives	Victoire de la coalition populiste (formée notamment du Mouvement 5 étoiles et de la Ligue du Nord).		

	L'extrême droite arrive au pouvoir	L'extrême droite se maintient au pouvoir	L'extrême droite réalise une percée significative, mais reste cantonnée à l'opposition
Italie Municipales	Progression de la Ligue, qui gouverne le pays en coalition avec le Mouvement 5 étoiles.		
Lettonie Législatives		Maintien au pouvoir du parti prorusse, Harmonie, dirigé par Nils Ušakovs.	
Luxembourg Législatives			Progression faible de l'extrême droite.
Pologne Municipales, régionales et départementales		Maintien au pouvoir du parti conservateur et nationaliste, Droit et Justice (malgré un léger recul).	
République tchèque Présidentielles		Maintien au pouvoir du président Miloš Zeman et de son Parti démocratique civique (ODS).	
République tchèque Sénatoriales et municipales			Percée du Parti démocratique civique (ODS).
Russie Présidentielles		Maintien au pouvoir de Vladimir Poutine (droite libérale conservatrice).	
Slovénie Législatives			Victoire du Parti démocrate slovène (SDS) de Janez Janša relégué dans l'opposition après avoir tenté en vain de former un gouvernement de coalition.

	L'extrême droite arrive au pouvoir	L'extrême droite se maintient au pouvoir	L'extrême droite réalise une percée significative, mais reste cantonnée à l'opposition
Suède Législatives, régionales et municipales			Progression historique du parti d'extrême droite Démocrates de Suède. Difficulté des partis en présence pour former un gouvernement de coalition.

La crise des *subprimes* : épisode unique ou nouvelle série ?

par Sophie Mattern

En 2007 naissait la première grande crise économique du XXIe siècle. Issue d'une crise de l'immobilier américain puis d'une crise sur les marchés financiers en 2008, la crise des *subprimes* s'est finalement étendue à l'ensemble de l'activité économique mondiale en 2009. Elle a ensuite bouleversé le monde ou, du moins, celui des citoyens, peut-être plus que celui de la finance…

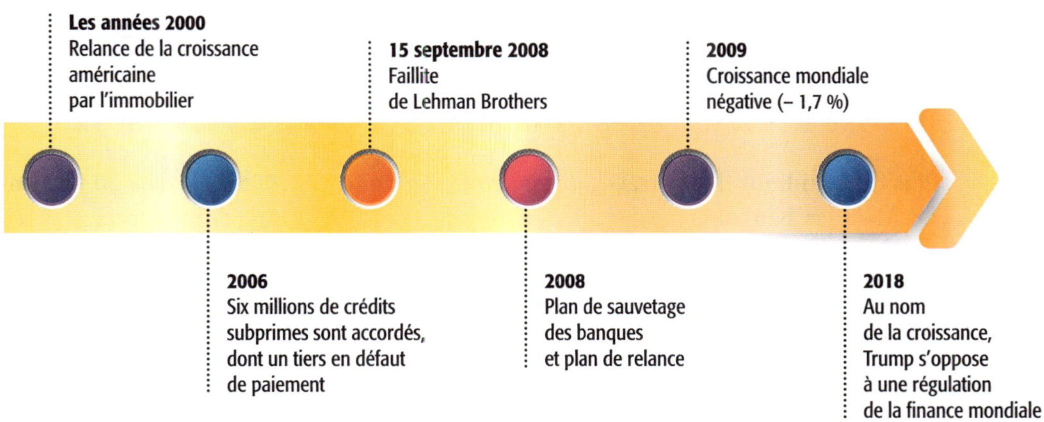

Que sont les *subprimes* ?

Avec le recul, il peut paraître invraisemblable de ne pas avoir anticipé la crise des *subprimes*, tout comme il peut être tentant de dénigrer la politique de prêts à taux d'intérêt variables (les *subprimes*) menée par les États-Unis. Mais force est de constater qu'au début des années 2000, le monde entier était fasciné par cette grande puissance à croissance forte et au chômage faible.

Échaudés par l'éclatement de la bulle spéculative Internet à la fin des années 1990 et au début 2000, les Américains avaient décidé de stimuler la croissance par des projets concrets, loin des start-up et de l'e-commerce, à savoir l'immobilier. La crise des *subprimes* est donc née d'une politique de relance très conventionnelle par le bâtiment, ainsi que tous les corps de métiers associés. Un effet positif sur la croissance était aussi attendu de la naissance de nouveaux quartiers. Pour ce faire, la FED (Banque centrale américaine) a baissé les taux d'intérêt afin d'encourager la demande par le crédit, politique monétaire tout à fait classique, une fois encore.

Après quatre années d'engouement pour l'immobilier, d'une croissance boostée et d'un taux de chômage faible, la politique de relance a commencé à s'essouffler. En effet, le nombre de ménages américains solvables et encore demandeurs de crédits immobiliers commençaient à s'amenuiser sérieusement.

Les banques, initiées par une pratique de la banque d'investissement, Goldman Sachs, ont alors élargi leur portefeuille de clients en vendant des prêts immobiliers à des ménages peu solvables (les « *subprimes* », ménages en dessous des « *primes* », solvables). Pour limiter leur prise de risque, les banques leur ont proposé des prêts hypothécaires à taux variable. Et pour vendre leurs services, dont le prix du crédit s'avérait au total bien plus cher qu'un crédit *prime*, ils usaient d'astuces commerciales peu scrupuleuses. Parmi ces dernières : recherche d'une clientèle hispanique pratiquant trop mal l'anglais pour comprendre les petites lignes en fin de contrats stipulant une montée vertigineuse des taux après la première année ou la saisie du bien immobilier en cas de défaut de paiement. Les banques ont même recruté d'anciens dealers des quartiers ciblés pour casser la méfiance des populations défavorisées vis-à-vis des banquiers en costume. Sur ce point, voir le documentaire saisissant *Cleveland contre Wall Street*, de J.-S. Bron de 2010.

La crise des *subprimes* : comment a-t-on pu en arriver là ?

Plus de 6 millions de contrats *subprimes* ont été signés en 2006 avec déjà 30 % d'impayés. Mais les banques, confiantes dans le marché immobilier, dont le prix était en constante augmentation depuis plus de 10 ans, pensaient récupérer leur dû et même davantage avec la revente des biens saisis pour retard de paiement. Le nombre de défauts de paiement fut important en 2007, les biens immobiliers saisis ont été remis en vente et l'offre a dépassé la demande, entraînant la chute du prix de l'immobilier et des problèmes de liquidité pour de nombreuses banques.

L'histoire aurait pu s'arrêter là. Les banques, créancières, auraient été victimes de leur avidité à chercher des clients, pourtant peu solvables, et la crise immobilière aurait majoritairement concerné les acteurs liés à ces crédits. Mais c'était sans compter la titrisation des crédits *subprimes*.

Les banques commerciales ont rapidement pris conscience du risque de non-paiement de leurs clients. Elles ont donc décidé de vendre leurs crédits à des banques d'investissement qui ont diffusé le risque dans des « assortiments » d'investissements, parcellisés et vendus avec d'autres titres dans un package. Ainsi, par exemple, les banques d'investissement ont créé des titres (produits dérivés) comprenant une part de crédits immobiliers solvables, une autre de crédits étudiants, une troisième de crédits à la consommation, une autre encore de crédits *subprimes*, etc. Ces titres ont été ensuite vendus sur le marché et achetés par tous les types d'agents économiques du monde entier (banques, assurances, ménages, entreprises, administrations publiques...).

En achetant ces titres, les investisseurs espéraient obtenir un rendement positif de leur placement. Malheureusement, une partie des produits dérivés comprenaient des produits toxiques, c'est-à-dire à hauts risques : les *subprimes*. Or, ces produits titrisés portaient des noms génériques (le plus connu étant ABACUS), qui n'indiquaient pas précisément les « ingrédients » qui les composaient. C'est pourquoi, beaucoup d'investisseurs, dont les banques françaises convoquées par Christine Lagarde (ministre de l'Économie et des Finances à l'époque) ne savaient pas s'ils étaient directement concernés par la crise des *subprimes* au moment où elle a éclaté.

Beaucoup d'agents économiques, dans le monde entier, possédaient, sans le savoir, des placements toxiques dont les cours ont fortement dévissé à cause de l'insolvabilité des clients et de la chute du prix des biens immobiliers saisis. Même les fonds de pension américains (gestion privée des retraites américaines) ont été touchés car les banques d'affaires avaient payé les agences de notation pour qu'elles adjoignent un AAA à leurs produits toxiques afin qu'ils soient aussi éligibles aux fonds de pension.

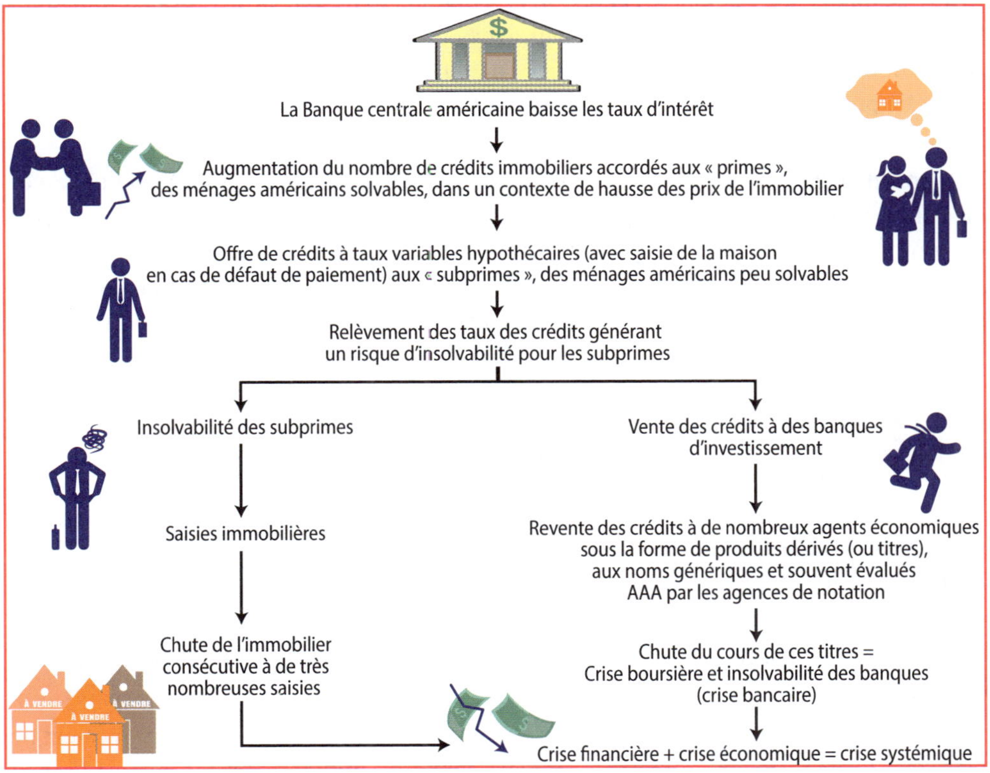

Le gain des uns au détriment des autres

Le ver était dans le fruit. De grandes entreprises, des ménages et même des pays (dont l'Islande) ont découvert l'ampleur des dégâts et les risques encourus par leurs placements avec la faillite de la banque d'investissement multinationale Lehman Brothers.

Quatrième plus grande banque du monde, employant 25 000 personnes, Lehman Brothers dépose le bilan le 15 septembre 2008. Cette annonce fait alors l'effet d'une bombe car les grandes institutions bancaires semblaient « *too big to fail* » (trop grosses pour faire faillite) aux yeux du monde. L'inquiétude des concurrents, mais aussi de tous ceux en possession d'un compte en banque, était palpable. La ruée vers les guichets pour retirer les liquidités n'a fait qu'aggraver et inquiéter encore plus les marchés du risque d'insolvabilité des banques.

De plus, la chute du cours des produits dérivés contenant des éléments toxiques a entraîné la méfiance des investisseurs dans les autres placements. Ceci les a incités à vendre, provoquant une baisse du cours d'autres produits financiers pourtant non concernés par les *subprimes*.

Ainsi, la perte de pouvoir d'achat des investisseurs était souvent notoire. Certains ont beaucoup perdu, d'autres ont tout perdu, parfois même la totalité de leur retraite, après des années d'épargne. De même, les entreprises ont eu des difficultés à financer leurs investissements par manque d'agents prêts à investir dans leur projet. Les banques, aux bilans fragilisés, ont fortement limité leur octroi de crédits (*credit crunch*). Ainsi, la croissance mondiale était inférieure à – 1,7 % en 2009, tandis que le chômage doublait pour atteindre près de 10 % de la population active. Quant au nombre de personnes vivant sous le seuil de pauvreté, il atteignait près de 50 millions aux États-Unis.

Parallèlement, des initiés, dont l'une des banques d'investissement les plus puissantes, Goldman Sachs, avaient anticipé la crise en misant sur la chute de leur cours boursier et en contractant une assurance auprès d'American International Group (AIG). La première réalisait en 2009 des bénéfices record tandis que la seconde a été secourue par un plan de sauvetage de 180 milliards de dollars de l'État américain, le tout payé par les contribuables.

La crise des *subprimes* : dernière ou première d'une longue série de crises ?

La crise des *subprimes* pose la question du rôle de prêteurs des banques centrales. Doivent-elles aider les banques qui prennent des risques démesurés ? Si oui, la probabilité est forte d'inciter les banques à prendre de nouveaux risques puisqu'elles se savent couvertes (principe de l'aléa moral). Si non, les pouvoirs publics risquent alors une crise de confiance (cas consécutif à la faillite de Lehman Brothers) et une aggravation de la crise économique.

En 2008, les gouvernements avaient choisi d'intervenir. Les États-Unis annonçaient un plan de sauvetage de 700 milliards de dollars contre 26 milliards d'euros pour la France, en grande partie financé par une hausse des prélèvements obligatoires pour tous les citoyens. Selon Michel Aglietta, économiste français spécialisé dans la finance (*La crise : les voies de sortie,* 2010), la crise des *subprimes* démontre une « privatisation des gains » (pour les grands gagnants de la crise des *subprimes*) mais une « socialisation des pertes » (ou mutualisation des risques pour tous les agents économiques). Ceci devrait cesser et suffire à justifier une régulation plus stricte de la finance internationale.

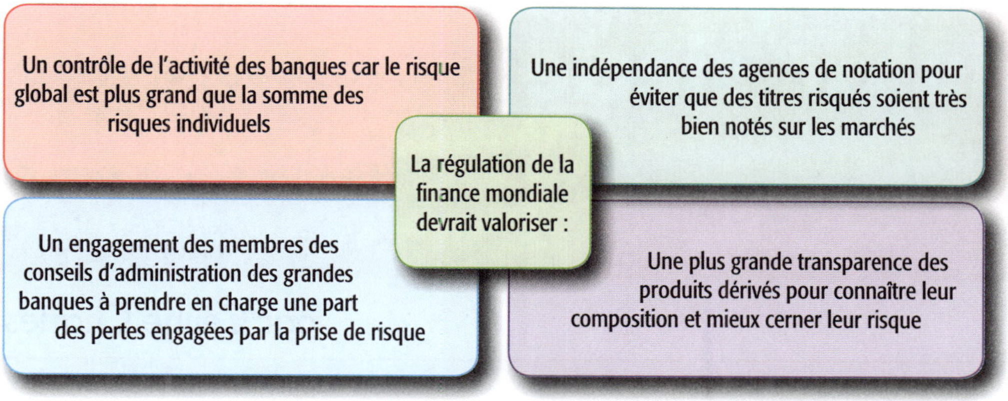

Les politiques à mettre en place pour éviter une crise de même type que celle des *subprimes* sont donc connues. Elles ne sont pas pour autant appliquées car les lobbies financiers sont très influents et les politiciens peinent à y résister. De Obama à Hollande, la « finance ennemie » a davantage animé les discours que les actes. Et, quand bien même certaines mesures seraient prises (comme le Dodd-Frank Act pour initier une régulation de la finance mondiale), d'autres les détruiront. Donald Trump a en effet qualifié cette loi de « désastre » contre laquelle il faut lutter.

Par ailleurs, les banques recrutent aujourd'hui les plus grands mathématiciens du monde dans leurs services d'ingénierie financière afin de trouver des produits dérivés toujours plus complexes, donc plus opaques, pour les investisseurs. De quoi créer de nouvelles crises, en somme…

L'État-providence du XXIe siècle

par Céline Charles

Lundi 9 juillet 2018, Emmanuel Macron indiquait devant les députés et les sénateurs réunis en Congrès à Versailles : *« La priorité pour l'année à venir est de bâtir l'État-providence du XXIe siècle. Un État-providence émancipateur, universel, efficace, responsabilisant ».* Mais qu'est-ce qu'un État-providence ? Existe-t-il une spécificité française ? Quels sont les contenus de la réforme de l'assurance chômage et de celle des retraites ? Le plan pauvreté est-il à la hauteur des ambitions initiales ?

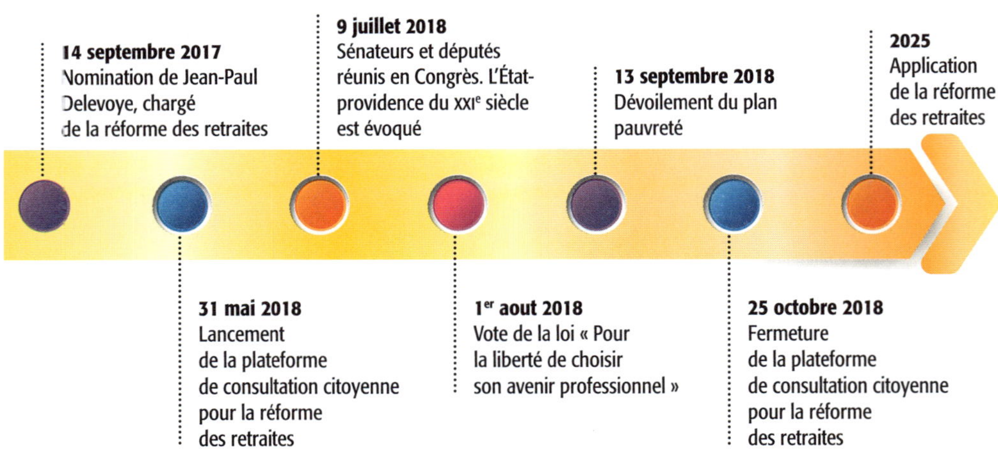

La France, une approche bismarckienne aux objectifs sociaux-démocrates

Il y a autant de modèles d'État-providence que de pays. Néanmoins, on peut distinguer, selon la classification d'Esping-Anderson, trois systèmes de protection sociale.

Les trois modèles de protection sociale

	Résiduel ou libéral	Social-démocrate	Conservateur, corporatiste ou bismarckien
Référence historique	Beveridge	Beveridge	Bismarck
Objectif central	Limiter la pauvreté	Lutter contre les inégalités	Répondre à des risques sociaux
Principe	Assistance conditionnelle visant à réduire la pauvreté	Prestations universelles visant à réduire les inégalités et à assurer un niveau de vie décent à tous	Assurances sociales garantissant le niveau de vie des travailleurs et de leur famille
Type de prestations	Sous conditions de ressources	Universelles, services gratuits étendus	Contributives et dépendant du revenu
Financement	Impôt	Impôt	Cotisations assises sur le travail
Fondement des droits	Niveau de vie	Citoyenneté	Emploi
Pays adoptant ce système	Pays anglo-saxons	Pays scandinaves	Europe continentale

Source : Arnaud Parienty, *Précis d'économie*, 2017.

Si la France se rapproche du modèle bismarckien quant à ses moyens (assurances fondées sur les cotisations), elle se rapproche aussi du modèle social-démocrate par ses objectifs (prestations universelles). Par exemple, la réforme de l'assurance chômage a comme objectif de rendre plus universelles les prestations d'assurance chômage versées, en les élargissant à des catégories qui en étaient jusqu'alors exemptées (démissionnaires, indépendants).

Il existe deux types de redistribution en France : la redistribution verticale visant à réduire les inégalités et assurer un niveau de vie décent à tous et la redistribution horizontale visant à couvrir des risques sociaux (maladie, accident, chômage). Quels sont les changements opérés en 2018 quant à ces deux types de redistribution ? Autrement dit, qu'est-ce que l'État-providence au XXIe siècle ?

Les deux types de redistribution en France

Redistribution verticale	Redistribution horizontale
– Des plus riches vers les plus pauvres par des prélévements obligatoires – Justice sociale – Financement par l'impôt – Exemple : RSA – Conditions de ressources	– Des cotisants aux personnes qui subissent le risque – Couvrir les risques – Financement par les cotisations sociales (salariales et patronales) – Exemple : assurance chômage – Conditions : avoir été salarié au moins 4 mois au cours des 28 derniers mois et perte involontaire d'emploi

La redistribution horizontale au XXIe siècle

Le 1er août 2018, l'Assemblée nationale a adopté le projet de loi « Pour la liberté de choisir son avenir professionnel ». Cette dernière comprend un certain nombre de mesures pour lutter contre le chômage. Par exemple, le compte professionnel de formation (CPF) sera crédité en euros pour une meilleure lisibilité et l'apprentissage sera réformé. Cette loi prévoit également une réforme de l'assurance chômage.

Jusqu'alors, les indépendants et les démissionnaires en étaient exemptés. À présent, ils pourront en bénéficier et profiter des mêmes droits que les chômeurs à condition de présenter un « *projet d'évolution professionnelle présentant un caractère réel et sérieux* ». Ce droit sera cependant limité : ils pourront en bénéficier une fois au cours d'une période de 5, 6 ou 7 ans. Le dispositif est en effet pensé pour limiter les abus. De même, les indépendants (artisans, commerçants, micro-entrepreneurs) pourront bénéficier d'une assurance chômage d'un montant de 800 euros par mois environ pendant 6 mois si certaines conditions sont remplies : avoir eu un chiffre d'affaires supérieur à environ 10 000 euros par an, et être en liquidation judiciaire. Cette allocation est en effet tributaire d'un bénéfice avoisinant les 10 000 euros par an sur plusieurs années et sera versée si les indépendants ont fait l'objet d'une liquidation judiciaire ou d'un redressement judiciaire. Enfin, des conditions de ressources sont prévues.

Par ailleurs, les modalités de versement des prestations versées aux chômeurs ont, elles aussi, fait l'objet d'une réforme : à présent, si un chômeur ne se présente pas à un rendez-vous, sa radiation dure 15 jours et non 2 mois. En revanche, la radiation pour une insuffisance de recherche d'emploi est rallongée : 15 jours en cas d'un manquement, 1 à 6 mois en cas de manquements répétés.

L'État-providence au XXIe siècle doit également s'intéresser au sort de ses retraités, de plus en plus nombreux et dont la longévité ne cesse d'augmenter.

La réforme des retraites se donne tout d'abord un objectif de simplicité : aujourd'hui, le système de retraite est organisé par profession et par statut (fonctionnaires et assimilés, salariés du privé, du public, indépendants). Il repose sur 42 régimes de retraite. La réforme prévoit un système universel qui sera chargé de percevoir les cotisations, d'enregistrer les droits et de distribuer les prestations.

Par ailleurs, la réforme des retraites prévoit d'instaurer une égalité entre les différents systèmes de retraite : chaque euro cotisé donnera les mêmes droits à tous, quel que soit le moment où il a été versé et quel que soit le statut. Un système par points sera institué : le revenu d'activité donnera un droit à points.

A priori, l'âge du départ à la retraite (62 ans) et le fondement du système par répartition (les cotisations servent à payer les pensions des retraités) seront conservés.

La redistribution verticale au XXIe siècle

Le 5 septembre 2018, deux rapports ont été remis au Premier ministre pour alimenter le plan pauvreté. Le 13 septembre, quatre grands axes étaient dévoilés.

Action pour la petite enfance

- Création de 30 000 places en crèches.
- Subventions pour des créations de crèches dans les quartiers défavorisés.
- Instauration d'un « bonus mixité sociale » pour les crèches qui accueilleront les enfants de familles défavorisées.
- Création d'un tiers payant à la charge des caisses d'allocations familiales pour des modes de garde individuelle.
- Distribution gratuite de petits-déjeuners dans les écoles des zones défavorisées.
- Tarifs sociaux pour les cantines.

Accompagnement des jeunes et bénéficiaires du RSA vers l'emploi

- Développement de la garantie jeune pour les 16-25 ans en grande précarité. Allocation de 480 euros par mois pendant un an.
- Obligation de se former jusqu'à 18 ans.
- Les bénéficiaires du RSA seront suivis par un référent.

Simplification du système de protection sociale

- Fusion de la couverture maladie universelle et de l'aide à la complémentaire santé (ACS).
- Fusion de plusieurs minima sociaux.
- Création d'une plateforme en ligne pour simuler ses droits et éviter les non-recours (au RSA par exemple).

Éradication de l'habitat précaire

- 271 millions d'euros seront consacrés pour l'hébergement.
- Multiplication des maraudes.

Le prélèvement à la source de débats

par Sophie Mattern

Après d'âpres débats, le Premier ministre, Édouard Philippe, a confirmé, en septembre 2018, la mise en place du prélèvement à la source. Il concerne l'impôt sur le revenu (IR) et est applicable au 1er janvier 2019. Pourquoi changer le système de paiement de l'impôt sur le revenu ? Comment les Français seront-ils dorénavant prélevés ? Pourquoi cela fait-il débat ?

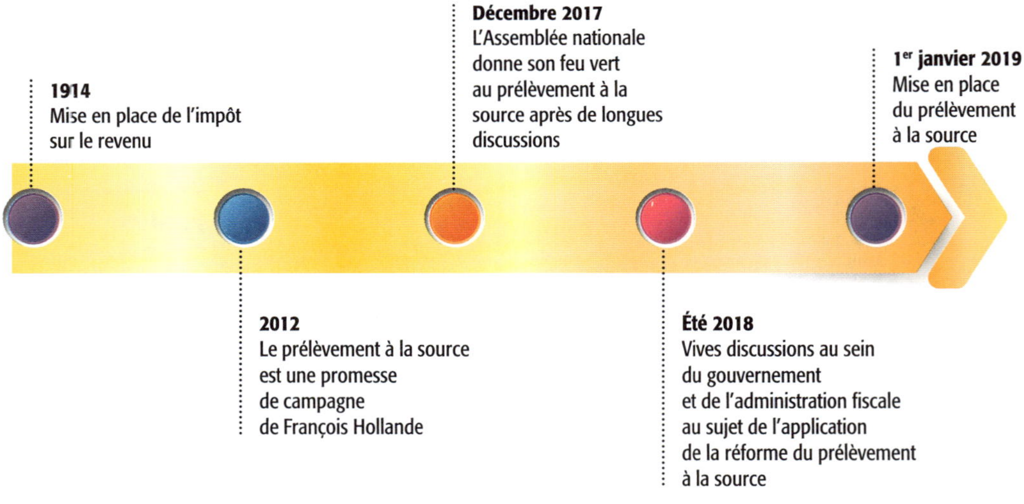

Pourquoi changer le mode de prélèvement de l'impôt sur le revenu ?

Jusqu'en 2018, l'impôt sur le revenu était calculé sur les revenus gagnés l'année précédente et payé en décalage d'une année sur l'autre. En effet, les 19 millions de contribuables assujettis à l'IR, soit la moitié des ménages français, déclaraient en 2018 les revenus gagnés en 2017 et devaient payer en 2018 les impôts calculés sur le taux de 2017 déterminé en fonction des revenus de 2016.

Avant le prélèvement à la source	À partir du 1er janvier 2019
Les contribuables déclaraient en année N les revenus gagnés en N-1.	Les contribuables déclareront en année N les revenus gagnés en N-1. Rien ne change de ce point de vue.
• Ils payaient ensuite leurs impôts sur le revenu en N, d'après le taux d'imposition calculé en N-1 qui reposait sur les revenus de N-2. • Le prélèvement était réalisé par trimestre ou mensuellement sur 10 mois.	• Dès le premier janvier de l'année N, ils seront prélevés à la source (prélèvement sur leur fiche de paie) à un taux d'imposition des revenus N-1. • Le prélèvement sera effectué automatiquement par l'employeur sur les 12 mois de l'année.
En année N, si le taux de N-2 ne correspondait pas aux revenus de N-1, alors un ajustement était effectué en fin d'année N.	En année N, si les revenus du contribuable varient, le montant prélevé sera ajusté, sans décalage d'une année.

En évitant un décalage de 1 an, l'intérêt de la réforme est double :

– les ménages n'ont plus à supporter des montants d'impôts sans rapport avec leur situation actuelle. Prenons un exemple de situation avant le prélèvement à la source : un nouveau retraité devait payer un IR calculé sur l'année précédente (année où il était encore actif) alors même qu'il percevait une pension de retraite plus faible que son salaire. Avec le nouveau système, ce retraité paiera l'année de sa retraite des impôts en proportion de sa pension de retraite actuelle. C'est aussi vrai en cas de mariage, naissance, veuvage, chômage, handicap… Chaque année, 1,2 million de foyers fiscaux changent de situation personnelle ;

– l'État ne connaît qu'un moindre décalage de trésorerie, juste en cas d'ajustement à la marge des taux de prélèvement fiscaux. Les montants prélevés correspondent approximativement aux recettes fiscales devant être perçues. L'État et les collectivités territoriales peuvent plus aisément connaître les ressources disponibles sur l'année considérée.

En outre, le prélèvement à la source n'est pas révolutionnaire au regard de la fiscalité française ou étrangère. Il concerne déjà près de la moitié des prélèvements obligatoires en France (cotisations sociales, contribution sociale généralisée, en particulier).

De plus, bon nombre de pays ont déjà très largement opté pour ce type de prélèvement.

Les pays où l'impôt est déjà prélevé à la source

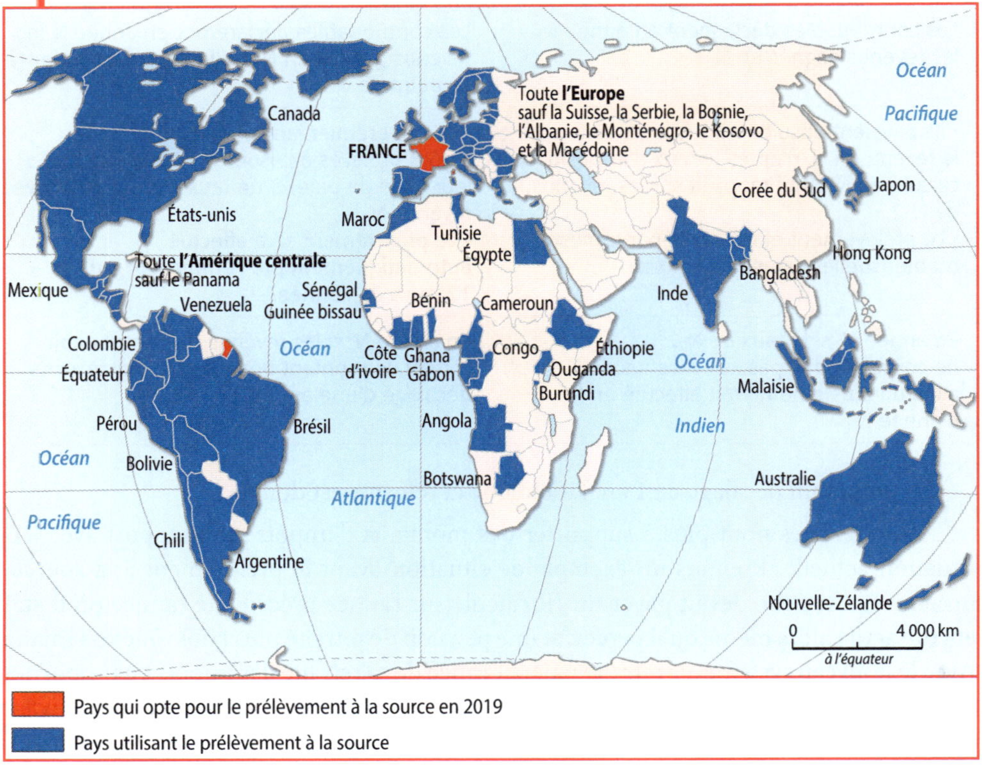

Source : economie.gouv.fr

Comment le prélèvement à la source sera-t-il effectué ?

Le prélèvement à la source concerne tous les revenus, hors capitaux mobiliers et plus-values immobilières. Il repose toujours sur un taux d'imposition marginal progressif, qui augmente en fonction du revenu. Il est important de rappeler qu'un revenu imposable à hauteur de la troisième tranche, par exemple, n'est pas imposé en totalité sur cette tranche. Seule la partie du revenu concernée par cette dernière tranche est imposée au taux marginal correspondant.

Fraction du revenu imposable 2019	Taux d'imposition
Jusqu'à 9 964 €	0 %
De 9 964 à 27 519 €	14 %
De 27 519 € à 73 779 €	30 %
De 73 779 € à 156 244 €	41 %
Au-delà de 156 244 €	45 %

Prenons l'exemple d'Alexis, célibataire sans enfants dont le revenu net imposable est de 35 000 euros par an. Il est imposé au taux marginal d'imposition en vigueur aujourd'hui.

Le montant de l'impôt sur le revenu à payer est calculé comme suit :

Impôts à payer sur la 1re tranche : Du premier euro gagné jusqu'à 9 964 euros, Alexis est imposé à 0 %.

Impôts à payer sur la 2e tranche : De 9 964 à 27 519 euros, soit 17 555 euros, Alexis est imposé à 14 %, ce qui représente 2 457,7 euros d'impôts à payer.

Impôts à payer sur la 3e tranche : De 27 519 à 35 000 euros (le revenu net imposable d'Alexis), soit 7 481 euros, Alexis est imposé à 30 %, ce qui représente 2 244,3 euros d'impôts à payer.

Le montant total d'impôt sur le revenu d'Alexis est égal à 4 702 euros. Ceci représente un taux moyen d'imposition de 13,4 % (et non pas 30 % de la totalité des revenus, ce qui aurait représenté 10 500 euros).

Le calcul de l'impôt sur le revenu dépend des revenus, bien sûr, mais également de la situation familiale (personne à charge déterminant le quotient familial). Une deuxième personne dans le foyer fiscal compte comme pour une part, la troisième et la quatrième comme une demi-part chacune ; à partir de la cinquième personne, toute personne supplémentaire compte pour une part.

Connaître le taux marginal d'imposition d'un individu (le taux de sa dernière tranche) ne permet pas de déterminer précisément le montant de ses ressources. En effet, les tranches de revenus sont larges (de 27 519 euros à 73 779 euros, par exemple, pour la 3e tranche) et aucune indication dans le taux d'imposition ne permet de connaître la situation familiale de l'individu et du nombre de personnes à charge.

Un taux peut témoigner de situations diverses. Par exemple, 7 % peuvent être le taux :

– d'un célibataire dont le salaire net mensuel est 2 025 € ;

– d'une personne divorcée dont le salaire net est 2 025 €, les revenus fonciers de 500 € par mois et qui verse 500 € par mois de pension alimentaire ;

– d'un couple avec un enfant, dont les salaires nets mensuels sont 2 025 € et 3 000 €.

Toutefois, il est quand même facile de déduire qu'un citoyen imposé dans la première tranche (donc non imposable) bénéficie d'un pouvoir d'achat plus faible qu'une personne imposée dans la quatrième tranche. Cette déduction est l'une des plus grandes causes de défiance à l'encontre de l'imposition à la source…

▶ Pourquoi le nouveau prélèvement de l'impôt sur le revenu est-il source d'inquiétude ?

Le prélèvement à la source de l'impôt sur le revenu est une obligation citoyenne. Néanmoins, il est toujours possible de le payer par trimestre dans les cas de revenus non mensuels. De plus, les contribuables ont trois options possibles quant au taux d'imposition à déclarer à leur employeur, *via* l'administration fiscale. En cas de différence entre le montant prélevé et le montant à percevoir, l'ajustement est calculé en fin d'année.

Les trois taux d'imposition possibles pour le prélèvement à la source

- LE TAUX PERSONNALISÉ DU FOYER : il correspond au taux d'imposition calculé sur l'ensemble des revenus du foyer (prenant en compte le quotient familial).
- LE TAUX PERSONNALISÉ INDIVIDUEL : il est proposé aux couples dont les revenus diffèrent et qui ne souhaitent pas appliquer un taux commun mais un taux différencié pour chaque membre du couple.
- LE TAUX NON PERSONNALISÉ : il s'agit d'un taux « neutre », calculé sur la seule rémunération versée par l'employeur, sans prise en compte des revenus du conjoint et de la situation familiale.

Le prélèvement à la source soulève également la question de l'illusion monétaire. Est-ce qu'amputer le revenu disponible de manière visible, chaque mois, va créer un sentiment de perte de pouvoir d'achat ? Pour les détracteurs de la réforme, cela risque de conduire à un ralentissement de la demande et de la croissance économique, les premiers mois tout au moins.

Pour les autres, la réforme suppose simplement un peu de pédagogie pour bien en démontrer l'intérêt. Dès septembre 2018, 9 000 entreprises avaient choisi de mentionner sur leurs fiches de paie l'imposition à venir. Le gouvernement, quant à lui, a multiplié ses supports de communication en présentant un film, des animations sur les pages Web du ministère de l'Économie et des Finances et en alimentant son site aquoiserventmesimpots.gouv.fr.

Pour une révolution fiscale ?

par Céline Charles

Exit tax, flat tax, IFI : quels sont les nouveaux impôts de la loi de finances[1] 2018 ? Sont-ils en mesure d'insuffler une véritable révolution fiscale restaurant un lien de confiance entre le citoyen et le pouvoir ? Sont-ils capables de légitimer à nouveau le consentement à l'impôt et de dissuader toute fraude ou optimisation fiscale ?

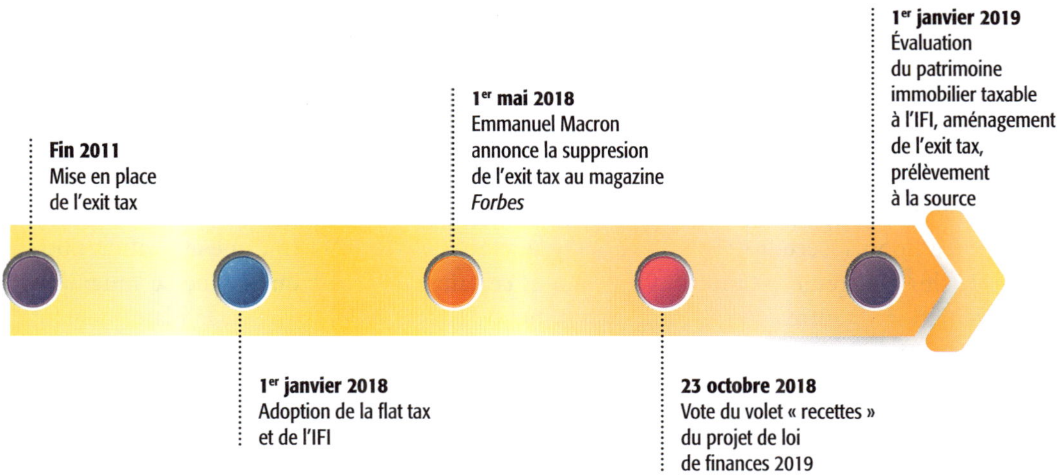

Flat tax, un allégement fiscal au profit de l'économie réelle ?

Depuis le 1er janvier 2018, un prélèvement forfaitaire unique (PFU) ou « flat tax » a été mis en place pour les revenus du capital. Quels sont son principe, ses objectifs et les craintes qu'il suscite ?

1. Loi qui détermine, pour un exercice (une année civile), la nature, le montant et l'affectation des ressources et des charges de l'État, ainsi que l'équilibre budgétaire et financier qui en résulte.

Ce prélèvement comprend à la fois les prélèvements sociaux[1] et l'impôt sur le revenu. Le taux global du PFU est de 30 %, incluant 12,8 % au titre de l'impôt sur le revenu et 17,2 % au titre des prélèvements sociaux. Il s'agit d'un taux forfaitaire, car il ne prend pas en compte la tranche d'imposition et le revenu fiscal de référence.

Revenus soumis à l'impôt et revenus exemptés

REVENUS IMPOSÉS	REVENUS EXEMPTÉS
Revenus mobiliers (ex. : dividendes, obligations)	Livret A et livret jeune
Plus-values de cession de valeurs mobilières (ex. : revente de titres tels que les SICAV)	Livret de développement durable et solidaire
Assurance-vie	Livret de développement durable et solidaire

Ce plafonnement, unique, a été mis en place pour simplifier les prélèvements. Par ailleurs, le gouvernement a clairement affiché sa volonté d'alléger une fiscalité jugée paralysante. En effet, le taux de prélèvement pouvait aller jusqu'à 60,5 % dans la plus haute tranche. Cet allègement se veut incitatif : les économies réalisées pourront être redirigées vers l'économie dite « réelle ». Autrement dit, les économies réalisées pourront satisfaire les besoins de financement des entreprises. À l'inverse, ce nouveau taux ne pénalise pas les personnes se trouvant dans une tranche d'imposition basse puisqu'il s'appliquera sur demande.

Néanmoins, certains observateurs s'inquiètent : rien ne garantit une allocation optimale des économies réalisées. Pire encore, certains craignent qu'elles ne se muent en spéculation. D'autres regrettent le creusement des inégalités. En effet, le plafonnement d'imposition profitera aux personnes les plus aisées.

L'IFI (impôt sur la fortune immobilière) remplace l'ISF (impôt sur la fortune)

L'IFI concerne les particuliers dont la valeur du patrimoine immobilier net est supérieure à 1,3 million d'euros. Quelle est la nature de la fortune imposée ? En quoi l'IFI est-il différent de l'ISF ?

Auparavant, les placements financiers et les œuvres d'art faisaient partie du patrimoine taxé au titre de l'ISF. À présent, seul le patrimoine immobilier est concerné. Cette différence de taille avec l'ISF doit être nuancée : le seuil d'imposition à l'IFI est le même que celui à l'ISF.

1. Contribution sociale généralisée (CSG), contribution au remboursement de la dette sociale (CRDS), prélèvement social, contribution additionnelle, prélèvement de solidarité.

L'IFI

FORTUNE IMPOSÉE	FORTUNE EXEMPTÉE
Patrimoine immobilier	Placements financiers
	Œuvres d'art

La suppression de l'exit tax aura-t-elle lieu ?

Le 1er mai 2018, dans un entretien accordé au magazine américain *Forbes*, Emmanuel Macron annonçait la suppression prochaine de l'exit tax. Cet impôt vise, entre autres, à taxer des chefs d'entreprise animés par des velléités de départ à l'étranger. Pour le président français, « *Les gens sont libres d'investir comme ils le souhaitent* ». Ce message positif envoyé aux entrepreneurs et aux investisseurs a été jugé comme un « *cadeau fiscal* » par certains observateurs.

Les autres mesures de la loi de finances 2019

- Dégrèvement de la taxe d'habitation pour 80 % des ménages.
- Exonération de CFE pour les micro-entrepreneurs.
- Alignement de la fiscalité applicable au gazole et à l'essence.
- Remplacement du CICE par un allégement des charges.
- Baisse de l'impôt sur les sociétés de 33 % à 25 %.
- Durcissement du malus automobile.

L'exit tax cible les contribuables qui détiennent plus de 800 000 euros de titres (actions, obligations) ou la moitié des actions d'une entreprise et qui décident de s'installer à l'étranger. S'ils vendent leurs titres, ils devront s'acquitter d'un impôt sur la plus-value de leur patrimoine entre son acquisition et leur départ de France. Plus précisément, les entrepreneurs sont taxés sur une « plus-value latente ». Cette dernière représente la différence entre la valeur d'acquisition des titres (actions, obligations) et celle constatée lors du transfert du domicile fiscal. Par exemple, un chef d'entreprise crée une société qui vaut 200 000 euros. Au moment de son départ, celle-ci vaut 600 000 euros. S'il vend ses actions et obligations, il sera taxé sur la base de 400 000 euros. Il s'agit de dissuader toute décision de départ à l'étranger.

À la rentrée 2018, le gouvernement a annoncé que l'exit tax ne serait finalement pas supprimée mais aménagée. Les contribuables concernés seront ceux qui quitteront le territoire français et qui vendront leurs titres moins de 2 ans après leur départ. La durée prévue par le nouveau dispositif (2 ans au lieu de 15) a de quoi donner du grain à moudre… Pour de nombreux observateurs, ces changements augurent bien une révolution.

Pour une révolution fiscale est un ouvrage paru en 2011, dont les auteurs sont Camille Landais, Thomas Piketty et Emmanuel Saez. Ces derniers fustigeaient l'inertie fiscale et proposaient *leur* révolution : « *Le problème aujourd'hui n'est ni de réduire ni d'augmenter les impôts. Il s'agit bien plutôt de les remettre à plat, de mieux les répartir, de les rendre plus simples, plus équitables et plus lisibles* ». Pour ce faire, ils revendiquaient les bienfaits d'un nouvel impôt sur le revenu prélevé à la source. Si ce nouvel impôt est bien mis en place dès le 1er janvier 2019, certains observateurs notent déjà que les vœux de simplicité, d'équité et de lisibilité restent encore à réaliser…

Le bitcoin : l'argent (du Net) ne fait pas le bonheur !

par Sophie Mattern

En 2019, le bitcoin fêtera ses 10 ans. Arrogante et menaçante, la star des cryptomonnaies rivalise avec l'or. En 2017, son cours dépasse celui du lingot de 500 g à 16 000 dollars et frôle les 20 000 dollars. Tandis que la Caisse des Dépôts française, la SEC américaine (instance de contrôle des marchés financiers) et la mégabanque Goldman Sachs s'intéressent de près à cette cryptomonnaie, le bitcoin étend sa notoriété sur le darknet, l'Internet caché. La monnaie numérique est-elle le nouvel Eldorado ? L'argent du Net n'a-t-il vraiment pas d'odeur ? Rien n'est moins sûr…

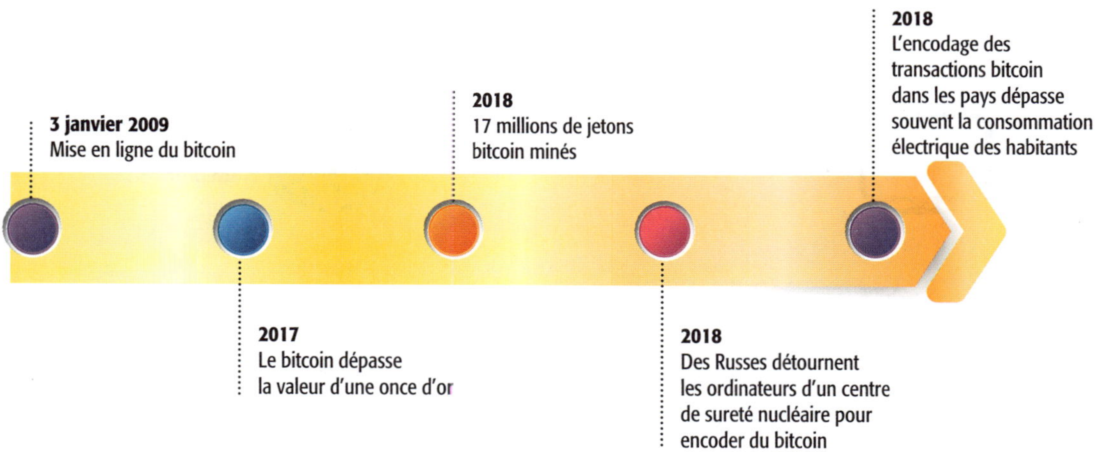

La flambée du bitcoin et des cryptomonnaies

Le bitcoin est une cryptomonnaie, autrement dit une monnaie numérique, dématérialisée, sans aucun support concret comme des pièces ou des billets. Sa représentation sous la forme d'un jeton avec un B barré, tel le dollar, n'est qu'une illustration pour lui donner corps.

L'idée du bitcoin est née d'un Japonais, Satoshi Nakamoto, en 2008. Sa première mise en ligne sur le marché date du 3 janvier 2009. Ainsi, 10 ans plus tard, son créateur serait la 44e fortune mondiale, estimée à 19,4 milliards de dollars.

Le bitcoin est une monnaie mondiale autogérée. Sa valeur fluctue en fonction de l'offre et la demande, en pair à pair (*peer-to-peer*, « P2P »). Son cours, atteignant 19 891 dollars en décembre 2017, est uniquement le reflet de son attractivité sur le marché puisqu'il est indépendant de toute institution bancaire ou politique monétaire. Les acheteurs peuvent se contenter d'une part seulement de bitcoin, par exemple 10 % d'un bitcoin pour 10 % du prix du jeton.

Il s'échange sur des plateformes spécialisées en cryptomonnaies telles que Coinbase et Gdax, Kraken, Bittrex, Binance ou encore CoinFalcon. Et le système de contrôle du bitcoin repose sur un calcul de données permanent appelé *blockchain*. Il s'agit de l'encodage de chaque transaction à partir de plusieurs ordinateurs qui vont scinder les données de chaque transaction, les diffuser dans des « blocs » d'informations numériques puis les réintégrer dans une base de données mondiale. Cette technologie d'encodage est réalisée par des volontaires appelés « mineurs » qui sont soit des particuliers ayant des ordinateurs très puissants, soit des entreprises « fermes » avec d'énormes serveurs informatiques. Ceux-ci sont choisis au hasard des transactions (les machines doivent donc être allumées 24 h/24) et sont rémunérés en bitcoins pour le service rendu. Ce système inspire la confiance des utilisateurs puisqu'il ne repose pas sur un serveur unique ou sur des intermédiaires tels que des banques ou des assurances, mais sur un système multiparcellisé qui rend le piratage des données extrêmement ardu.

Fonctionnement de la *blockchain*

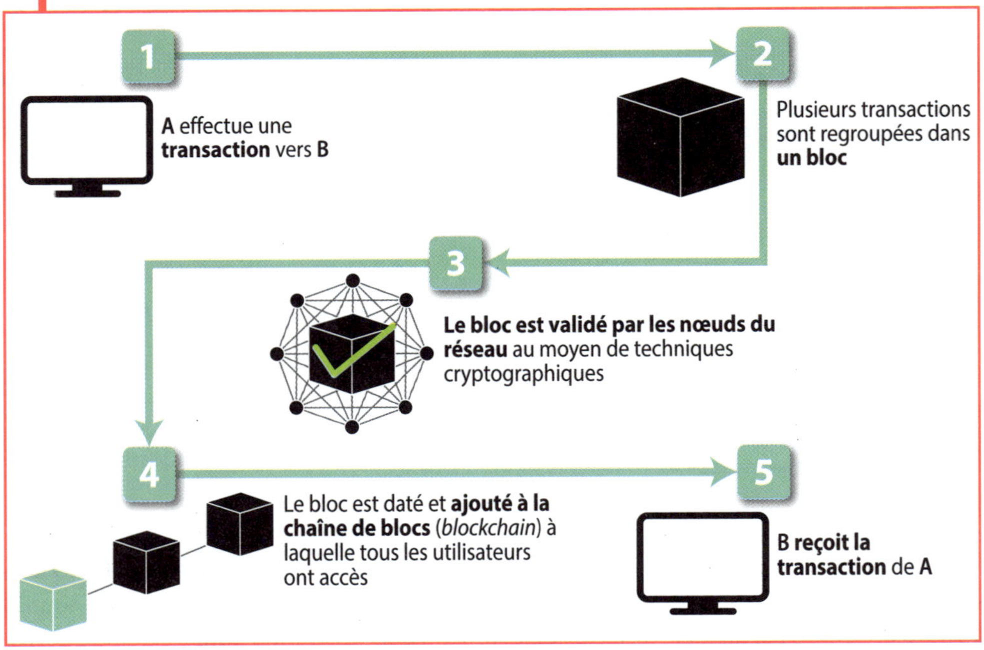

Source : Blockchain France, 2016.

À tout moment, le bitcoin, comme toute autre cryptomonnaie, peut être converti en monnaie officielle *via* la vente de bitcoins contre, par exemple, des euros ou des dollars. Le prix de vente dépend alors du cours du jour de la cryptomonnaie.

Avec plus de 17 millions de jetons minés, et 40 % de parts de marché des cryptomonnaies, le bitcoin est la cryptomonnaie la plus utilisée, mais elle n'est pas la seule sur le marché. Il en existe en effet plus d'un millier.

Classement des 5 plus grandes cryptomonnaies selon le magazine américain *Forbes*

Monnaie	Date de lancement	Symbole boursier	Créateur
Bitcoin	2009	BTC	Japonais
Ethereum, dit Ether	2015	ETH	Russe
Ripple	2012	XRP	Canadien
Litecoin	2011	LTC	Américain
Dash	2014	DASH	Américain

Source : A. Chabal, *Forbes*.

Le revers de la médaille sur le darknet

Les cryptomonnaies peuvent séduire les utilisateurs peu confiants dans les institutions financières ou étatiques, car elles échappent au contrôle des banques. Leur succès est d'ailleurs concomitant avec une remise en cause politique dans un monde souvent séduit par les discours et votes extrêmes. Monnaie non officielle, elle n'est toutefois pas régulée et ne bénéficie pas de garants « prêteurs en dernier ressort » en cas de crise.

Aucune banque centrale n'intervient, même si la monnaie perd beaucoup de valeur. Ainsi, début 2018, en deux mois seulement, le bitcoin a dévissé, passant de 16 376 d'euros à 5 519 euros. De quoi inquiéter ses propriétaires !

En outre, le paiement en bitcoin, ou autres cryptomonnaies, est anonyme puisque les transactions sont non traçables grâce à l'encodage en *blockchain*. Cette caractéristique est l'une des raisons du succès de ces monnaies sur le darknet, en particulier. Le darknet correspond à une vaste partie du Web, appelé deepweb, qui n'est pas indexée par les moteurs de recherche classiques comme Google ou Yahoo. Y accéder nécessite l'installation d'un logiciel spécifique tel que Tor Browser, Freenet, I2P ou Zerogate.

Si, initialement, le darknet a été créé par des dissidents politiques pour contourner l'interdiction de s'exprimer librement, il accueille aujourd'hui de nombreux sites aux activités et aux contenus illégaux. Les cryptomonnaies sont ainsi devenues un moyen efficace d'acheter des produits illicites comme la drogue et les armes, mais également des services comme la prostitution, le règlement de compte, le piratage, etc.

Une bombe à retardement

En rémunérant les mineurs pour l'encodage de la *blockchain*, de nombreux particuliers ou entreprises se sont engouffrés dans ce marché. La concurrence est donc rude. Mais plus les serveurs sont gros, plus les mineurs ont des chances de pouvoir encoder des transactions et se rémunérer. Pour gagner plus, certains sont tentés de détourner les gros serveurs privés ou publics à des fins personnelles. En 2018, par exemple, des ingénieurs russes se sont servis du centre de sûreté situé à l'est de Moscou pour miner du bitcoin et s'approprier les gains. D'autres mineurs ont réussi à pirater des milliers de smartphones Android pour pouvoir miner du bitcoin au détriment des propriétaires de téléphones.

De plus, les cryptomonnaies sont énergivores. Alors même que le groupe d'experts intergouvernemental sur l'évolution du climat (GIEC) annonçait le 8 octobre 2018 l'urgence de limiter le réchauffement climatique, les consommations énergétiques des cryptomonnaies explosaient. En 2018 déjà, la consommation électrique des fermes de minage islandaises a dépassé celle de l'ensemble des habitants de l'île (840 GWh contre 700 GWh pour les habitants). Ce pays est en effet fortement sollicité par les centres de minage compte tenu de ses températures relativement basses qui limitent les investissements en climatiseurs ou systèmes de refroidissement des serveurs. Si 70 % de la production électrique du pays provient d'énergies renouvelables (éoliennes, hydrauliques et géothermiques), elle ne suffit pas à miner l'ensemble des *blockchains* des cryptomonnaies. Aujourd'hui, 56 % de l'énergie électrique sollicitée par les cryptomonnaies est « sale », car issue du charbon chinois.

Force est de constater que le bitcoin rencontre un véritable succès sur le (dark)Net. Néanmoins, ses risques sécuritaires et environnementaux poussent de nombreux États, de la Chine aux États-Unis en passant par la France, à vouloir le contrôler ou l'interdire. La SEC (*Securities and Exchange Commission*) a annoncé ses réticences à l'introduction en Bourse des cryptomonnaies. Goldman Sachs attend la suite des événements pour investir éventuellement dans le secteur.

A contrario, la Caisse des Dépôts, en France, s'est montrée favorable à l'ouverture de comptes d'entreprises dont le chiffre d'affaires se mesure en cryptomonnaie.

La maîtrise de ces cryptomonnaies est complexe et suppose une coopération internationale. Celle-ci rencontre néanmoins de nombreux opposants auprès des acteurs qui en vivent, et pour qui l'argent n'a décidément pas d'odeur…

L'économie sociale et solidaire : un tournant en 2018 ?

par Marion Le Calvez

En novembre 2018, l'économie sociale et solidaire (ESS) est à l'honneur. Dans toute la France, des événements (rencontres, conférences, spectacles) sont organisés pour encourager les structures et les acteurs qui la soutiennent. Depuis quelques années, cette branche d'activité fondée sur la solidarité et l'utilité sociale est en plein essor. Mais de quoi parle-t-on exactement ?

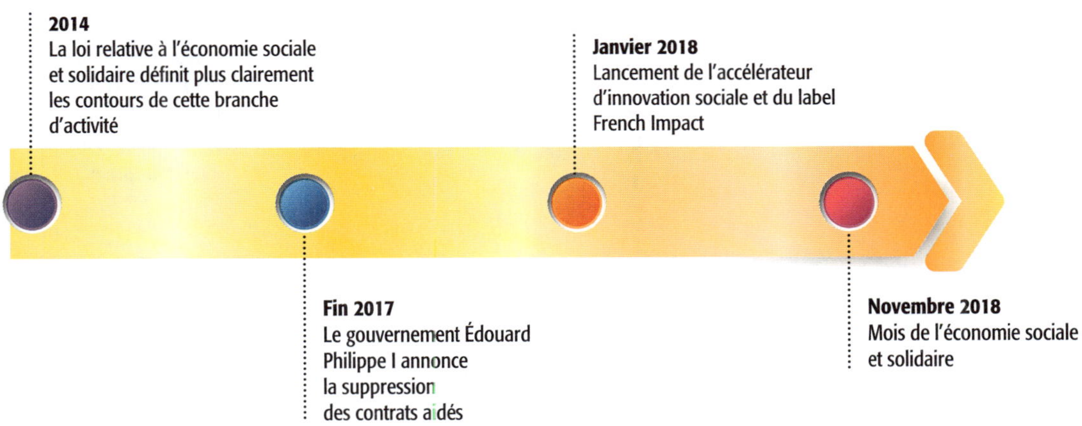

▶ L'économie sociale et solidaire, qu'est-ce que c'est ?

L'économie sociale et solidaire (ESS) est une branche de l'économie. Elle est parfois qualifiée de tiers secteur, car elle se distingue du secteur public et du secteur privé lucratif. Elle réalise la synthèse de deux économies : l'économie sociale et l'économie solidaire.

L'économie sociale est définie par la nature des structures qui la composent : associations, coopératives, mutuelles, fondations… Elle apparaît au XIXe siècle avec les expériences de socialistes dits utopiques comme Saint-Simon, Fourier, Owen… Confrontés à l'urgence de la question sociale au siècle de l'industrialisation, ces socialistes créent des organisations gérées collectivement : coopératives, sociétés de secours mutuel, banques alimentaires… Leur objectif est d'améliorer les conditions de vie de la population tout en œuvrant au renversement du capitalisme par la création, à l'échelle locale, d'enclaves socialistes dont la généralisation doit progressivement permettre de remplacer le système en place.

L'économie solidaire, elle, prend son essor dans les années 1980, dans un contexte de crise économique marqué par l'augmentation du chômage et de la précarité. Elle est définie par la finalité des organisations qui la composent. Ces dernières servent un objectif social : la lutte contre l'exclusion, l'aide à l'insertion sociale, la promotion de modes de consommation et de production alternatifs.

En 2014, une loi proposée par Benoît Hamon, alors ministre délégué chargé de l'Économie sociale et solidaire dans le gouvernement Ayrault II, tente de définir plus précisément les contours de l'ESS.

L'économie sociale et solidaire selon la loi de 2014

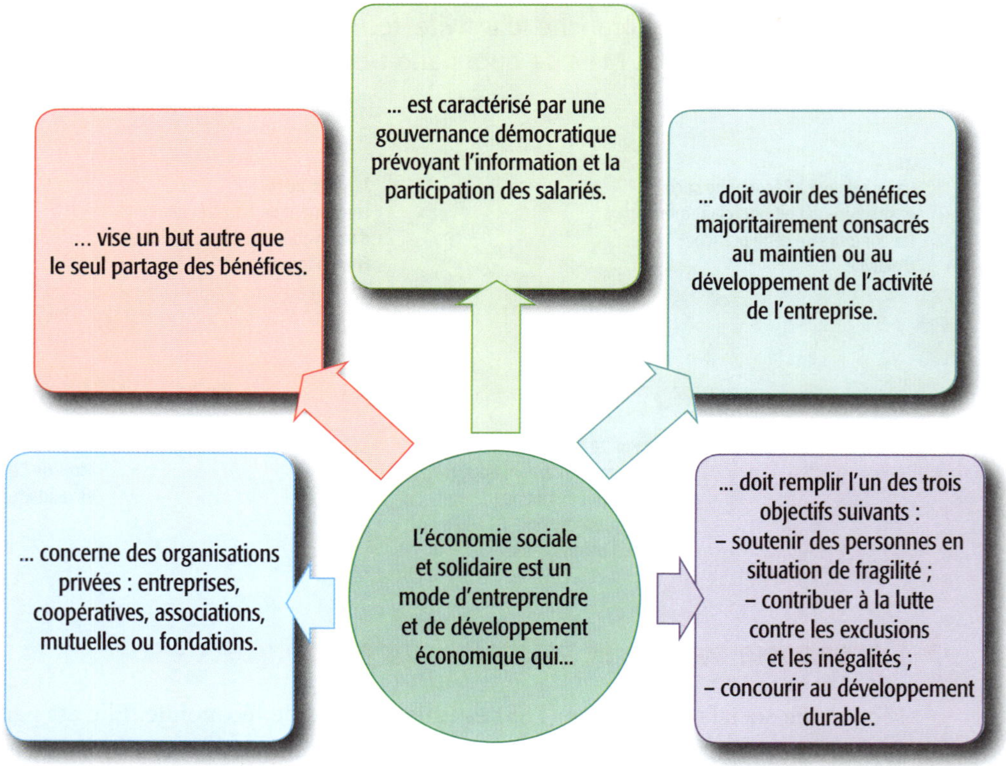

La loi de 2014 rappelle ainsi que les acteurs de l'ESS sont variés, incluant autant les acteurs historiques de l'économie sociale (associations, mutuelles, coopératives et fondations) que des sociétés privées poursuivant un objectif d'utilité sociale. C'est l'une des grandes nouveautés de cette loi de 2014 : permettre à des sociétés commerciales d'être reconnues comme entreprises de l'économie sociale et solidaire. Aujourd'hui, les associations restent les principaux acteurs de l'ESS (plus de 80 % des établissements du secteur), suivies par les coopératives (12 %), les mutuelles (6 %), les fondations (3 %) et enfin les sociétés commerciales.

Secteurs d'activité des organisations sociales et solidaires (en effectif)

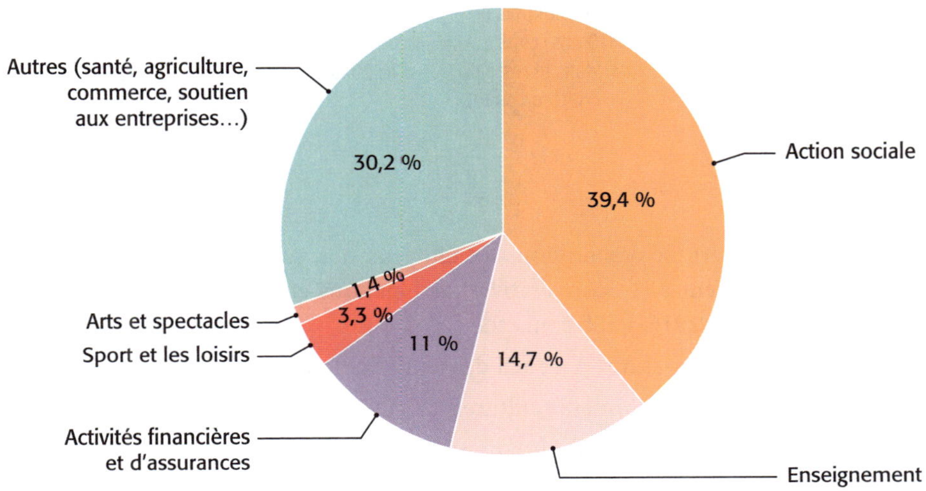

Au sein de ces secteurs d'activité, les champs d'action des organisations sont très variés : banques mutualistes, épargne solidaire, commerce équitable, lutte contre l'exclusion, promotion de la santé et de l'égalité des chances, protection de l'environnement… Tous servent cependant un objectif d'utilité sociale. Par exemple, l'association Biocycle, créée en 2013, redistribue, à vélo, les invendus des commerçants aux associations caritatives. L'entreprise KATABA, quant à elle, a créé une gamme de meubles éthiques, fabriqués de façon artisanale et vendus localement. L'association Bio Consom'acteurs a pour mission, depuis 2004, de sensibiliser et d'éduquer les citoyens à des modes de consommation plus respectueux de l'homme et de l'environnement. De son côté, la Nef est une banque éthique qui propose de soutenir, par l'épargne ou le crédit, des projets d'utilité sociale, environnementale ou culturelle. Autre exemple, l'association VoisinMalins, qui s'est donné pour mission, depuis 2010, de renforcer les liens entre les habitants des quartiers populaires, mais aussi entre ces mêmes habitants et différents acteurs privés et publics, afin de les accompagner dans la réalisation de projets ou de démarches (notamment administratives) et d'améliorer leur quotidien.

Le boom de l'économie sociale et solidaire

L'économie sociale et solidaire en chiffres en 2018

2,4 millions d'emplois

1 salarié sur 10

+ 24 % d'emplois en 10 ans (contre 7 % dans le reste du secteur privé)

600 000 recrutements d'ici 2020

Plus de 220 000 établissements employeurs

10 % du PIB national

Source : Gouvernement.fr

L'ESS concerne surtout des millions de citoyens qui, sans être salariés du secteur, fréquentent ou adhèrent à ses coopératives, associations et mutuelles. Ainsi, selon des chiffres Insee parus en 2015, l'ESS concerne :

- plus de 50 % des structures d'accueil des jeunes enfants ;
- plus de 80 % des établissements culturels et sportifs (danse, musique, théâtre…) ;
- plus de 50 % des structures d'aide à domicile ;
- plus de 50 % des complémentaires santé ;
- une part croissante du secteur bancaire.

L'attrait de l'ESS est croissant auprès des citoyens, qu'ils soient professionnels ou bénévoles. Leur nombre est estimé à 12 millions. On estime qu'un salarié sur quatre de l'ESS devrait partir en retraite d'ici 2020, ce qui laisse augurer une vague de recrutements. Ces perspectives d'emplois sont particulièrement attractives pour de jeunes travailleurs soucieux de trouver un travail en adéquation avec leurs valeurs. En effet, selon un sondage d'OpinionWay réalisé au début de l'année 2018, 70 % des 18-30 ans privilégieraient, entre deux emplois, celui qui a du sens. En conséquence, de plus en plus d'universités, grandes écoles et organismes de formation continue proposent aujourd'hui des enseignements relatifs à l'ESS. De même, l'ESS est devenue un champ d'études auquel se consacre un nombre croissant de chercheurs. L'université du Maine a été la première à proposer, dès les années 1990, une formation aux métiers du management et de la gestion des entreprises de l'ESS. Aujourd'hui, l'université Paris Nanterre propose, elle aussi, une licence 3 administration économique et sociale, et l'université Lumière Lyon 2 propose un master ESS.

2018, virage ou mirage pour l'ESS ?

Face à l'essor de l'ESS, les pouvoirs publics tentent depuis plusieurs années d'en définir les contours et d'en accompagner au mieux les acteurs, à l'instar de la loi de 2014. Dès le début des années 2000, l'ESS s'est vue doter d'un secrétaire d'État puis d'un ministre délégué. La promotion de l'ESS est également passée par la création d'un Conseil supérieur de l'économie sociale et solidaire et d'une Chambre française de l'économie sociale et solidaire. En outre, le secteur organise chaque année, depuis 11 ans, son mois de l'ESS et récompense également depuis 4 ans une initiative économique et solidaire grâce au Prix de l'économie sociale et solidaire. Dans cette même dynamique, Emmanuel Macron annonçait durant sa campagne vouloir « *libérer l'énergie* » des entreprises de l'ESS. Dans ce contexte, le gouvernement a lancé en janvier 2018 l'accélérateur national de l'innovation sociale, ou « French Impact ». Il s'agit d'un appel à projets, dont la finalité est d'encourager et d'aider au développement de 22 projets d'innovation sociale qui ont prouvé l'efficacité de leur modèle.

Les acteurs de l'ESS s'inquiètent pourtant de leur avenir. Ils craignent d'abord que les initiatives gouvernementales ne soient pas réellement suivies d'effets, notamment par manque de moyens. Outre les effets d'annonce, les acteurs de l'ESS redoutent que le gouvernement ait une conception très libérale du monde associatif et de l'ESS, ce que peut laisser penser l'utilisation d'un vocabulaire managérial : « innovation sociale », « French Impact », « *start-up* », « serial entrepreneur ». Les petites structures regrettent le virage imposé à l'ESS vers un modèle économique fondé sur la preuve et le chiffre. Il est difficile de quantifier l'impact social d'un projet d'accompagnement des personnes en situation de handicap. Une partie des acteurs craint également que l'ESS devienne la simple béquille sociale et caritative du capitalisme financier, face à des services publics réduits à peau de chagrin. Hugues Vidor, président de l'Union des employeurs de l'économie sociale et solidaire (UDES), regrette surtout la réduction des contrats aidés (150 000 suppressions en 2018, 100 000 prévues 2019), qui frappe de plein fouet de nombreuses structures de l'ESS, mais aussi leurs bénéficiaires.

De son côté, la majorité souhaite valoriser l'ESS en diversifiant ses financements et en donnant davantage de place aux acteurs privés. Pour autant, les acteurs de l'ESS se sentent lésés par le gouvernement qui a transformé le secrétariat d'État à l'ESS en un haut-commissariat et qui a rattaché ce dernier non plus au ministère des Finances, mais au ministère de la Transition écologique et solidaire.

AUTRES FAITS

mars

8 mars La loi orientation et réussite des étudiants prévoit la suppression du régime de Sécurité sociale étudiante. Elle sera applicable aux étudiants qui feront leur première rentrée en 2018, les autres auront encore une année. Les étudiants pourront par la suite profiter du régime de Sécurité sociale de leurs parents. Au 31 août 2019, les mutuelles étudiantes – la LMDE et les dix mutuelles régionales – deviendront donc des organismes complémentaires.

avril

23 avril Marion Maréchal-Le Pen fonde l'académie des sciences politiques à Lyon. Elle a ouvert ses portes à la rentrée 2018.

mai

17 mai L'Assemblée nationale adopte le projet de loi contre les violences sexuelles. Une infraction d'« outrage sexiste » est créée pour réprimer le harcèlement dans l'espace public. Les contrevenants se verront infliger une amende immédiate de 90 euros au minimum et, éventuellement, un stage de civisme.

juin

1er juin Le Front national, parti d'extrême droite fondé en 1972, devient officiellement le Rassemblement national. Ce changement de nom a été proposé par Marine Le Pen à l'occasion du congrès du parti en mars 2018. Durant ce même congrès, le poste de Président d'honneur, jusque-là occupé par Jean-Marie Le Pen, a été supprimé.

juil.

11 juillet La France n'est plus la sixième économie mondiale. L'Inde lui a ravi cette place. Les résultats de son industrie manufacturière, dont la demande est soutenue par plus de 1 milliard de consommateurs, expliquent en partie sa montée dans le classement.

août

17 août Eurostat publie les chiffres de l'inflation. Pour la zone euro, en juillet 2018, l'inflation atteint 2,1 % tandis qu'en France, elle atteint 2,3 %. Cela faisait près de 6 ans que la barre des 2 % n'avait pas été dépassée. Si l'inflation présente des avantages comme la baisse des taux d'intérêt réels, elle fait craindre la perte du pouvoir d'achat des ménages.

MARQUANTS 2018

août

28 août Le ministre de la Transition écologique et solidaire, Nicolas Hulot, annonce sur l'antenne de France Inter qu'il démissionne du gouvernement. En 15 mois, il a pris des décisions contraires à ses convictions, notamment sur le nucléaire, les pesticides, l'accord économique et commercial global (CETA) et les biocarburants. Il est remplacé par François de Rugy, qui quitte son poste de président de l'Assemblée nationale.

oct.

2 octobre Manuel Valls démissionne de son poste de député (LRM) de l'Essonne. Il avait obtenu la nationalité française à l'âge de 20 ans. Il exprime sa « reconnaissance » envers la France et se lance dans les élections municipales de Barcelone, qui auront lieu en mai 2019.

3 octobre Emmanuel Macron perd un nouveau ministre d'État, le ministre de l'Intérieur Gérard Collomb. L'un des plus anciens compagnons de La République en Marche ! quitte le gouvernement pour reprendre son poste de maire de Lyon. Édouard Philippe prend l'intérim en attendant la nomination de Christophe Castaner le 16 octobre.

23 octobre L'Assemblée nationale adopte la première partie de la loi de finances 2019. Trois objectifs sont fixés : libérer l'économie et le travail ; protéger les Français ; investir pour l'avenir en préparant les défis de demain et en transformant l'action publique.

nov.

6 novembre Les mesures protectionnistes sur le bœuf français en Chine sont levées. Depuis la crise de la vache folle, un embargo sur le bœuf français avait été mis en place par la Chine.

20 novembre L'Observatoire français des conjonctures économiques (OFCE) publie une étude sur le revenu disponible des Français. Ce dernier a baissé de 440 euros en moyenne entre 2008 et 2016. Cette diminution s'explique, entre autres, par les mesures fiscales et la hausse du nombre de familles monoparentales, dont le revenu est moins important que celui des familles dites traditionnelles. Ce chiffre dissimule toutefois des disparités. De fait, 5 % des ménages les plus pauvres ont gagné 450 euros.

QCM

Pour chaque question, une seule réponse est correcte.

1 Sur le plan électoral, l'année 2018 en Europe s'est traduite par :
- ❍ **a.** Une montée des partis populistes.
- ❍ **b.** Une montée des partis d'extrême-gauche.
- ❍ **c.** Une montée de l'abstention.

2 Viktor Orban est le président :
- ❍ **a.** De la République tchèque.
- ❍ **b.** De la Hongrie.
- ❍ **c.** De la Pologne.

3 En Pologne, le parti populiste au pouvoir est :
- ❍ **a.** La Ligue du Nord.
- ❍ **b.** Droit et justice.
- ❍ **c.** Le parti démocratique civique.

4 En Bavière, en octobre 2018, le parti d'extrême-droite AfD :
- ❍ **a.** Est arrivé en tête du scrutin.
- ❍ **b.** A enregistré un net recul.
- ❍ **c.** A réalisé une percée inédite sans être élu.

5 La commission européenne a brandi l'article 7 du traité de l'Union européenne contre :
- ❍ **a.** L'Italie.
- ❍ **b.** La Pologne.
- ❍ **c.** L'Irlande.

6 La loi définissant plus clairement les contours de l'économie sociale et solidaire (ESS) date de :
- ❍ **a.** 1994.
- ❍ **b.** 2014.
- ❍ **c.** 2018.

7 La loi définissant plus clairement les contours de l'ESS est le résultat d'un projet de loi de :

- ❍ **a.** Arnaud Montebourg.
- ❍ **b.** Emmanuel Macron.
- ❍ **c.** Benoît Hamon.

8 Aujourd'hui, les principaux acteurs de l'ESS sont :

- ❍ **a.** Les associations.
- ❍ **b.** Les sociétés commerciales.
- ❍ **c.** Les mutuelles.

9 En 2018, l'ESS emploie :

- ❍ **a.** 1,4 million de personnes.
- ❍ **b.** 2,4 millions de personnes.
- ❍ **c.** 4 millions de personnes.

10 Le 14 mai 2018, Emmanuel Macron a soufflé :

- ❍ **a.** Sa première bougie de président de la République.
- ❍ **b.** Sa deuxième bougie de président de la République.
- ❍ **c.** Sa troisième bougie de président de la République.

11 À la rentrée 2018, le pourcentage des Français estimant le bilan du Président Macron positif s'élevait à :

- ❍ **a.** 29 %.
- ❍ **b.** 19 %.
- ❍ **c.** 9 %.

12 Emmanuel Macron a qualifié les Français de « Gaulois réfractaires au changement » dans un discours prononcé :

- ❍ **a.** En janvier 2018.
- ❍ **b.** Début mars 2018.
- ❍ **c.** Fin août 2018.

13 La réforme de la SNCF, qui a été vivement contestée par les cheminots, a été définitivement adoptée en :

- ❍ **a.** Juin 2018.
- ❍ **b.** Septembre 2018.
- ❍ **c.** Elle n'a pas encore été adoptée définitivement.

14 **Au printemps 2018, Donald Trump annonçait une hausse des droits de douane, notamment sur l'acier. La hausse était de :**

❍ **a.** 10 %.
❍ **b.** 15 %.
❍ **c.** 20 %.

15 **En juillet 2018, le déficit commercial américain est évalué à près de :**

❍ **a.** 45 milliards de dollars.
❍ **b.** 50 milliards de dollars.
❍ **c.** 55 milliards de dollars.

16 **Quelle entreprise américaine a suivi les recommandations de Donald Trump en renonçant à un projet de délocalisation ?**

❍ **a.** Ford.
❍ **b.** General Motors.
❍ **c.** Walmart.

17 **Combien d'emplois ont été créés sur le sol américain à la suite de cette décision ?**

❍ **a.** 600.
❍ **b.** 700.
❍ **c.** 800.

18 **Le 1er mai 2018, Emmanuel Macron a annoncé au magazine *Forbes* :**

❍ **a.** La suppression de l'ISF.
❍ **b.** La suppression de l'exit tax.
❍ **c.** La suppression de la flat tax.

19 **L'impôt sur la fortune immobilière concerne les particuliers détenant un patrimoine immobilier d'au moins :**

❍ **a.** 1 300 000 euros.
❍ **b.** 800 000 euros.
❍ **c.** 500 000 euros.

20 **Le taux global du prélèvement forfaitaire unique est de :**

❍ **a.** 10 %.
❍ **b.** 20 %.
❍ **c.** 30 %.

21 Quand le projet de loi sur la liberté de choisir son avenir professionnel a-t-il été adopté ?

❍ **a.** Le 1er août 2018.
❍ **b.** Le 1er septembre 2018.
❍ **c.** Le 1er octobre 2018.

22 À l'heure actuelle, il existe :

❍ **a.** 32 régimes de sécurité sociale.
❍ **b.** 42 régimes de sécurité sociale.
❍ **c.** 52 régimes de sécurité sociale.

23 Le plan pauvreté prévoit la création de :

❍ **a.** 20 000 places en crèches.
❍ **b.** 30 000 places en crèches.
❍ **c.** 40 000 places en crèches.

24 La redistribution verticale est un mode de redistribution :

❍ **a.** Des actifs vers les inactifs.
❍ **b.** Des plus riches vers les plus pauvres.
❍ **c.** Des plus jeunes vers les plus âgés.

25 La réputation du bitcoin comme monnaie inviolable sur le net repose sur :

❍ **a.** Un engagement des hackers à ne pas l'attaquer.
❍ **b.** Un encodage sophistiqué.
❍ **c.** Une assurance obligatoire pour les utilisateurs.

26 Quelle proposition suivante n'est pas une cryptomonnaie :

❍ **a.** L'Ether.
❍ **b.** Le Dash.
❍ **c.** Le Zoil.

27 Que sont les « fermes » de cryptomonnaies :

❍ **a.** Les palaces des utilisateurs fortunés.
❍ **b.** Les serveurs de stockage et encodage.
❍ **c.** Les pays qui acceptent leurs utilisations.

28 **Comment s'appelle le créateur du bitcoin ?**

❍ **a.** Satoshi Nakamoto.
❍ **b.** Satoshi Taprimamoto.
❍ **c.** Satoshi Tacassémoto.

29 **Qu'est-ce que l'IR ?**

❍ **a.** L'impôt sur le revenu.
❍ **b.** L'impôt de ressources.
❍ **c.** L'impôt revisité.

30 **Lequel de ces trois taux d'imposition n'est pas possible pour le prélèvement à la source ?**

❍ **a.** Le taux personnalisé du foyer.
❍ **b.** Le taux personnalisé intergénérationnel.
❍ **c.** Le taux non personnalisé.

31 **Combien de contribuables l'impôt sur le revenu concerne-t-il ?**

❍ **a.** 59 millions.
❍ **b.** 29 millions.
❍ **c.** 19 millions.

32 **La majorité des pays d'Amérique du Nord et du Sud ont opté pour :**

❍ **a.** Le prélèvement à la source.
❍ **b.** Le prélèvement détaché de la feuille de paie.
❍ **c.** Le prélèvement annuel.

33 **La crise des *subprimes* s'explique en partie par l'opacité des placements boursiers compte tenu de :**

❍ **a.** La titrisation.
❍ **b.** La titularisation.
❍ **c.** La tribulation.

34 **La crise des *subprimes* a révélé des agences de notation :**

❍ **a.** Trop sévères dans l'évaluation des titres pour être crédibles.
❍ **b.** Absentes dans l'évaluation des titres vendus sur les marchés.
❍ **c.** Trop dépendantes de leurs clients pour être objectives.

35 **La banque, grande gagnante de la crise des *subprimes*, s'appelle :**
- ❍ **a.** Goldman Sachs.
- ❍ **b.** Lehman Brothers.
- ❍ **c.** JP Morgan.

36 **Que signifie : les banques sont « *too big to fail* » ?**
- ❍ **a.** Trop grandes pour leurs effets.
- ❍ **b.** Trop grosses pour faire faillite.
- ❍ **c.** Trop grosses pour être sauvées.

37 **Combien de députés européens l'Allemagne envoie-t-elle au parlement européen ?**
- ❍ **a.** 86.
- ❍ **b.** 96.
- ❍ **c.** 76.

38 **Jusqu'en quelle année Angela Merkel doit-elle rester chancelière ?**
- ❍ **a.** 2019.
- ❍ **b.** 2020.
- ❍ **c.** 2021.

39 **Quel est le taux de chômage en Allemagne en 2017 ?**
- ❍ **a.** 5,7 %.
- ❍ **b.** 7,5 %.
- ❍ **c.** 9,6 %.

40 **Quel était le thème du discours d'Emmanuel Macron à la Sorbonne ?**
- ❍ **a.** Les relations franco-allemandes.
- ❍ **b.** Le Brexit.
- ❍ **c.** Des propositions de réformes pour l'Europe.

Corrigé

1**a**, 2**b**, 3**b**, 4**c**, 5**b**, 6**b**, 7**c**, 8**a**, 9**b**, 10**a**, 11**b**, 12**c**, 13**a**, 14**a**, 15**b**, 16**a** ;17**b**, 18**b**, 19**a**, 20**c**, 21**a**, 22**b**, 23**b**, 24**b**, 25**b**, 26**c**, 27**b**, 28**a**, 29**a**, 30**b**, 31**c**, 32**a**, 33**a**, 34**c**, 35**a**, 36**b**, 37**b**, 38**c**, 39**a**, 40**c**.

PARTIE 2

GÉOPOLITIQUE

Le retour de la question migratoire en Europe

par Thibaut Klinger

En 2018, la question migratoire revient dans l'actualité européenne avec le contrecoup politique du pic migratoire de 2015, à savoir les victoires électorales de partis populistes positionnés sur cette question. Ainsi, le parti AfD (*Alternative für Deutschland*) obtient de très bons scores en Allemagne, l'Italie s'est dotée d'un gouvernement associant Ligue du Nord et Mouvement 5 Étoiles tandis que, le 8 avril 2018, les législatives offrent un troisième mandat à Viktor Orbán pour gouverner la Hongrie.

- **1er janvier 2014** Entrée en application du règlement européen Dublin III
- **2015** Pic d'entrée par la mer avec plus de 1 million de migrants dans l'Union européenne
- **18 mars 2016** Accord entre l'Union européenne et la Turquie à propos des migrants syriens
- **1er août 2018** Les députés français adoptent la loi asile et immigration qui veut accélérer le traitement des demandes d'asile et permet une rétention ou assignation à résidence passant de 45 à 180 jours durant la procédure
- **24 août 2018** L'Italie exige de l'Union européenne une aide pour accueillir les migr et menace sinon de ne plus payer sa pa de budget européen

▶ De la demande d'asile au statut de réfugié

Un demandeur d'asile est une personne qui demande le statut de réfugié, demande instruite par l'Office français de protection des réfugiés et apatrides (OFPRAa) en France.

Si cette requête et le recours qui peut suivre sont refusés, la personne doit quitter le pays. Cependant, dans la pratique, beaucoup restent et deviennent des immigrés clandestins ou « sans-papiers ». Si elle est acceptée, le réfugié jouit d'un statut officiel qui l'autorise à rester en France, avec son conjoint et ses enfants mineurs, durant dix ans.

En France, il y a deux fondements juridiques sur lesquels est accordé le statut de réfugié : l'asile constitutionnel et l'asile conventionnel. L'asile conventionnel est régi par la Convention de Genève de 1951 qui protège « *toute personne craignant avec raison d'être persécutée du fait de sa race, de sa religion, de sa nationalité, de son appartenance à un certain groupe social ou de ses opinions politiques* ». L'asile constitutionnel s'appuie sur le préambule de la Constitution de 1946, qui dit protéger « *toute personne persécutée en raison de son action en faveur de la liberté* », cette persécution devant être démontrée par les personnes réfugiées. Une personne réfugiée peut également bénéficier de la protection subsidiaire accordée à toute personne dont la situation ne répond pas à la définition du statut de réfugié, mais pour laquelle il existe des motifs sérieux et avérés de croire qu'elle courrait dans son pays un risque réel (peine de mort, torture…).

L'Europe de Schengen toujours déchirée

Signés en 1985 et en 1990, les accords de Schengen sont un élément essentiel de la construction européenne. En 1993, le traité de Maastricht introduit la citoyenneté européenne, et concrétise le principe de libre circulation des personnes. La convention d'application de 1995 de l'accord de Schengen supprime les contrôles intérieurs à l'espace ainsi créé et harmonise les règles de franchissement des frontières extérieures ainsi que les règles de contrôle et de traitement des demandeurs d'asile. Pourtant, cette harmonisation est loin d'être achevée et l'octroi du statut de réfugié varie considérablement d'un État membre de l'espace Schengen à l'autre. Pour coordonner les contrôles extérieurs, Frontex (Agence européenne pour la gestion de la coopération opérationnelle aux frontières extérieures) est créée, en 2004, pour être transformée en Agence européenne de garde-côtes et garde-frontières en 2016.

Depuis 2014, l'amplification des flux migratoires vers l'Union européenne (UE) a mis en évidence les dysfonctionnements de l'espace Schengen et l'absence de solidarité entre les États membres. Au cœur des tensions, le règlement Dublin III, en vigueur depuis le 19 juillet 2013 et appliqué depuis le 1er janvier 2014 qui dit que la demande d'asile doit être gérée par le premier État membre où sont conservées les empreintes digitales, ce qui amène à reconduire le demandeur d'asile dans celui-ci s'il est contrôlé dans un autre pays (il est alors qualifié de « dubliné »).

Au regard du nombre de demandeurs d'asile, les pays d'entrée jugent que la procédure leur est défavorable, tandis que les pays dans lesquels les demandeurs d'asile sont contrôlés dénoncent le laxisme des pays d'entrée… Plusieurs pays rétablissent temporairement les contrôles aux frontières, à l'instar de la France vis-à-vis de l'Italie en 2011 et de l'Allemagne vis-à-vis de l'Autriche en 2015. L'UE tente à plusieurs reprises de répartir les immigrés entre les États membres, mais les pays du groupe de Visegrád (Hongrie, République tchèque, Pologne et Slovaquie) refusent de mettre en œuvre cette répartition.

En octobre 2018, des migrants refoulés de France sont reconduits à la frontière italienne, déclenchant un incident diplomatique entre les deux pays. Les tensions se manifestent aussi à propos des arrivées par mer. En juin 2018, il a fallu que le bateau citoyen humanitaire *Aquarius* parcoure 1 500 kilomètres avant de pouvoir débarquer les 629 naufragés secourus en mer. L'Espagne a accepté après le refus de l'Italie et de Malte et le silence de la France. Le 23 août 2018, le même bras de fer reprend avec le *Diciotti*, navire des garde-côtes italiens. Rome, qui a vu débarquer sur ses côtes quelque 700 000 migrants depuis 2014, menace de ne plus verser sa part de budget européen si l'UE ne prend pas en charge les migrants. À l'inverse, l'Espagne et l'Allemagne ont conclu un accord en juin 2018 pour que les migrants déjà enregistrés en Espagne et contrôlés en Allemagne soient transférés dans le pays d'enregistrement.

Externaliser le contrôle des migrants ?

Le 29 juin 2018, les États membres se mettent d'accord pour que des centres contrôlés permettant de distinguer les migrants en situation irrégulière, qui feront l'objet d'un retour, des migrants ayant besoin d'une protection internationale, auxquelles le principe de solidarité s'appliquerait. Ces centres doivent être établis dans des États membres volontaires. L'idée est de « fluidifier » le traitement des arrivées. En même temps, les dirigeants de l'UE envisagent le développement de « plateformes régionales de débarquement des personnes secourues en mer » en dehors de l'UE, suivant l'idée du Haut-Commissariat des Nations unies pour les réfugiés. Le Maroc, la Tunisie et l'Albanie ont, pour l'instant, refusé cette idée.

L'idée de déplacer le contrôle des migrants en amont n'est pas nouvelle. Dès les années 2000, Bruxelles avait versé des aides aux États de l'autre côté de la Méditerranée en échange du contrôle exercé par ceux-ci sur les migrants, aboutissant à un phénomène de « frontière virtuelle ». En 2010, Kadhafi avait ainsi réclamé 5 milliards d'euros à l'UE pour retenir les migrants en transit. Cette idée a été massivement entérinée par l'accord signé entre l'UE et la Turquie le 18 mars 2016 : moyennant 6 milliards d'euros jusqu'à fin 2018, Ankara accueille et protège 3,57 millions de migrants, ce qui ne coûte pas cher à l'UE (moins de 1 700 euros par migrant, 18 fois moins que le coût estimé par la Cour des comptes pour traiter les demandes d'asile et le surcoût de ceux qui restent clandestinement en 2017). Cet accord devrait servir de « modèle » et l'Italie souhaite l'étendre à la Libye, pourtant en guerre civile… L'UE forme les garde-côtes libyens pour intercepter les départs des migrants, évitant ainsi aux Européens de les refouler, ce qu'interdit le droit international.

Émotion et solidarité

La photographie d'Aylan Kurdi, 3 ans, retrouvé noyé sur une plage turque le 2 septembre 2015, a bouleversé l'opinion publique. Quotidiennement, les médias donnent à voir des migrants entassés sur des canots prêts à chavirer, suscitant l'émotion et l'indignation d'une partie de l'opinion publique. En août 2018, l'Organisation internationale pour les migrations (OIM) recense près de 17 000 morts et disparus en Méditerranée depuis 2014.

Des navires sont affrétés dans un but humanitaire pour venir en aide aux migrants naufragés. Ancien navire des garde-côtes allemands, l'*Aquarius* a recueilli 30 000 personnes depuis janvier 2016, se proclamant « bateau citoyen » avec une trentaine de bénévoles à bord. L'agence Frontex accuse toutefois de telles initiatives de créer un appel d'air et de favoriser l'activité des passeurs. Misant sur le fait que les migrants seront secourus, les passeurs surchargent les canots et, pour éviter de perdre un moteur, les laissent dériver. Au mieux, ils se contentent de confier aux passagers un téléphone satellitaire pour appeler les secours en cas de naufrage.

L'*Aquarius*

Source : AFP.

À la frontière franco-italienne, une autre initiative a eu des conséquences juridiques importantes. Des migrants clandestins cherchent à passer par la vallée de la Roya, moins facile à contrôler par les autorités que le passage Menton-Vintimille. Des habitants ont formé un collectif « Roya citoyenne » qui assiste les migrants malgré des poursuites judiciaires répétées. Le 6 juillet 2018, saisi d'une question prioritaire de constitutionnalité à propos du code de l'entrée et du séjour des étrangers et du droit d'asile (Ceseda), le Conseil constitutionnel donne force juridique au « principe de fraternité » dont découle la « liberté d'aider autrui dans un but humanitaire, sans considération de la régularité de son séjour sur le territoire national ».

Iran, le retour des sanctions

par Thibaut Klinger

L'accord sur le nucléaire iranien en 2015 avait fait naître des espoirs. C'était sans compter sur le président américain, Donald Trump, qui a choisi une nouvelle fois de défaire le bilan de son prédécesseur. Le 8 mai 2018, il décide de retirer les États-Unis de cet accord. Quelles en sont les conséquences ?

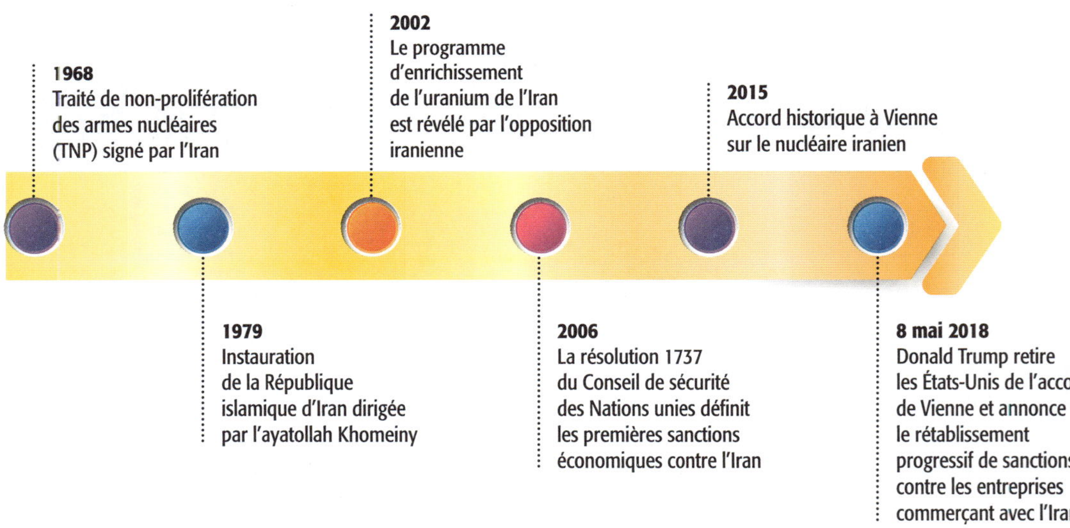

La question de l'accord nucléaire

Pendant sa campagne électorale, Donald Trump n'a eu de cesse de dénoncer « le pire accord jamais signé », en parlant de l'accord sur le nucléaire iranien ou *Joint Comprehensive Plan of Action* (JCPOA) de 2015. Celui-ci prévoit la levée progressive des sanctions internationales en contrepartie de la réduction de deux tiers du nombre de centrifugeuses détenues par l'Iran et de leur contrôle par l'Agence internationale de l'énergie atomique (AIEA) pendant 20 ans. Le pays bénéficie d'une assistance pour développer le nucléaire civil dans l'esprit du traité de non-prolifération (TNP) de 1968. L'embargo sur les missiles balistiques et les armes offensives est maintenu pendant huit ans. Des sanctions peuvent être rétablies automatiquement, en cas de manquement de Téhéran, jusqu'en 2030.

L'unilatéralisme bruyant de Trump enchaîne les retraits de traités : le 8 mai 2018, Trump annonce celui du JCPOA. D'une part, il fragilise un peu plus le cadre juridique de la non-prolifération. Ainsi, Washington condamne l'Iran, qui a pourtant respecté ses engagements pris en 2015, mais se félicite, en juin 2018, d'un accord très incertain avec la Corée du Nord qui, quant à elle, a déjà l'arme nucléaire. D'autre part, les sanctions américaines s'appliquant aux entreprises étrangères pour leur collaboration avec l'Iran relèvent de la législation extraterritoriale et de l'impérialisme, les États-Unis imposant leur volonté aux autres pays et se substituant au droit international. Face à ce comportement, les Européens affichent de belles intentions et annoncent un dispositif de troc pour éviter les transactions en dollars et contourner les sanctions américaines, mais rien de précis n'existe fin 2018 et les entreprises européennes quittent l'Iran…

Le renouveau de la puissance iranienne

Pour Trump, le problème est moins le JCPOA que la nouvelle implication iranienne au Moyen-Orient. L'Iran soutient en effet le régime syrien, les rebelles houthis au Yémen, le Hamas à Gaza et le Hezbollah au Liban. Le 21 mai 2018, le secrétaire d'État américain, Mike Pompeo, pose ainsi douze conditions à un nouvel accord, plus large que la question nucléaire, visant à encadrer cette nouvelle puissance régionale, tandis que Trump a multiplié les déclarations appelant à un changement de régime à Téhéran.

Ce renouveau de la puissance iranienne est, en partie, le fruit de la politique américaine : George W. Bush a combattu les talibans afghans en 2001, menace directe pour le chiisme iranien, et a renversé Saddam Hussein en 2003, permettant aux chiites majoritaires en Irak de dominer les institutions politiques. La même année, le début de la guerre civile en Syrie a conduit Téhéran à porter secours à Bachar al-Assad, membre de la communauté alaouite officiellement apparentée au chiisme depuis les années 1970. Trois ans plus tard, la proclamation du califat à Mossoul a conduit l'Iran à combattre Daech, qui cible en priorité les chiites, aux côtés des Irakiens. Enfin, en 2015, l'Arabie saoudite est intervenue massivement au Yémen contre les rebelles houthis, chiites : jusque-là peu présent dans ce pays, l'Iran est venu à leur secours.

La puissance iranienne se déploie en s'appuyant sur les communautés chiites étrangères. Téhéran agit d'abord par l'intervention en Irak et en Syrie des brigades des forces spéciales Al-Qods (« Jérusalem » en arabe, environ 15 000 hommes). Le général Qasem Soleimani, leur chef charismatique, est une sorte de proconsul à Bagdad. Ses effectifs sont renforcés par des miliciens recrutés auprès d'immigrés clandestins en Iran, auxquels on promet la régularisation de leur situation. L'Iran s'appuie ensuite sur la milice libanaise du Hezbollah, qui combat efficacement en Syrie, notamment à Alep. En Irak et en Syrie, il sert de modèle à plusieurs milices chiites, comme la Harakat Hezbollah al-Nujaba, qui adoptent une idéologie alignée sur Téhéran et une symbolique reprise du Hezbollah, au point que l'on parle d'une véritable « hezbollahisation » de ces milices.

Ce déploiement suscite l'inquiétude de l'Arabie saoudite, rivale historique, des Émirats arabes unis, qui se rapprochent de Riyad – même si Dubaï sert depuis longtemps d'interface commerciale avec l'Iran –, et d'Israël, pour lequel le Hezbollah est la principale menace, en attendant une arme nucléaire iranienne. Le 28 février 2018, pour montrer sa bonne volonté, Hassan Rohani, président de la République islamique d'Iran, a proposé une « grande union du golfe Persique » sur le modèle de l'Organisation pour la sécurité et la coopération en Europe (OSCE), qui sert de cadre à la coopération environnementale et à la prévention des conflits en Europe depuis la fin de la guerre froide. Pourtant, alors qu'Obama multipliait les gestes envers Téhéran, Trump a choisi le camp saoudien. Le malaise est d'autant plus grand au lendemain du meurtre du journaliste saoudien, Jamal Khashoggi, le 2 octobre 2018, sans doute sur ordre de Riyad…

Un renouveau fragile

La montée en puissance iranienne n'est pas sans limites. S'il est un relais efficace face à Israël et à Daech, le Hezbollah a aussi sa logique propre comme parti politique libanais et certains s'interrogent sur le bien-fondé de son action pour le compte de l'Iran. Damas a certes besoin de Téhéran, mais l'influence russe sur le régime est bien plus forte. En Irak, le nouveau Premier ministre, Haïder al-Abadi, ne veut pas être inféodé à Téhéran et le mouvement chiite de Moqtada al-Sadr, qui a triomphé aux législatives de mai 2018, se veut à égale distance des États-Unis et de l'Iran.

Sur le plan intérieur, les manifestations du 28 décembre 2017 au 1er janvier 2018, dont la répression a fait 25 morts et des milliers d'arrestations, ont souligné les profondes mutations que connaît cet immense pays de 1,6 million de kilomètres carrés et de 82 millions d'habitants. Une partie des vétérans de la guerre avec l'Irak (1980-1988) s'inquiètent de perdre des avantages économiques avec l'ouverture trop rapide du pays ; leurs enfants, les 25-40 ans, la classe d'âge la plus nombreuse, veulent plus de justice sociale, dénoncent la corruption de la « mollahcratie », et l'état catastrophique de l'environnement dans plusieurs régions. Beaucoup doutent de l'intérêt de tant aider le Hezbollah plutôt que les Iraniens. Sur le plan économique, la croissance a ralenti (3,3 % en 2017 contre 6,5 % en 2016). Les mesures d'assainissement de Rohani ont amputé le pouvoir d'achat des moins riches. L'effondrement du rial iranien face au dollar (deux tiers de sa valeur en moins depuis l'annonce de Trump en mai 2018) a ruiné les épargnants, bloqué l'activité dépendant des importations et poussé les immigrés à repartir. Le retrait des grandes entreprises européennes, dont PSA, qui vendait 445 000 véhicules par an, sonne l'activité économique. Le 3 octobre 2018, la Cour internationale de Justice (CIJ) a condamné ces sanctions unilatérales, mais elle n'a aucun moyen d'imposer l'application de sa sentence… L'Iran risque de se tourner vers la Russie et surtout vers la Chine, premier acquéreur de son pétrole, dont elle se rapproche déjà *via* l'Organisation de coopération de Shanghai (OCS). Les entreprises chinoises semblent prêtes à prendre la place des Occidentaux, mais à leurs conditions…

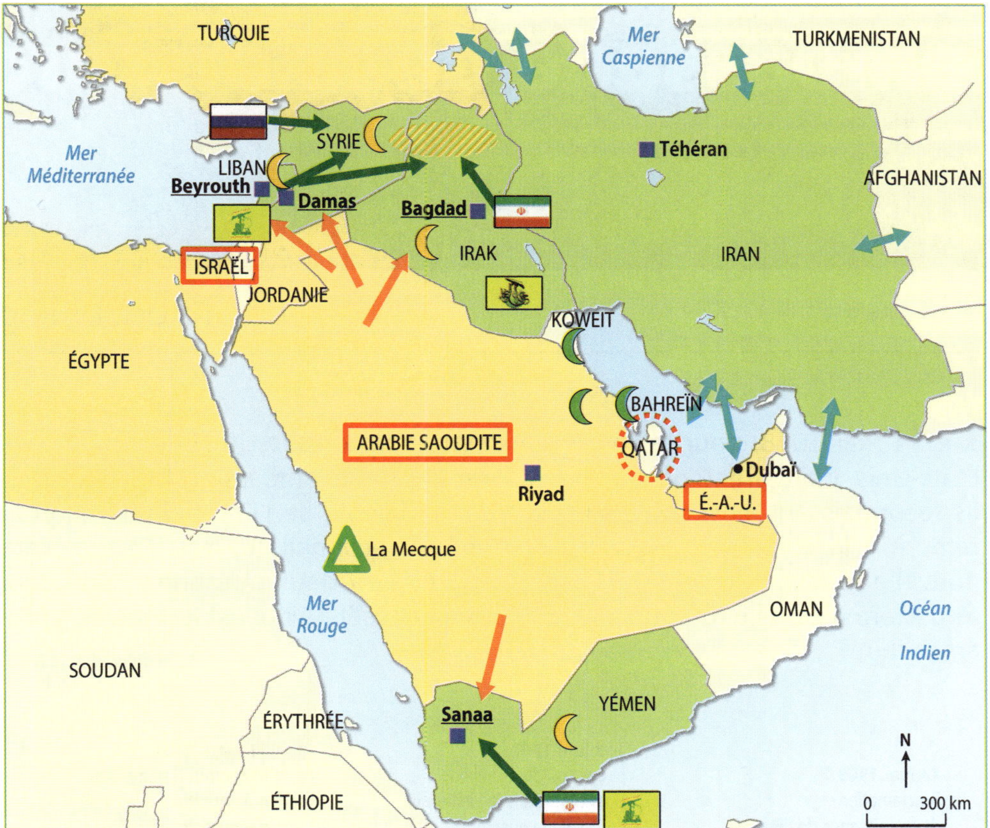

1. La puissance iranienne, puissance chiite

- Pays dirigés par des chiites, perçus comme une menace par l'Arabie Saoudite
- Pays non ou peu impliqués dans le clivage religieux
- **Damas** Les « quatre capitales arabes aux mains de l'Iran » selon la propagande sunnite
- Population chiite source de tensions avec un pouvoir sunnite
- Lieu du pèlerinage dû par tout musulman qui en est capable, objet de tensions entre l'Iran et l'Arabie Saoudite

2. Action de l'Iran sur son environnement

- Action militaire soutenant les intérêts iraniens
- Brigades El-Qods ou aide matérielle iranienne
- Hezbollah, milice chiite libanaise impliquée en Syrie, en Irak et au Yémen
- Milices chiites irakiennes sur le modèle du Hezbollah (ici Harakat al Nujaba)
- Soutien russe au régime syrien, coïncidant avec les intérêts iraniens
- Liens de coopération ou échanges commerciaux confiants

3. La puissance iranienne se heurte à des rivaux et inquiète

- Pays dirigé par des sunnites, plutôt perçus comme une menace par l'Iran
- Population sunnite, source de tensions avec un pouvoir largement dominé par les chiites
- Ancien territoire de Daech, qui ciblait particulièrement les chiites
- ISRAËL Pays particulièrement hostile à l'Iran
- Intervention militaire ou appui matériel important du camp saoudien
- Blocus des alliés de l'Arabie Saoudite, qui reprochent au Qatar son soutien au terrorisme et ses liens avec l'Iran

Jérusalem, l'ambassade de la discorde

par Thibaut Klinger

Le 14 mai 2018, pour le soixante-dixième anniversaire de l'État d'Israël, les États-Unis inaugurent officiellement leur nouvelle ambassade à Jérusalem. Ils reconnaissant ainsi cette ville comme la capitale de l'État hébreu, contrairement à la communauté internationale qui reconnaît Tel-Aviv. Face à cette nouvelle bravade du président Trump se profilent deux questions : pourquoi Jérusalem n'est-elle toujours pas la capitale d'Israël ? Quel est le sens du geste américain ?

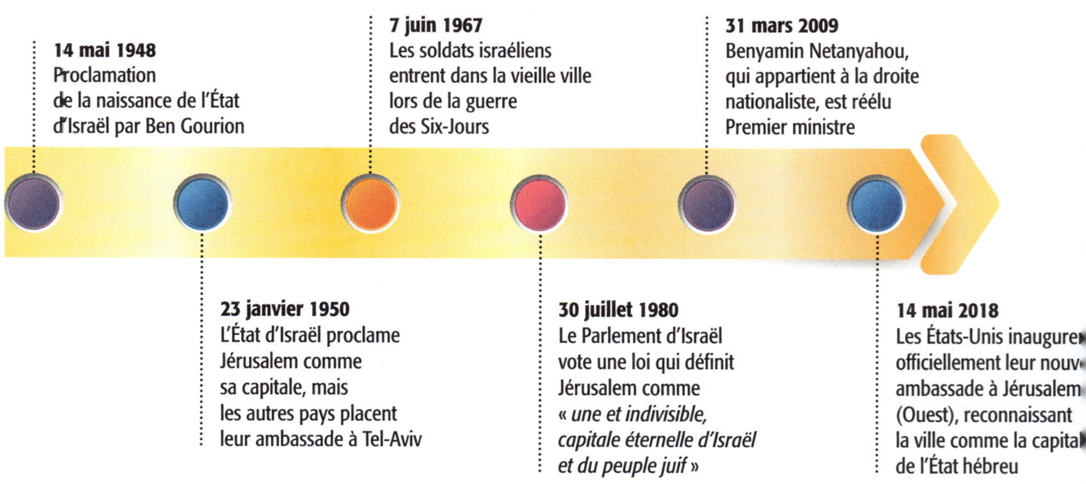

Jérusalem, impossible capitale ?

C'est à Tel-Aviv qu'est proclamée l'indépendance de l'État d'Israël, le 14 mai 1948. Conformément au plan de partage de la Palestine préparé par l'Organisation des Nations unies (ONU), Jérusalem est partagée entre l'Israël (Jérusalem-Ouest) et la Jordanie (Jérusalem-Est) par une « ligne verte » en 1949. Le 23 janvier 1950, le jeune État proclame pourtant Jérusalem-Ouest comme sa capitale, et y installe son

Parlement, la Knesset. Avec 190 000 habitants, la ville a toutes les fonctions d'une capitale, mais n'est pas reconnue comme telle par les autres pays. À l'Est, la Jordanie ne cherche pas à développer son côté de la ville qui ne compte que 70 000 habitants. La ville est coupée par un mur érigé en 1962 pour protéger l'Ouest des tireurs palestiniens.

En 1967, Jérusalem-Est n'est pas un but de la guerre des Six-Jours : c'est l'attaque jordanienne qui amène l'armée de défense d'Israël, Tsahal, à prendre la partie arabe de la ville le 7 juin. Quant à ses habitants, pour la plupart, ils restent chez eux. Aujourd'hui encore, ils ne sont pas israéliens, mais leur statut de « résidents de Jérusalem » leur ouvre des droits sociaux et la participation aux élections municipales, qu'ils boycottent largement. Le 21 mai 1968, la résolution 252, adoptée à l'unanimité par le Conseil de sécurité de l'ONU, condamne la politique israélienne à Jérusalem. Elle sanctionne l'échec d'unification de la ville, malgré les efforts du maire travailliste Teddy Kollek.

Carte de Jérusalem

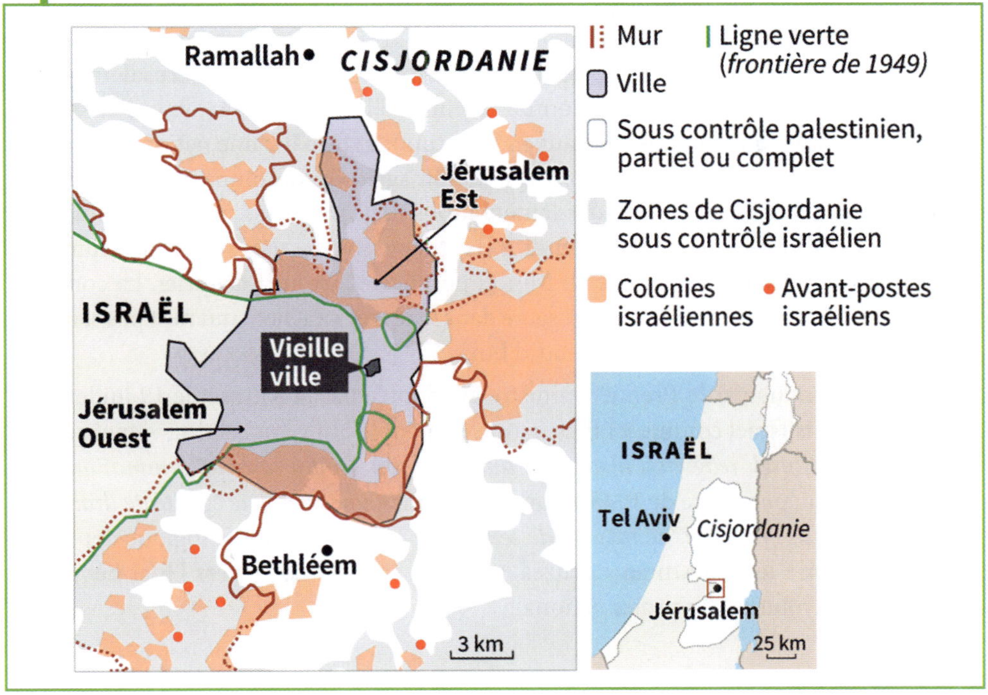

Sources : peacenow.com, B'Tselem © AFP.

L'arrivée au pouvoir de la droite nationaliste, en 1977, conduit à l'adoption d'une loi fondamentale, le 30 juillet 1980. Elle définit Jérusalem comme « *une et indivisible, capitale éternelle d'Israël et du peuple juif* », tandis que la ville palestinienne (Jérusalem-Est) est isolée de la Cisjordanie par des « colonies » (terme palestinien) ou « implantations » (selon Israël), ainsi que par un mur de 6 à 8 mètres de haut construit entre les deux. Jérusalem est paradoxalement la ville la moins juive du pays, avec plus d'un tiers de la population qui est palestinienne, et la moins « démocratique », puisque le pouvoir politique n'est pas élu par ce tiers qui boycotte les élections. Quant à la vieille ville, les Juifs n'y sont aujourd'hui que 4 000 sur 35 000 habitants.

Les deux Intifadas (révoltes palestiniennes contre l'occupation israélienne), en 1987 et en 2000, ont renforcé le fossé entre les deux villes : la cohabitation n'est plus recherchée. En 2011, la création d'une longue ligne de tramway donnait l'impression de vouloir unifier la ville, en fournissant du travail aux Palestiniens par le chantier et en installant à l'Est le dépôt de maintenance. Franchissant la ligne verte de 1948, elle a été vue aussi comme une nouvelle annexion, reliant de manière sécurisée (les vitres du tramway sont blindées) la ville occidentale aux implantations juives à l'Est... Le 23 décembre 2016, la résolution 2334 du Conseil de sécurité de l'ONU rappelle que la ville doit être la capitale de deux États souverains. Mais la situation de fait empêche Jérusalem en entier d'être la capitale d'Israël.

La question de l'identité israélienne

La volonté du Premier ministre, Benyamin Netanyahou, de faire de Jérusalem unifiée la capitale d'Israël renvoie à la question de l'identité d'Israël. En 1948, le projet sioniste (mouvement visant à recréer un État juif en Palestine) est de bâtir une nation moderne et laïque, autour du modèle du kibboutz, exploitation agricole communautaire. L'annexion de 1967 a intégré à Israël le Mur des lamentations, lieu le plus sacré pour les Juifs. Le 10 juin, les bulldozers rasent le quartier dit « des Maghrébins », après en avoir expulsé les habitants, pour dégager l'esplanade du Mur et permettre aux juifs d'y prier. La conquête de Jérusalem-Est marque un retour du sacré dans le projet israélien, qui n'est pas sans lien avec le poids des ultra-orthodoxes aujourd'hui.

Une loi défendue par le Premier ministre et adoptée par la Knesset le 19 juillet 2018 définit désormais Israël comme « l'État-nation du peuple juif », où celui-ci « *applique son droit naturel, culturel, religieux, historique ainsi que son droit à l'autodétermination* ». La déclaration d'indépendance de 1948 assurait pourtant « *une complète égalité de droits [...] sans distinction de croyance, de race ou de sexe* ». Ce raidissement idéologique dépasse le cas de Jérusalem : les Palestiniens druzes, pourtant très loyaux envers l'État hébreu, se sont émus de l'évolution du projet national.

Les Palestiniens oubliés ?

L'année 2018, est aussi le soixante-dixième anniversaire de « la Nakba », « la catastrophe », le départ de 700 000 Palestiniens face à la création d'Israël, chassés ou refusant de rester dans le nouvel État selon les cas. Depuis le 30 mars 2018, à Gaza, les Palestiniens s'approchent tous les vendredis de la barrière de sécurité et du *no man's land* qui la borde pour faire une « Grande marche du retour » pacifique, dénonçant cet exil sans fin et demandant la fin du blocus de la bande de Gaza, imposé par Israël depuis 2007 pour lutter contre le Hamas. La tension est vive à chaque fois, les Israéliens redoutant que la barrière ne soit franchie. Le 14 mai 2018, l'inauguration de l'ambassade américaine est perçue comme une provocation et les heurts sont meurtriers : 58 Palestiniens sont tués et 1 350 blessés par balles.

La question palestinienne est devenue secondaire dans les relations internationales, même au Moyen-Orient, davantage préoccupé de l'hégémonie régionale de l'Iran et de la guerre syrienne. Seul le roi de Jordanie, poussé par l'opinion publique, a annoncé, en réponse à l'inauguration de l'ambassade, ne pas reconduire la location gratuite de terres jordaniennes frontalières à des fermiers israéliens convenue pour 25 ans lors des accords de 1994. Pour les Palestiniens, la décision américaine a été perçue comme une trahison. Le président de l'Autorité palestinienne et de l'État de Palestine, Mahmoud Abbas, refuse tout contact avec Washington. Le 19 mars 2018, il a déclaré que le nouvel ambassadeur américain à Jérusalem, David Friedman, juif orthodoxe, était « *un colon et un fils de chien* ». Le 31 août suivant, Trump a coupé l'aide américaine aux réfugiés palestiniens, distribuée par l'UNRWA, soit 350 millions de dollars pour 2017…

L'Iran, la vraie raison ?

En réalité, Trump n'innove pas. Le Congrès a déjà voté le déplacement de l'ambassade américaine le 23 octobre 1995, mais tous les présidents des États-Unis l'ont ensuite reporté tous les six mois « au nom de l'intérêt national », comme le permet la Constitution. Certes, l'actuel Président aime tenir ses promesses électorales, dont cette décision fait partie, mais celle-ci s'éclaire certainement par le contexte d'inquiétude devant la nouvelle puissance de l'Iran. Six jours avant l'inauguration de l'ambassade, Washington annonce se retirer de l'accord de 2015 sur le nucléaire iranien. Netanyahou applaudit, lui qui, le 30 avril, présente en personne à la presse des documents rapportés secrètement d'Iran par le Mossad et révélant l'ampleur du programme nucléaire militaire de Téhéran. De plus, la présence iranienne en Syrie inquiète Israël, qui y a mené plus de 200 raids aériens contre des stocks d'armes destinées au Hezbollah, son principal ennemi dans la région. Cette présence iranienne risque de faire du Golan la frontière à risque pour l'État hébreu, alors qu'elle était calme depuis 1973.

Pour Washington, après l'ère Obama, c'est là un élément dans le réalignement de la politique américaine sur Israël et l'Arabie saoudite contre la puissance grandissante de l'Iran au Moyen-Orient. De son côté, Riyad multiplie les gestes envers Israël, le prince Mohammed ben Salmane reconnaissant devant la presse internationale le droit des Juifs à un État-nation. Le transfert de l'ambassade américaine à Jérusalem n'est donc pas vraiment une prise de position de fond. Le 22 octobre 2018, selon la chaîne israélienne Channel 10, Trump aurait évoqué au téléphone avec le président Macron son fameux « *deal of the century* », accord qui réconcilierait Palestiniens et Israéliens, et dans ce cadre aurait mentionné Jérusalem capitale des deux États…

Trump et Kim : « *I do trust him*[1] »

par Thibaut Klinger

Après l'escalade des menaces et des provocations en 2017, les relations américano-nord-coréennes semblent brusquement aller dans le sens d'un accord en 2018. Le contenu de cet accord paraît pourtant « léger », alors que Washington dénonce l'accord nucléaire de 2015 avec l'Iran en raison de ses imperfections.

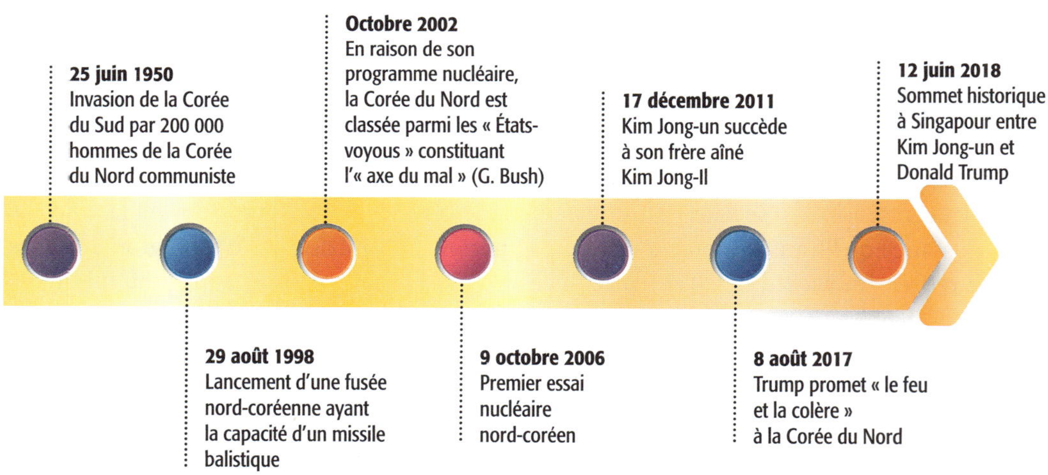

Royaume ubuesque ou stratégie à la coréenne ?

Si elle est souvent décrite comme un État stalinien « fossilisé », la Corée du Nord a abandonné depuis longtemps la référence au socialisme au bénéfice du Juche. Cette idéologie est portée par trois axes : l'autonomie militaire, l'autosuffisance économique et l'indépendance politique.

La Corée du Nord réserve tous les avantages à une élite militaire tandis que la population survit difficilement. L'armée assure le maintien du régime, empêchant toute contestation comme lors de la grande famine de 1995 à 1997. Selon les témoignages de réfugiés,

1. J'ai confiance en lui.

les quelque 150 000 détenus du système concentrationnaire « *kwanliso* » subissent un traitement impitoyable, frappant toute leur famille sur plusieurs générations suivant le principe de « culpabilité par association ».

Le fondateur du régime, Kim Il-Sung, qui régna de 1948 à 1994, a posé les bases d'une véritable monarchie. En 1994, c'est son fils aîné Kim Jong-il qui lui succède, puis en 2011 le frère cadet de ce dernier, Kim Jong-un. Selon le statut de 2013 du parti des travailleurs, parti unique, « la révolution nord-coréenne s'en remettra pour toujours à la glorieuse lignée des Kim ».

L'irrésistible programme nucléaire

La Corée du Nord travaille sur son programme nucléaire militaire et sur les missiles balistiques depuis le début des années 1960. C'est en 2002 que l'avancée du programme est révélée au monde. George W. Bush range la Corée du Nord parmi les « États voyous » qui constituent pour lui « l'axe du mal ». Selon certains juristes, ce pays aurait bafoué ses engagements passés, à savoir son adhésion au traité de non-prolifération (TNP) en 1985. Le 10 janvier 2003, la Corée du Nord a certes annoncé son retrait du traité, mais elle serait toujours tenue pas ses engagements au titre du traité. Ce rebondissement donne naissance aux « pourparlers à six », série de rencontres entre 6 États : les deux Corées, les États-Unis, la Russie, la Chine et le Japon. Il permet à Pyongyang de négocier une aide économique étrangère en échange du retrait total des armes nucléaires en Corée du Nord.

En octobre 2006, le premier essai nucléaire ouvre une période qui voit alterner des concessions nord-coréennes (un accord gèle le programme en 2007) et des avancées de son programme. Un deuxième essai en 2009 est suivi de l'expulsion des inspecteurs de l'Agence internationale de l'énergie atomique (AIEA). Un troisième essai s'ensuit en 2013. Tous les essais sont suivis de résolutions du Conseil de sécurité des Nations unies, sans effet manifeste. En 2016, Pyongyang multiplie les provocations avec deux essais nucléaires (les 6 janvier et 9 septembre) et tirs de missiles balistiques (les 23 avril et 3 août).

Escalade en 2017, détente en 2018

Depuis son avènement en 2011, Kim Jong-un a rompu avec cette alternance de moments de tension et de détente pour multiplier les provocations y compris envers la Chine. De son côté, Donald Trump, qui avait proposé durant sa campagne de « manger un burger » avec Kim Jong-un, multiplie les déclarations fracassantes, notamment sur le réseau social Twitter, suivies de démentis. À l'opposé de la politique de « patience stratégique » de Barack Obama, Donald Trump pense que les sanctions internationales de plus en plus dures mettront fin au régime de Pyongyang.

Les deux leaders se livrent alors à une surenchère verbale, ponctuée d'un tir de missile balistique, le 4 juillet 2017, et de deux essais nucléaires qui ont lieu au cours de l'année. Quand Trump promet à Kim Jong-un le « feu et la colère » et le qualifie de « *rocketman* », le ministre des affaires étrangères nord-coréen répond en traitant Trump de « personne dérangée »…

L'année 2018 voit au contraire un spectaculaire renversement de tendance, dans le cadre des Jeux olympiques d'hiver en Corée du Sud, organisés du 9 au 25 février. Le 5 janvier, l'annonce de la suspension des manœuvres militaires américano-sud-coréennes conduit Pyongyang à annoncer sa participation aux Jeux olympiques au sein d'une équipe coréenne unifiée, comme lors des Jeux d'été en 2000 et 2004 et d'hiver en 2006. Il entame un dialogue avec les États-Unis et avec son voisin du Sud : Trump y voit le succès de sa stratégie de « pression maximale », selon ses mots, d'autres le fruit de la médiation du président sud-coréen Moon Jae-in. Le 27 avril, la rencontre des dirigeants des deux Corées à la frontière des deux pays marque un brusque réchauffement des relations bilatérales tandis que le secrétaire d'État américain, Mike Pompeo, se rend à Pyongyang le 9 mai et en revient avec trois Américains qui étaient détenus par le régime. Le 24 mai, les États-Unis annulent le sommet bilatéral prévu avec la Corée du Nord avant de finalement le confirmer une semaine plus tard. Le 12 juin, Kim Jong-un et Donald Trump se rencontrent en terrain neutre, à Singapour. Après le deuxième sommet intercoréen du 18 et 19 septembre, Washington annonce souhaiter une nouvelle rencontre avec le dirigeant nord-coréen en vue d'une dénucléarisation complète d'ici janvier 2021.

Poignée de main entre Donald Trump et Kim Jong-un

Source : Saul Loeb, AFP.

Avec ces deux sommets intercoréens, 2018 semble donc renouer avec la « *sunshine policy* » ou « rayon de soleil », sorte d'*Ostpolitik*[1] à la coréenne qu'avait lancée, en 1998, le président sud-coréen, Kim Dae-jung. Le 19 septembre 2018, la déclaration commune comprend plusieurs points : la fermeture « permanente » du site de tests de moteurs de missile de Tongchang-ri, des mesures réciproques pour faire baisser la tension sur la frontière commune, la connexion des réseaux ferrés et routiers et la réouverture de la zone industrielle conjointe de Kaesong, fermée en 2016, ainsi que la possibilité de voyages organisés de touristes sud-coréens au Mont Kumgang, station de montagne de la Corée du Nord, une participation commune aux Jeux olympiques d'été de 2020 et une candidature commune pour accueillir les Jeux olympiques d'été de 2032. Enfin, des contacts directs entre les familles séparées depuis la guerre de 1950-1953 sont envisagés.

Kim gagnant, Trump berné ?

Très critique envers l'Iran, Trump étonne à se réjouir du rapprochement avec la Corée du Nord en exprimant un peu naïvement sa confiance en Kim Jong-un : « *I do trust him* » est son argument pour justifier le communiqué conjoint du sommet de Singapour, le 12 juin 2018, pourtant très imprécis. La Corée du Nord s'engage à « œuvrer à la complète dénucléarisation de la péninsule coréenne», mais il n'y a rien de plus que dans les déclarations de 2005, très loin de ce que prétendait vouloir exiger le secrétaire d'État américain, Mike Pompeo. S'il n'est pas allé jusqu'à évoquer un traité de paix qui aurait pu le contraindre à un retrait militaire de la péninsule, Trump a concédé l'arrêt des exercices militaires conjoints, qu'il a lui-même qualifiés de « provocations ».

Pour Kim Jong-un, l'année 2018 apparaît comme un franc succès. Le 29 novembre 2017, il avait solennellement déclaré avoir « finalement réalisé la grande cause historique de l'achèvement d'une force nucléaire d'État », sans doute dotée de 14 à 60 bombes, capables de menacer directement les États-Unis grâce au tir réussi d'un missile balistique intercontinental (ICBM). La multiplication des sites de lancement rend plus difficile une destruction préventive éventuelle. Désormais, la Corée du Nord peut dissuader les États-Unis d'une intervention contre le régime. Il y a peu, État paria, elle est désormais un interlocuteur courtisé de Washington qui se préoccupe peu de consulter Séoul ou Tokyo dans ces négociations ! Quant à l'opinion sud-coréenne, qui découvre en direct le dictateur nord-coréen, et non par l'intermédiaire habituel des images officielles de la télévision de Pyongyang, elle voit en Kim Jong-un un homme pragmatique, non loin d'être le protecteur de la péninsule contre les puissances extérieures. Voilà qui peut renforcer son projet de réunifier le pays, qu'il envisagerait à l'horizon de 2070.

1. À partir de 1969, la RFA de Willy Brandt tente une politique d'apaisement avec la RDA et les autres pays de l'Est, surnommée « *Ostpolitik* ».

Turquie : l'avènement du sultan ?

par Thibaut Klinger

Au pouvoir depuis 15 ans, Recep Tayyip Erdoğan a encore convaincu les Turcs de faire de lui un « *reis* » (chef) incontesté, mais les défis auxquels ce nostalgique des sultans ottomans doit faire face sont à la mesure de son ambition.

Mars 2003
Erdoğan est nommé Premier ministre

10 août 2014
Erdoğan est élu président de la République au 1er tour

15 juillet 2016
Tentative manquée de putsch militaire

16 avril 2017
Adoption par référendum d'une nouvelle constitution voulue par Erdoğan

24 juin 2018
Élections présidentielles et législatives anticipées

29 octobre 2018
Inauguration du troisième aéroport d'Istanbul

Présidentialisation et conquête du pouvoir

L'élection de 2018 est l'aboutissement de l'ascension de celui qui se veut le représentant du petit peuple, méprisé des élites cultivées et tournées vers l'Occident. Né en 1954, orateur de talent au service de l'islam politique, Recep Tayyip Erdoğan conquiert la mairie d'Istanbul en 1994. En 2001, il fonde le Parti de la justice et du développement (AKP), qui devient le premier parti turc. Le 14 mars 2003, Erdoğan est nommé Premier ministre, puis élu dès le premier tour 12e président de la République en 2014.

Surnommé le « sultan » par allusion à sa force de caractère et à sa nostalgie pour l'époque ottomane, Erdoğan initie ou accompagne de profondes transformations socio-économiques de la Turquie. Après une phase libérale, ses réformes et plusieurs grands procès lui permettent de réduire l'opposition, tandis que les médias font l'objet de pressions. Le 15 juillet 2016, des militaires tentent un coup d'État : Erdoğan y voit un « cadeau de Dieu » pour renforcer son pouvoir. Plus de 150 000 fonctionnaires civils ou militaires sont destitués ou suspendus et une nouvelle constitution est proposée, adoptée par le référendum du 16 avril 2017, elle transforme le régime parlementaire en régime présidentiel. République parlementaire depuis la fin de l'Empire ottoman, la Turquie se dote alors d'un président de la République tout puissant, élu pour 5 ans renouvelables une fois, gouvernant par décret et nommant les plus hauts fonctionnaires sans contrôle parlementaire. La fonction de Premier ministre disparaît et le gouvernement n'est plus responsable devant le Parlement.

« Une » du quotidien turc *Sabah* au lendemain du référendum du 16 avril 2017 sur la réforme constitutionnelle

TÜRKİYE 'EVET' DEDİ

SABAH

17 NİSAN 2017 PAZARTESİ

TÜRKİYE GENELİ OY DAĞILIMI

EVET % 51.4

HAYIR % 48.6

FARK: 1.359.940

HALK İHTİLALİ

Referandumda tarihi bir zafere imza atan Türk milleti, Cumhurbaşkanı Erdoğan'ın öncüsü olduğu Cumhurbaşkanlığı Hükümet Sistemi'ne 'evet' dedi değişim başladı

HALK KENDİ SİSTEMİNİ SEÇTİ

MİLLET ERDOĞAN'A SAHİP ÇIKTI

CUMHURBAŞKANI ERDOĞAN'DAN ÇARPICI REFERANDUM MESAJLARI:

80 MİLYONUN ZAFERİ

DEMOKRASİ ŞÖLENİ

Sandık konuşunca

Traduction : La Turquie dit « oui ». La révolution du peuple.
La victoire de 80 millions [d'habitants].

Source : *Sabah*, 17 avril 2017.

L'élection du 24 juin 2018 témoigne de la force d'Erdoğan, mais aussi de difficultés. S'il a été élu dès le premier tour de manière incontestable, l'AKP a désormais besoin de l'appui du parti nationaliste MHP pour avoir la majorité au Parlement. En outre, le parti kurde HDP dépasse les 10 %, siège donc au Parlement et continue de représenter une opposition forte. La prochaine étape du combat politique aura lieu en mars 2019 avec les élections locales.

Rêves ottomans et *leadership* sunnite

Si le fondateur de la Turquie moderne, Mustafa Kemal, tournait le dos à l'héritage ottoman, Erdoğan en est un fervent admirateur et ne manque pas une occasion de cultiver une véritable « ottomania ». Ses supporters le saluent parfois d'un « *padishah !* » (« sultan ») ou d'un « *başkomutan !* » (« commandant en chef »). Il aime comparer ses victoires politiques à la conquête de Constantinople par Mehmet II, ouvrant ses meetings par des marches ottomanes jouées par des soldats en tenue d'époque. En 2014, il emménage dans un immense « palais blanc » à Ankara, qui se veut inspiré par l'architecture des Seldjoukides, première dynastie turque du Moyen Âge. Comme les sultans propagateurs de l'islam et bâtisseurs de mosquées, Erdoğan devrait inaugurer prochainement la mosquée de Çamlica, la plus grande d'Asie Mineure, pastiche de la Mosquée bleue de 1617. La direction des affaires religieuses turques, directement placée sous son autorité dans la nouvelle constitution, a financé en outre la mosquée de Cologne, l'une des plus grandes d'Europe, inaugurée le 29 septembre 2018.

La nostalgie de l'époque ottomane marque aussi la politique étrangère de la Turquie. S'éloignant de sa neutralité traditionnelle, elle multiplie les coopérations au Moyen-Orient et y invoque des « droits historiques » hérités de l'Empire ottoman. La guerre syrienne bouleverse ses plans. Après avoir laissé armes et recrues pour Daech transiter par son territoire, les attentats de 2015 et 2016 le forcent à combattre l'État islamique, mais aussi le projet kurde d'une région autonome le long de la frontière turque. En janvier 2018, c'est la région kurde d'Afryn qui est occupée. Comme Erdoğan le réclamait au début de la guerre, la Turquie dispose désormais d'une zone d'influence dans le Nord syrien, dans laquelle elle investit, par exemple, dans la restauration du réseau routier et son raccordement au territoire turc.

Plus largement, la Turquie jouit désormais d'une certaine profondeur stratégique, avec la base de Bashiqa, près de Mossoul, en Irak, officiellement pour protéger les populations sunnites de la région. Plus loin, en 2016, elle a renforcé sa coopération militaire avec le Qatar, formellement rattaché à l'Empire ottoman au XIXe siècle, face au blocus saoudien. L'armée turque forme notamment des pilotes d'hélicoptères de l'émirat. Enfin, depuis 2005 Erdoğan a effectué 40 voyages dans 26 pays d'Afrique et y a ouvert 32 ambassades. L'agence turque de coopération TIKA y multiplie les coopérations, les échanges commerciaux quintuplent en 10 ans et Ankara finance la construction de mosquées, comme celle d'Accra, capitale du Ghana, la plus grande d'Afrique de l'Ouest, en style néo-ottoman. Le 30 septembre 2017, l'armée turque ouvre sa plus grande base à l'étranger en Somalie, au sud de Mogadiscio, pour aider à la lutte contre les terroristes shebab, tandis qu'elle a reçu l'île de Suakin en bail de 99 ans de la part du Soudan en vue d'en faire une base.

Puissance turque : trou d'air et remontée

La Turquie, pivot au Moyen-Orient

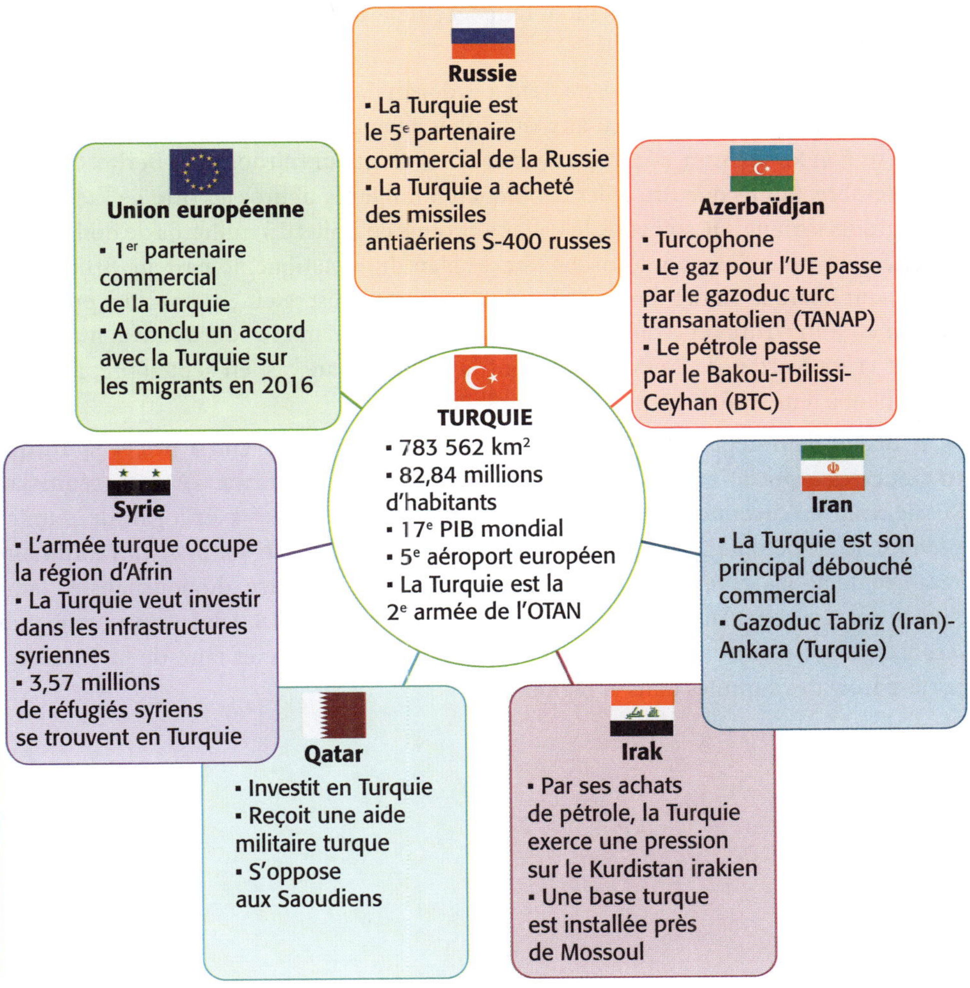

Jusqu'en septembre, 2018 aura été l'année des dangers pour la puissance turque. Les sujets de tension avec les alliés de l'OTAN se sont accumulés. Plusieurs affaires judiciaires opposent Ankara et Washington. Les Turcs réclament en vain l'extradition du prédicateur Fethullah Gülen tandis qu'ils accusent le pasteur américain, Andrew Brunson, d'espionnage. Trump déclenche de son côté des sanctions économiques pour exiger sa libération, évoquant même le report de la fourniture d'armes comme les avions furtifs F-35, alors que la Turquie est membre de l'OTAN. Quant à la banque turque, Halkbank, elle est sous la menace d'une gigantesque amende américaine pour avoir commercé avec l'Iran. La situation syrienne conduit aussi à des menaces directes. Erdoğan veut chasser les « terroristes » kurdes de Manbij et Trump menace de répliquer aux tirs turcs. Enfin, le retrait américain de l'accord de Vienne sur le nucléaire iranien contrarie Ankara, qui commerce avec son voisin. La tension provoque l'effondrement de la lire turque, qui perd 40 % face au dollar, auquel s'ajoute l'hyperinflation (16 % en glissement annuel en juillet). Alors qu'Emmanuel Macron reçoit des représentants kurdes à l'Élysée, Ankara n'hésite pas à révéler par l'agence de presse Anadolu l'emplacement des bases des forces spéciales françaises dans la région de Manbij !

Pourtant, d'autres facteurs permettent à Erdoğan de rebondir et d'assurer à la Turquie un rôle clé dans la région. Face aux difficultés financières, Angela Merkel s'est déclarée prête à aider Ankara et a reçu avec tous les honneurs Erdoğan à Berlin du 27 au 29 septembre, tandis que Bruxelles débloquait 3 milliards d'euros au titre de l'accord sur les migrants syriens. De son côté, le Qatar a promis en juillet 15 milliards de dollars d'investissement pour l'économie turque. Sur le plan diplomatique, le pasteur Brunson est finalement libéré le 12 octobre tandis qu'un accord est discrètement conclu à propos de Manbij en juin : Turcs et Américains patrouilleront de manière coordonnée, mais séparément et les Kurdes de l'YPG évacueront la ville… Toutefois, en septembre, les Turcs reprochent à leur allié de ne pas appliquer l'accord.

À défaut d'un départ de Bachar al-Assad, Erdoğan est parvenu à placer la Turquie au cœur des négociations sur l'avenir de la Syrie avec la plateforme d'Astana, réunissant Russie, Iran et Turquie. La zone de désescalade d'Idlib permet à Erdoğan de réunir à Istanbul, le 27 octobre 2018, Poutine, Macron et Merkel, en un sommet extraordinaire. Parallèlement, les révélations macabres à propos du meurtre du journaliste, Jamal Khashoggi, au consulat saoudien d'Istanbul, le 2 octobre 2018, sont savamment utilisées par le président turc pour décrédibiliser l'Arabie saoudite et faire de la Turquie le porte-parole des sunnites dans la région.

Le renouveau de la puissance russe

par Thibaut Klinger

Le 18 mars 2018, Vladimir Poutine est réélu pour un quatrième mandat à la tête d'une Russie en plein retour de puissance. Ce renouveau est-il durable ?

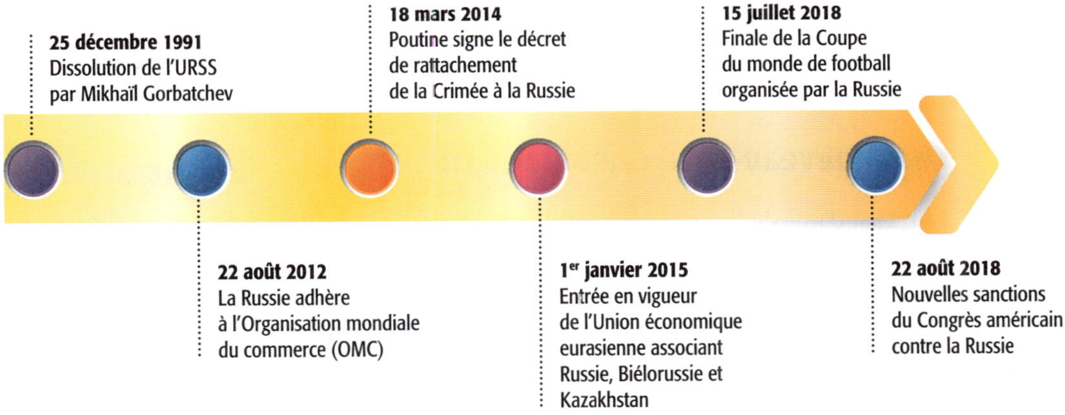

Poutine, tsar tout puissant ?

En apparence, la réélection de Vladimir Poutine, le 18 mars 2018, avec 76,69 % des voix, est un triomphe : il obtient 13 points de plus qu'en 2012. Pourtant, derrière ce succès indéniable, il y a l'absence de candidats d'opposition crédibles. Alexeï Navalny, le principal opposant de Poutine, a vu sa candidature invalidée à cause de plusieurs condamnations pour organisation de manifestations non autorisées.

Le plus grand pays du monde (17 millions de kilomètres carrés) est revenu sur le devant de la scène internationale au Moyen-Orient tandis que la Crimée a pu réintégrer la mère patrie en 2014, inversant la tendance au repli territorial depuis la fin de l'URSS.

En parallèle, les difficultés s'accumulent à l'intérieur du pays : le revenu par habitant a baissé en 2017, le prix de l'essence a fortement augmenté, l'âge de départ à la retraite a été reculé et les inégalités sociales se sont accentuées. Plusieurs scandales ont souligné les problèmes de gouvernance du pays, tel l'incendie du centre commercial de Kemerovo le

25 mars 2018. 64 personnes, dont 41 enfants, ont perdu la vie à la suite de négligences et du sous-équipement des secours. Lancé en 2009, le technopôle de Skolkovo, en périphérie de Moscou, peine à attirer les investisseurs étrangers, réticents devant la corruption qui a entaché le projet et les sanctions internationales liées à la politique de puissance russe. Pourtant, l'économie russe surmonte mieux ces dernières que ne le prévoyait Washington.

Le 1er mars 2018, Poutine a tenu une « adresse présidentielle » à l'Assemblée fédérale qui tranchait avec le discours habituel par l'accent mis sur la liberté et l'esprit d'initiative, mettant en garde contre la menace d'un déclassement stratégique de la Russie dans le domaine de l'innovation. Il est vrai que son investissement dans la recherche et le développement est 10 fois moindre que celui de la Chine et 12 fois inférieur à celui des États-Unis. Malgré les mesures natalistes, la démographie reste une faiblesse, avec 6,7 millions d'actifs en moins en 10 ans pour une population d'à peine 144 millions d'habitants.

Il reste enfin la question de l'échéance de 2024, Poutine ne pouvant pas briguer de nouveau mandat de président. De plus en plus se murmure l'éventualité d'une modification de la Constitution permettant de porter Dimitri Medvedev, inusable Premier ministre, à la présidence, tandis que serait créée une nouvelle fonction de contrôle pour le président sortant, sur le modèle chinois de Deng Xiaoping, qui disait gouverner « derrière le rideau » dans les années 1980. Ce scénario assurerait à la classe dirigeante russe de maintenir ses positions, même si certains pointent le risque d'une vaste remise en cause.

Le renouveau de la diplomatie russe

Le retour d'une diplomatie influente, après le relatif effacement de l'ère Boris Eltsine, est largement incarné par Sergueï Lavrov, dont l'opiniâtreté lui vaut le surnom de « Monsieur Niet ». Il a nié en bloc les accusations des pays occidentaux concernant tantôt l'ingérence dans des élections par le biais de cyberattaques, tantôt la tentative d'empoisonnement de l'ancien agent double Sergueï Skripal et de sa fille.

Le soutien russe au régime de Damas a réinstallé la Russie comme acteur majeur au Moyen-Orient : la base navale de Tartous et la base aérienne de Hmeimim sont ainsi devenues deux points d'appui solides dans la région tandis que ce théâtre d'opérations permet de rappeler aux États-Unis que la Russie compte au Moyen-Orient. Par le processus d'Astana lancé en janvier 2017, la Russie cherche à piloter l'évolution du conflit : les négociations ont abouti à la création de quatre « zones de désescalade » mais celles-ci sont régulièrement remises en cause par les troupes gouvernementales.

Le retour de la Russie ne se manifeste pas qu'en Syrie et en Iran : Moscou a accueilli la réconciliation du Fatah et du Hamas palestiniens en janvier 2017, et se rapproche d'Israël et même de la Jordanie. En Libye, les Russes diversifient leurs contacts en dépêchant des conseillers militaires auprès du général Khalifa Haftar, qui contrôle les terminaux pétroliers. L'Égypte d'al-Sissi bénéficie aussi de la coopération avec Rosatom, l'Agence fédérale de l'énergie atomique russe, qui doit construire prochainement une centrale nucléaire en Égypte tandis que l'armement russe a retrouvé le marché algérien depuis une dizaine d'années. Plus au sud, le 21 août Moscou a inauguré une coopération militaire avec la Centrafrique en signant un accord.

L'Union européenne reste le premier partenaire économique de la Russie, qui est son quatrième fournisseur, mais les sujets de tensions sont nombreux comme les incidents militaires dans la Baltique, l'annexion de la Crimée en 2014 et le conflit du Donbass dans l'est de l'Ukraine. Depuis 2011, Poutine multiplie les initiatives pour associer plus étroitement la Russie aux anciens territoires de l'URSS au sein de l'Union économique eurasiatique (UEE), qui a connu plusieurs dénominations et se heurte d'une part à la méfiance des autres pays face au poids de la Russie et, d'autre part, au manque de complémentarité des économies ainsi réunies. Moscou cherche aussi à se tourner davantage vers la Chine, notamment en participant pleinement au programme *Belt and Road Initiative* (BRI) dit aussi « nouvelle route de la soie ». Le 12 août 2018, un accord est enfin trouvé sur le statut de la mer Caspienne, après 20 ans de litige, permettant une meilleure exploitation des ressources, notamment en hydrocarbures : si la Russie y perd par rapport à l'ère de l'URSS, son crédit dans la région en sort renforcé par le geste ainsi posé.

Une puissance militaire partiellement rénovée

Ministre de la Défense depuis 2012, Sergueï Choïgou est l'un des rares proches de Poutine à jouir d'une réelle popularité personnelle tout en témoignant d'un soutien indéfectible au chef du Kremlin. En septembre dernier, il a présenté « Vostok 2018 » comme « les plus grandes manœuvres de l'histoire russe » destinées à montrer les progrès accomplis par les forces russes, 10 ans après la guerre en Géorgie, qui avait révélé d'importantes carences. C'est le cas, en particulier, dans la capacité à projeter leurs forces sur de grandes distances, à plusieurs milliers de kilomètres du territoire, ou de mener une mission conjointement avec le partenaire chinois au sein de l'Organisation de coopération de Shanghai, qui se veut un concurrent de l'OTAN. De plus, l'intervention russe en Syrie a offert un terrain d'expérience à 63 000 hommes selon les sources officielles, atout qui rend d'autant plus intéressante pour Pékin la coopération avec l'armée russe. Enfin, la mise à niveau des forces fédérales passe aussi par l'outil nucléaire, développé au-delà de ce qu'autorisent les traités : le nombre de têtes stratégiques excède le maximum fixé par le traité New START de 2011 tandis que le développement de missiles nucléaires tactiques contrevient au traité sur les forces nucléaires intermédiaires (FNI) de 1987, poussant Donald Trump à annoncer son retrait prochain.

L'année 2018 a toutefois été paradoxale dans la mesure où, à côté de cette démonstration de force, le pouvoir a multiplié les annonces d'une baisse des dépenses militaires. Dans son discours du 1er mars, Poutine annonce ainsi la nécessité de redistribuer une partie des crédits militaires au profit de l'innovation, de la diversification économique, affirmant que le premier ennemi est le retard économique et technologique. C'est ce qui avait fait tomber l'URSS. Aujourd'hui, avec 66,3 milliards de dollars, le budget militaire russe pèse 4,3 % du PIB, alors que le budget militaire des États-Unis, 14 fois plus élevé, pèse moins sur le PIB. Le véritable écart de puissance réside dans la capacité à produire de la richesse. Le 1er juillet 2018, le ministère de la Défense annonce ainsi le report de la production en série du char T-14 Armata et de l'avion de combat SU-57, testés avec succès en Syrie, mais trop chers. Dans le contexte de restriction budgétaire, l'intervention dans ce pays peut aussi constituer un piège : elle entraîne des frais d'opération supplémentaires au moment où des investissements sont reportés.

Syrie, fin de la guerre ?

par Thibaut Klinger

Après plus de sept ans de guerre civile, Daech a presque disparu et Bachar al-Assad semble l'emporter : est-ce la fin de la guerre en Syrie ?

15 mars 2011
Premières manifestations contre le régime, considérées comme le début de la révolution syrienne

21 août 2013
Bombardement chimique de la Ghouta, quartier oriental de Damas tenu par les rebelles

26 janvier 2015
Daech perd la bataille de Kobané face aux Kurdes

22 décembre 2016
Les troupes de Damas reprennent Alep

21 janvier 2018
Washington annonce maintenir des troupes en Syrie jusqu'en 2021, notamment pour contrer l'influence de l'Iran

14 avril 2018
Frappes de la France, des États-Unis et du Royaume-Uni en représailles à l'usage d'armes chimiques, ce qui n'empêche pas le régime de reconquérir la Ghouta orientale

17 septembre 2018
Accord de Sotchi sur Idlib

Une guerre de sept ans

La guerre civile syrienne comprend plusieurs phases. La répression violente des manifestations pacifiques, partie prenante du « Printemps arabe », conduit à une radicalisation de l'opposition, qui forme l'Armée syrienne libre (ASL) et appelle au renversement de Bachar al-Assad, au pouvoir depuis 2000. En 2012, l'armée du régime reprend le contrôle de zones rebelles, mais perd celui d'une partie de la banlieue de Damas. En 2013, plusieurs bombardements à l'arme chimique poussent les Occidentaux à annoncer des frappes aériennes. Ils reculent finalement devant l'initiative russe conduisant à détruire l'arsenal chimique syrien dans le cadre de la résolution 2118 du Conseil de sécurité. Cet événement souligne à la fois la faible volonté occidentale de s'impliquer dans le conflit et la montée en puissance de celle de la Russie. Moscou rejoint ainsi Téhéran, qui appuie l'engagement en Syrie du Hezbollah, milice chiite libanaise.

L'année 2014 marque un tournant avec la proclamation du califat « État islamique » ou « Daech » à Mossoul, sa capitale irakienne, tandis que Raqqa, sur les bords de l'Euphrate, en est sa capitale syrienne. Dans un premier temps, Daech contrôle les zones délaissées du nord et de l'est de la Syrie, des puits de pétrole de Deir ez-Zor et la cité antique de Palmyre le 21 mai 2015, et menace le nord du Liban. Cette expansion est combattue par les Kurdes, notamment à Kobané (ou Aïn al-Arab), qu'ils reprennent aux djihadistes en janvier 2015.

Officiellement pour lutter contre Daech, mais souvent avec d'autres objectifs, plusieurs pays interviennent dans le conflit. En 2014, une vaste coalition dirigée par les États-Unis bombarde les djihadistes et appuie les forces qui les combattent au sol. Le 30 septembre 2015, à la demande de Damas, la Russie entame à son tour des frappes aériennes depuis la base de Hmeimim, près de Lattaquié, pour aider Damas à reconquérir du terrain. Annoncée comme terminée en mars 2016, l'intervention se poursuit officieusement avec des troupes spéciales et quelque 2 000 mercenaires. La Turquie, qui avait laissé transiter par son territoire et ses frontières armes et recrues pour Daech, modifie sa position après plusieurs attentats et, le 24 août 2016, pénètre en Syrie (opération « Bouclier de l'Euphrate ») pour repousser Daech, mais aussi les Unités de protection du peuple (YPD), troupes des Kurdes de Syrie, qu'elle qualifie tous deux de « terroristes ». Si l'intervention est annoncée comme terminée le 30 mars 2017, l'armée turque cherche à empêcher l'établissement d'un territoire kurde continu. Lancée le 20 janvier 2018, l'opération « Rameau d'olivier » l'amène à prendre la ville d'Afrine, dont la population kurde a fui. Cette opération se heurte à l'opposition des États-Unis, quand Ankara prétend vouloir chasser les Kurdes de Manbij dans les mois qui suivent, alors que les forces spéciales américaines (2 000 hommes) et françaises (75 hommes) sont présentes dans la région. Celles-ci appuient les Forces démocratiques syriennes (FDS), dominées par les Kurdes des Unités de protection du peuple (YPG). Ces dernières contrôlent l'est de l'Euphrate, notamment Raqqa, reprise à Daech le 17 octobre 2017.

Une nouvelle guerre de Trente Ans ?

La guerre de Trente Ans a été un conflit majeur de l'histoire européenne, qui a opposé catholiques et protestants, luthériens ou calvinistes, de 1618 à 1648, cet antagonisme étant largement instrumentalisé par des politiques classiques de puissance. Clivages confessionnels et ingérences étrangères se retrouvent aujourd'hui au Moyen-Orient et en Syrie, en particulier, rendant la comparaison opératoire. De manière symptomatique, l'imbrication des forces étrangères et des milices confessionnelles est telle que toutes en viennent à arborer de grands drapeaux sur leurs véhicules pour éviter les bavures ou les provocations, sorte de retour visuel aux armées d'autrefois, marchant étendards en tête…

La force des clivages confessionnels est à la fois la cause et la conséquence du conflit. Ceux-ci jouent à plusieurs échelles : la Syrie est prise dans clivage régional opposant un « arc chiite » – Iran, Irakiens du Sud, alaouites[1] syriens, Hezbollah libanais – à l'islamisme sunnite, plus ou moins soutenu par la Turquie, l'Arabie saoudite et le Qatar, notamment.

1. Groupe autonome de l'islam, les alaouites sont rattachés officiellement au chiisme depuis les années 1970 à la demande des Assad.

À l'échelle nationale et à celle des agglomérations, les minorités alaouites, chiites, chrétiennes de diverses obédiences appuient *grosso modo* le régime Assad, tandis qu'une partie des sunnites se sent délaissée par l'essor économique des années 2000 alors qu'ils sont majoritaires. La carte des départs de rébellion depuis 2011 recoupe très largement celle de ces clivages, tout comme la situation militaire actuelle, à ceci près, que les populations sunnites ont été massivement déplacées par le conflit. C'est aussi ce qui explique la prolifération de groupes armés ou milices, qui complexifie le terrain d'opérations : aux groupes djihadistes répondent de nombreuses milices chiites, formées par le Hezbollah, servant Damas.

Quelles perspectives ?

Deux processus de négociations coexistent à propos de la Syrie. Dans le cadre onusien, sous la direction de plusieurs médiateurs successifs, des rencontres ont eu lieu à Genève et à Vienne, sans aucun résultat. Depuis janvier 2017, de son côté, la Russie organise à Astana, et ponctuellement à Sotchi, des négociations réunissant Russes, Iraniens et Turcs, conduisant à la mise en place de zones de « désescalade », toutefois régulièrement remises en cause par le régime, qui veut reconquérir l'intégralité de son territoire.

Les Occidentaux ont clairement perdu en pariant sur la chute de Bachar al-Assad : ce dernier contrôle 60 % du territoire. Si l'appui de la Russie et de l'Iran a été déterminant, la stratégie de contre-insurrection de Damas (terroriser et réduire l'ennemi, attirer une partie de la population en montrant que les zones loyales sont les seules à connaître la paix) a réussi : le régime bénéficie d'indéniables soutiens parmi la population, horrifiée par les exactions des islamistes de toutes sortes. Quant aux Arabes sunnites de la région de l'Euphrate, ils ne demandent qu'à repasser sous son contrôle pour échapper aux Kurdes qui en ont chassé Daech. Ces derniers ont des relations ambiguës avec le régime : sans remettre en cause l'intégrité du pays ni demander le départ d'Assad, ils aspirent à créer une région autonome, le Rojava, seul projet politique laïque de la région, auquel la Turquie s'oppose farouchement, par peur d'une contamination avec les Kurdes turcs.

Certes le pays est ruiné : on estime les destructions à 226 milliards de dollars, soit l'équivalent de quatre fois le PIB syrien avant le conflit. Sur 23 millions d'habitants, 360 000 sont morts, dont près de 19 900 enfants, 6,6 millions sont déplacés à l'intérieur du pays et 5,63 millions sont réfugiés à l'étranger, dont 3,57 millions en Turquie : 44 % des Syriens ne sont plus chez eux. Le quart de population exilé est précisément celui qui posait problème à Bachar al-Assad, et qui était produit par le dynamisme démographique supérieur des sunnites avant 2011, tandis que des zones entières ont été « nettoyées » des populations sunnites les plus rebelles, en particulier sur l'axe nord-sud de Deraa à Alep. Au sud, la réouverture en octobre 2018 du poste-frontière de Nassib avec la Jordanie achève de remettre en service les axes économiques majeurs du pays. Damas aura besoin d'investissements massifs, que ne pourront apporter seuls Moscou et Téhéran. Les Occidentaux ont là un créneau pour reprendre pied dans le jeu syrien : c'est peut-être ce qu'a amorcé la rencontre inédite à Istanbul de Poutine, Erdoğan, Macron et Merkel à propos de la région d'Idlib, le 27 octobre 2018.

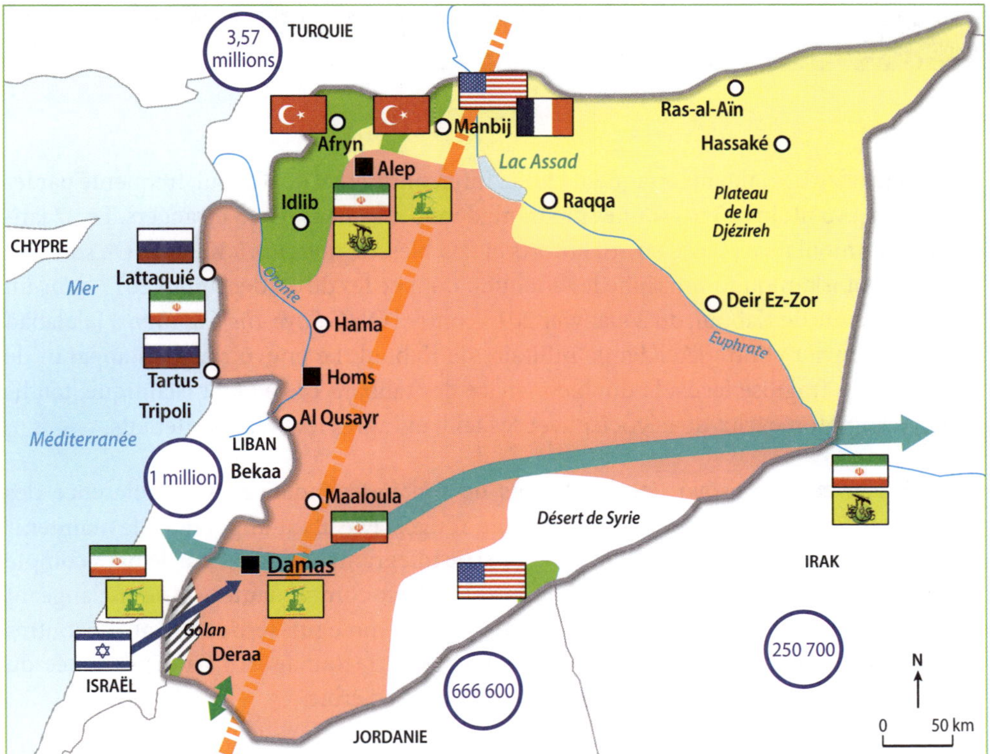

1. La Syrie est contrôlée à 60 % par Bachar-al-Assad

Damas Capitale

Ville de plus de 900 000 habitants

Ville secondaire

L'essentiel de la population se concentre à l'Ouest de cette ligne

Territoire contrôlé par le régime de Damas

Poste frontière et zones franches de Nassib rouverts

666 600 Syriens réfugiés à l'étranger, souvent opposants à Damas

Rojava ou Kurdistan qui se veut autonome sans demander le départ d'Assad

2. Les appuis de Bachar-al-Assad

Base russe

Hezbollah, milice chiite libanaise impliquée en Syrie, en Irak et au Yémen

Milices chiites irakiennes sur le modèle du Hezbollah (ici Harakat al Nujaba)

Brigades El-Qods ou aide matérielle iranienne

L'« arc chiite » projetant l'influence iranienne jusqu'à Beyrouth

3. Les opposants à Bachar-al-Assad

Territoire contrôlé par les rebelles notamment Hayat Tahrir Al-Cham, ex-Al-Qaïda

Forces turques appuyant des rebelles et s'opposant aux Kurdes

Forces spéciales américaines

Forces spéciales françaises

Raids israéliens contre le renforcement du Hezbollah en Syrie

AUTRES FAITS

janv.

21 janvier Les talibans attaquent l'hôtel Intercontinental de Kaboul, fréquenté par les étrangers. Au moins 25 personnes meurent, dont 5 assaillants et 15 étrangers. Le 27 janvier, une ambulance piégée fait 103 morts et 235 blessés, toujours à Kaboul. De son côté aussi, l'État islamique a multiplié les attaques, dont celles du 28 décembre 2017 dans un quartier chiite de Kaboul, du 24 janvier 2018 contre l'ONG *Save The Children* à Jalalabad et du 29 janvier contre l'Académie militaire de Kaboul. Le pouvoir afghan apparaît de plus en plus fragilisé face à la double menace des talibans et de l'État islamique, tandis que Washington exclut de négocier avec les talibans après les récents attentats.

fév.

17 février Le Kosovo fête les 10 ans de son indépendance. À la différence des anciennes républiques fédérées de l'ancienne Yougoslavie, il fut impossible de maintenir le Kosovo au sein de la Serbie dont il était partie intégrante. Aujourd'hui, le pays compte 1,8 million de Kosovars et 120 000 Serbes, les deux communautés ne se mélangeant pas. Le 7 septembre, le Président kosovar et son homologue serbe se sont rencontrés à Bruxelles et ont évoqué un échange de territoire, reconnaissant l'indépendance du Kosovo et ouvrant la voie de l'Union européenne à la Serbie.

mars

2 mars Double attaque islamiste à Ouagadougou contre l'ambassade de France et l'état-major général des armées revendiquée par le Groupe pour le soutien de l'islam et des musulmans (GSIM). Elle vient en représailles à une opération française au Mali du 15 février, qui a tué l'un des chefs du GSIM et une vingtaine de djihadistes. Le GSIM s'est formé en mars 2017 sous la direction du Touareg malien Iyad Ag Ghaly et réunit notamment Ansar Dine, Al Mourabitoune et Émirat du Sahara, issu d'AQMI (Al-Qaïda au Maghreb Islamique). Le GSIM détient en otage Sophie Pétronin, âgée de 75 ans, enlevée en décembre 2016 au Mali.

avril

5 avril Alors qu'il a renoncé à présider la Catalogne le 2 mars, Carles Puigdemont est arrêté à la frontière germano-danoise le 25 mars et remis à la justice du Land de Schleswig-Holstein. Le 5 avril, le tribunal supérieur du Land le place en liberté conditionnelle, moyennant le versement d'une caution de 75 000 euros.

19 avril L'Assemblée nationale cubaine élit Miguel Diaz-Canel à la tête du pays : c'est la fin de 60 ans de pouvoir des frères Castro, Fidel (décédé en 2016) puis Raul depuis 2006. Ingénieur en électronique, Miguel Diaz-Canel est un produit du régime, dont il est le numéro deux depuis 2013. Son arrivée au pouvoir marque aussi le passage de la génération de la révolution de 1959 à celle de ses enfants. Miguel Diaz-Canel s'est engagé à poursuivre l'« *actualisation* » du modèle économique dans le cadre des « *lignes directrices* » déjà adoptées par le parti unique et le Parlement. Raul Castro reste à la tête du Parti communiste cubain jusqu'en 2021.

MARQUANTS 2018

août

23 août Premier message d'Al-Baghdadi, chef de Daech, depuis un an.

sept.

22 septembre La Chine et le Vatican annoncent un accord provisoire portant sur la nomination des évêques catholiques en Chine. L'enjeu est de mettre fin à la rupture des relations diplomatiques entre les deux États en 1951. Celle-ci avait abouti à la création, par le pouvoir chinois, d'une Église catholique nationale, contrôlée, tandis que l'« Église patriotique » est l'objet de pressions, voire de persécutions. Il y aurait 9 millions de catholiques parmi 67 à 100 millions de chrétiens, selon les estimations.

30 septembre Par référendum, malgré une faible participation de 36 %, les électeurs de la République de Macédoine entérinent l'accord conclu en juin avec la Grèce sur la nouvelle dénomination de leur pays « République de Macédoine du Nord ». Le texte doit encore recueillir une majorité de deux-tiers au Parlement. Sans cet accord, la Grèce met son veto à l'adhésion de la Macédoine à l'Union européenne et à l'OTAN, l'accusant de lui voler l'héritage historique de la Macédoine, royaume d'Alexandre le Grand, et d'avoir des visées sur sa région de Macédoine.

oct.

28 octobre Second tour des élections présidentielles au Brésil et élection de Jair Bolsonaro, classé à l'extrême droite de l'échiquier politique. Admirateur de l'ancienne dictature militaire qu'a connue le Brésil de 1964 à 1985, ce militaire de profession est le sujet de controverses pour ses prises de position à l'égard des femmes, des homosexuels, des noirs et des peuples indigènes.

29 octobre Angela Merkel annonce son retrait de la vie politique en 2021, à la fin de son quatrième mandat. Celui-ci a été entamé le 14 mars 2018 et la voit à la tête d'une « Grande coalition », ou « GroKo », associant son parti, la CDU-CSU, et les socio-démocrates du SPD.

nov.

16 novembre La justice internationale condamne pour génocide Nuon Chea et Khieu Samphan, anciens dirigeants du Kampuchéa démocratique, régime des Khmers rouges, qui a sévi de 1975 à 1979 et tué près de deux millions de Cambodgiens sur une population de sept millions. La condamnation a été prononcée par les chambres extraordinaires au sein des tribunaux cambodgiens, formées à la suite d'un accord entre le Cambodge et l'Organisation des Nations unies en 2006. C'est la première fois que le génocide khmer rouge est reconnu par le tribunal international.

QCM

Pour chaque question, une seule réponse est correcte.

1 Le *Muslim Ban* est :

❍ **a.** Le surnom de la prison de Guantanamo.
❍ **b.** Un décret anti-immigration de Trump.
❍ **c.** Un programme de déradicalisation américain.

2 L'inauguration de l'ambassade américaine à Jérusalem intervient à l'occasion de l'anniversaire de la proclamation de la création de l'État d'Israël en :

❍ **a.** 1948.
❍ **b.** 1958.
❍ **c.** 1968.

3 Pendant sa campagne, Trump a déclaré vouloir « *manger un burger* » avec :

❍ **a.** Hassan Rohani.
❍ **b.** Vladimir Poutine.
❍ **c.** Kim Jong-un.

4 En septembre 2018, le sud-est des États-Unis subit la tempête appelée :

❍ **a.** Florence.
❍ **b.** Valence.
❍ **c.** Hortense.

5 L'accord sur le nucléaire iranien dénoncé par Trump datait de :

❍ **a.** 2014
❍ **b.** 2015
❍ **c.** 2016

6 En Allemagne, l'AfD est un parti :

❍ **a.** Écologiste.
❍ **b.** Nostalgique du communisme.
❍ **c.** Hostile à l'immigration.

7 Le Brésil a une superficie d'environ :
- ❍ **a.** 850 000 km^2
- ❍ **b.** 5,8 millions km^2
- ❍ **c.** 8,5 millions km^2.

8 En 2018, le Kosovo célèbre son indépendance déclarée en :
- ❍ **a.** 1998.
- ❍ **b.** 2008.
- ❍ **c.** 2013.

9 Skolkovo est :
- ❍ **a.** Une ville du Kosovo.
- ❍ **b.** Un technopôle russe.
- ❍ **c.** Un port de Crimée.

10 L'actuel dirigeant de la Corée du Nord s'appelle :
- ❍ **a.** Kim Il-Sung.
- ❍ **b.** Kim Jong-un.
- ❍ **c.** Kim Jong-Il.

11 La Corée du Nord :
- ❍ **a.** Adhère encore au traité de non-prolifération nucléaire.
- ❍ **b.** N'a jamais ratifié le traité de non-prolifération nucléaire.
- ❍ **c.** A quitté le traité de non-prolifération nucléaire.

12 La Corée du Nord a une population :
- ❍ **a.** Moitié moindre que le Sud.
- ❍ **b.** Comparable à celle du Sud.
- ❍ **c.** Deux fois plus nombreuse que celle du Sud.

13 Le premier essai nucléaire nord-coréen remonte à :
- ❍ **a.** 1986.
- ❍ **b.** 2006.
- ❍ **c.** 2016.

14 **L'OCS est :**

❍ **a.** L'Organisation de coopération de Shanghai.
❍ **b.** L'Organisation du commerce sud-asiatique.
❍ **c.** L'Organisation de coopération et de sécurité.

15 **Fin septembre 2018, un séisme suivi d'un tsunami sont responsables de près de 1 400 morts en :**

❍ **a.** Indonésie.
❍ **b.** Malaisie.
❍ **c.** Thaïlande.

16 **La Turquie a une population d'environ :**

❍ **a.** 60 millions d'habitants.
❍ **b.** 80 millions d'habitants.
❍ **c.** 100 millions d'habitants.

17 **Erdoğan est surnommé :**

❍ **a.** Le calife.
❍ **b.** Le sultan.
❍ **c.** Le pacha.

18 **En 2018, Erdoğan a été élu président de la République pour :**

❍ **a.** La première fois.
❍ **b.** La seconde fois.
❍ **c.** La troisième fois.

19 **En 2018, l'Union européenne a versé plusieurs milliards d'euros à la Turquie pour :**

❍ **a.** Son intervention en Syrie.
❍ **b.** Accélérer son adhésion à l'Union européenne.
❍ **c.** L'aider à accueillir les réfugiés syriens.

20 **Laquelle de ces villes n'est pas en Syrie :**

❍ **a.** Raqqa.
❍ **b.** Deir ez-Zor.
❍ **c.** Mossoul.

21 **Les forces kurdes de Syrie s'appellent :**
- ❍ **a.** Le PKK.
- ❍ **b.** L'YPG.
- ❍ **c.** Le KRG.

22 **À la tête de la Syrie, Bachar al-Assad est un musulman :**
- ❍ **a.** Sunnite.
- ❍ **b.** Chiite.
- ❍ **c.** Alaouite.

23 **La capitale de l'État d'Israël est :**
- ❍ **a.** Jérusalem.
- ❍ **b.** Tel-Aviv.
- ❍ **c.** Jérusalem ou Tel-Aviv, selon les pays.

24 **Laquelle de ces organisations n'est pas palestinienne :**
- ❍ **a.** Le Hamas.
- ❍ **b.** Le Hezbollah.
- ❍ **c.** Le Fatah.

25 **Le Golan est :**
- ❍ **a.** Un plateau syrien occupé par Israël.
- ❍ **b.** Un désert égyptien partagé avec Israël.
- ❍ **c.** Un territoire jordanien loué à Israël.

26 **En Israël, la Knesset est :**
- ❍ **a.** Le nom de l'armée.
- ❍ **b.** La Cour constitutionnelle.
- ❍ **c.** Le Parlement.

27 **En 2018, le Qatar :**
- ❍ **a.** Subit un blocus de l'Arabie Saoudite.
- ❍ **b.** A été attaqué par l'Arabie Saoudite.
- ❍ **c.** A renforcé son alliance avec l'Arabie Saoudite.

28 **Jamal Khashoggi était un :**

- ❍ **a.** Opposant saoudien.
- ❍ **b.** Opposant iranien.
- ❍ **c.** Opposant syrien.

29 **En Arabie Saoudite, « MBS » désigne :**

- ❍ **a.** Le prince héritier Mohammed ben Salmane.
- ❍ **b.** Un complexe bancaire saoudien.
- ❍ **c.** Un codage informatique.

30 **Madain Saleh est le nom d'un :**

- ❍ **a.** Site archéologique saoudien.
- ❍ **b.** Ministre saoudien.
- ❍ **c.** Opposant saoudien.

31 **Le 15 mai 2018, Poutine a inauguré un pont reliant la Russie à :**

- ❍ **a.** L'enclave de Kaliningrad.
- ❍ **b.** La Crimée.
- ❍ **c.** L'île de Sakhaline.

32 **À l'automne 2018, l'OTAN a effectué les plus importantes manœuvres depuis la fin de la guerre froide :**

- ❍ **a.** En Norvège.
- ❍ **b.** En Finlande.
- ❍ **c.** Dans les pays baltes.

33 **Le 18 mars 2018, Vladimir Poutine est élu président de Russie pour :**

- ❍ **a.** La troisième fois.
- ❍ **b.** La quatrième fois.
- ❍ **c.** La cinquième fois.

34 **La population de Russie est d'environ :**

- ❍ **a.** 114 millions d'habitants.
- ❍ **b.** 144 millions d'habitants.
- ❍ **c.** 184 millions d'habitants.

35 **Un « dubliné » est :**

- ❍ **a.** Un demandeur d'asile contrôlé dans un pays autre que celui d'arrivée dans l'Union européenne.
- ❍ **b.** Un migrant qui n'a pas droit au statut de réfugié.
- ❍ **c.** Un réfugié qui a fait deux demandes d'asile.

36 **Le bateau humanitaire de SOS Méditerranée recueillant des migrants naufragés s'appelle :**

- ❍ **a.** L'*Aquarius*.
- ❍ **b.** L'*Exodus*.
- ❍ **c.** Le *Nautilus*.

37 **Opposé à l'arrivée de migrants en Italie, Matteo Salvini est :**

- ❍ **a.** Président du conseil italien.
- ❍ **b.** Président de la République italienne.
- ❍ **c.** Ministre de l'Intérieur italien.

38 **En Allemagne, la « GroKo » est :**

- ❍ **a.** Un surnom de Merkel.
- ❍ **b.** La « Grande coalition » du gouvernement Merkel.
- ❍ **c.** Un parti contre les immigrés.

39 **Pour satisfaire son voisin grec, l'Ancienne République yougoslave de Macédoine devrait s'appeler :**

- ❍ **a.** Macédoine.
- ❍ **b.** République de Macédoine du Nord.
- ❍ **c.** Macédoine septentrionale.

40 **Le 28 octobre 2018, les élections brésiliennes portent à la présidence :**

- ❍ **a.** Michel Temer.
- ❍ **b.** Jair Bolsonaro.
- ❍ **c.** Dilma Roussef.

Corrigé

1**b**, 2**a**, 3**c**, 4**a**, 5**b**, 6**c**, 7**c**, 8**b**, 9**b**, 10**b**, 11**c**, 12**a**, 13**b**, 14**a**, 15**a**, 16**b**, 17**b**, 18**b**, 19**c**, 20**c**, 21**b**, 22**c**, 23**c**, 24**b**, 25**a**, 26**c**, 27**a**, 28**a**, 29**a**, 30**a**, 31**b**, 32**a**, 33**b**, 34**b**, 35**a**, 36**a**, 37**c**, 38**b**, 39**b**, 40**b**.

PARTIE 3

DROIT ET SOCIÉTÉ

Le baccalauréat révisé pour 2021

par Sophie Mattern

En février 2018, le gouvernement Édouard Philippe et le ministre de l'Éducation nationale, Jean-Michel Blanquer, ont présenté le nouveau baccalauréat général, à paraître en 2021. Les élèves scolarisés en seconde qui s'orienteront vers un bac général (filières S, ES et L actuelles) seront donc les premiers concernés. La réforme du bac annonce-t-elle une refonte du lycée et de l'examen ? Le gouvernement le présente comme tel, mais l'inertie des pratiques scolaires est souvent plus forte que les annonces ministérielles…

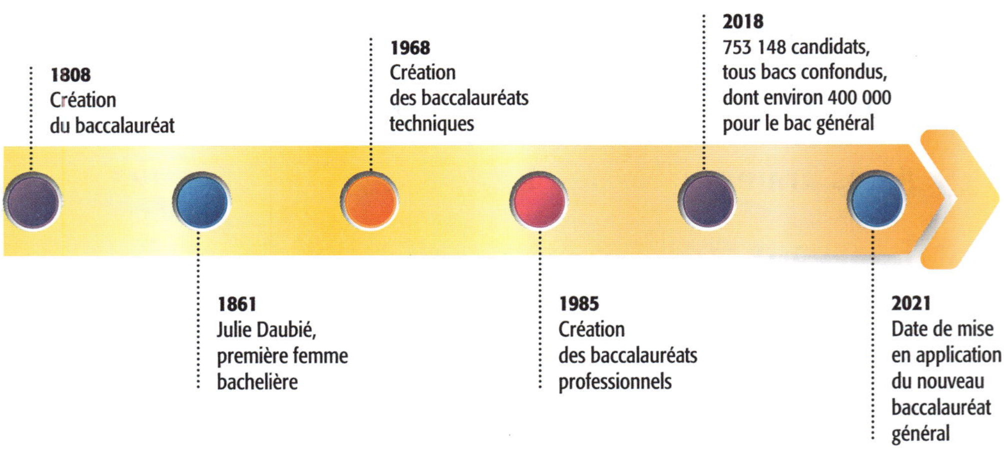

Pourquoi réformer le baccalauréat général ?

Depuis une vingtaine d'années, entre 80 et 90 % des candidats au baccalauréat sont admis à l'examen, les résultats variant légèrement d'une filière à l'autre.

Le baccalauréat 2018 en chiffres

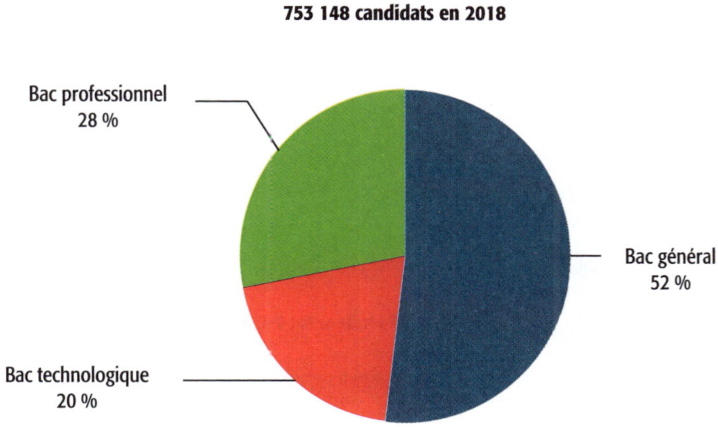

Source : Éducation nationale.

Le baccalauréat a bien évolué depuis sa création en 1808. Les lycéens peuvent aujourd'hui préparer 100 baccalauréats différents. Il existe en effet 3 filières générales (L, ES, S), 8 filières technologiques (depuis 1968) et plus de 90 spécialités pour les baccalauréats professionnels (depuis 1985).

La réussite au baccalauréat, considéré comme le premier grade universitaire, n'est pourtant pas un gage de succès dans les études supérieures. Seuls 30 % des bacheliers réussissent leur licence en 3 ans. En outre, 60 % des bacheliers échouent ou se réorientent à l'issue de leur première année à l'université. Selon le ministre de l'Éducation nationale, Jean-Michel Blanquer, le lycée serait un « *système rigide* » trop orienté vers le baccalauréat, plutôt qu'un « *tremplin vers la réussite* ».

Les difficultés auxquelles les bacheliers peuvent être confrontés au cours de leurs études supérieures ne signifient pas que le niveau du baccalauréat a baissé. L'examen suppose des connaissances, des compétences et des qualités de problématisation absentes des anciennes versions du baccalauréat. Les difficultés rencontrées par les bacheliers lors de leurs études supérieures témoignent plutôt :

– d'une orientation en première qui n'est pas cohérente par rapport aux choix des études supérieures (52 % des lycéens de filière générale choisissent le bac S, alors que plus de 40 % d'entre affirment ne pas vouloir suivre des études scientifiques après le baccalauréat) ;

– d'enseignements au lycée général trop vite spécialisés, qui limitent les chances de réussite dans un supérieur plus généraliste. La filière L, délaissée par les lycéens, permet pourtant de développer des compétences de rédaction et d'expression convoitées dans le supérieur. L'économie, quant à elle, est dispensée uniquement aux filières ES alors qu'elle est présente dans un très large panel d'enseignements supérieurs.

Il est donc temps, selon le ministère de l'Éducation nationale, de proposer aux élèves des classes de première et de terminale davantage de combinaisons d'enseignements.

Pour cela, les établissements auront un éventail de disciplines à offrir parmi lesquelles les élèves effectueront des choix, indépendamment d'une filière prédéterminée.

De plus, le baccalauréat est une « grosse machine » qui suppose chaque année une lourde logistique pour mettre en place les sujets, corriger les copies et gérer les missions des examinateurs, surveillants et correcteurs.

Le baccalauréat 2018 en chiffres

À quoi ressemblera le nouveau baccalauréat ?

Part du contrôle continu dans le baccalauréat en Europe

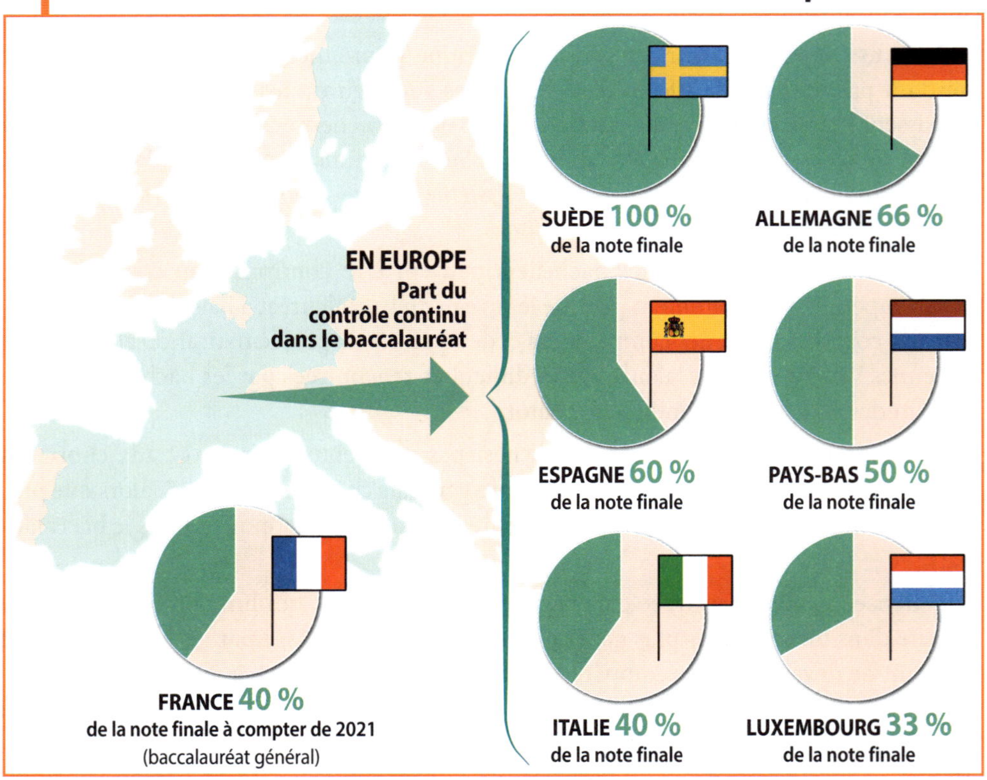

Source : dossier de presse Baccalauréat 2021, Éducation nationale.

À l'image des examens de nos voisins européens, le baccalauréat 2021 comprendra moins d'épreuves écrites mais tiendra compte davantage des notes obtenues durant les années de première et terminale et intégrées à la notation finale de l'examen.

Attachée à l'examen du baccalauréat comme « rite de passage » vers le supérieur, la France maintiendra un examen final représentant 60 % de la note générale. Le reste de la note finale proviendra du contrôle continu tiré d'une banque d'épreuves communes à tous les établissements de France métropolitaine et des Dom.

En classes de première et terminale, les élèves suivront des enseignements de « culture commune » et choisiront des « disciplines de spécialité » parmi une liste fournie par l'Éducation nationale. À ceux-là, s'ajouteront des « enseignements facultatifs » : mathématiques expertes ou complémentaires, langue vivante 3, latin ou grec, éducation physique et sportive, arts et droit.

Chaque semaine, un module d'orientation de 1 h 30 sera dispensé aux élèves par leur enseignant principal et son adjoint afin de les guider dans leur prise de décision.

Les enseignements du baccalauréat 2021

	Enseignements	Première	Terminale
Socle de culture commune	Français	4 h	–
	Philosophie	–	4 h
	Histoire géographie	3 h	3 h
	Enseignement moral et civique	0 h 30	0 h 30
	Langue vivante 1 et langue vivante 2	4 h 30	4 h
	Éducation physique et sportive	2 h	2 h
	Humanités scientifiques et numériques	2 h	2 h
Disciplines de spécialité	Arts	4 h	6 h
	Écologie, agronomie et territoires*	4 h	6 h
	Histoire géographie, géopolitique et sciences politiques	4 h	6 h
	Humanités, littérature et philosophie	4 h	6 h
	Langues, littératures et cultures étrangères	4 h	6 h
	Littérature et langues et culture de l'Antiquité	4 h	6 h
	Mathématiques	4 h	6 h
	Numérique et sciences informatiques	4 h	6 h
	Sciences de la vie et de la Terre	4 h	6 h
	Sciences de l'ingénieur	4 h	6 h**
	Sciences économiques et sociales	4 h	6 h
	Physique chimie	4 h	6 h

* Dans les lycées d'enseignement général et technologique agricole.
** Avec un complément de 2 h en physique.

Source : dossier de presse Baccalauréat 2021, Éducation nationale.

L'examen final comportera moins d'épreuves que précédemment compte tenu de la nouvelle importance accordée au contrôle continu. Néanmoins, les épreuves anticipées de français (écrit et oral) seront maintenues en première et les épreuves de terminale se dérouleront en deux temps : en avril, en mai et en juin.

Les trois temps forts des examens du baccalauréat 2021

L'épreuve du grand oral, en partie inspirée de l'épreuve actuelle de travaux personnels encadrés (TPE), durera 30 minutes. Elle reposera sur une préparation commencée en groupes en classe de première puis approfondie individuellement en classe de terminale. La soutenance aura pour but d'évaluer la capacité des élèves à s'exprimer clairement, sur un travail de recherche rigoureux, comme cela est souvent exigé dans le supérieur. Les modalités de préparation des élèves et les types de sujets à préparer restent cependant encore imprécis. Le gouvernement a pour l'instant très peu communiqué sur le sujet suite aux craintes, soulevées par les enseignants, que les familles s'immiscent dans les travaux de recherche, ce qui nuirait à l'égalité des chances.

Quels sont les risques de la réforme ?

Le ministère de l'Éducation nationale cherche à promouvoir l'égalité des chances en proposant à chaque élève de choisir, à la carte, l'enseignement qui lui convient pour réussir sa vie estudiantine et active.

Si les intentions sont bonnes, les moyens risquent néanmoins de manquer. Dans un contexte de réduction des dépenses budgétaires, il est difficile de vouloir plus en dépensant moins.

Le ministère ouvre donc des pistes, mais exige des chefs d'établissement qu'ils organisent la réforme du baccalauréat dans leur lycée, avec les mêmes équipes pédagogiques et les mêmes quotités horaires, voire moins, que précédemment. Le plus simple pour les lycées ne sera-t-il pas de conserver les filières actuelles ? Quid également de l'orientation, sans conseiller d'orientation supplémentaire ni psychologue scolaire ? Et enfin, qui seront les plus informés pour effectuer les bons choix d'orientation dans une offre élargie peut-être plus anxiogène encore que par le passé ?

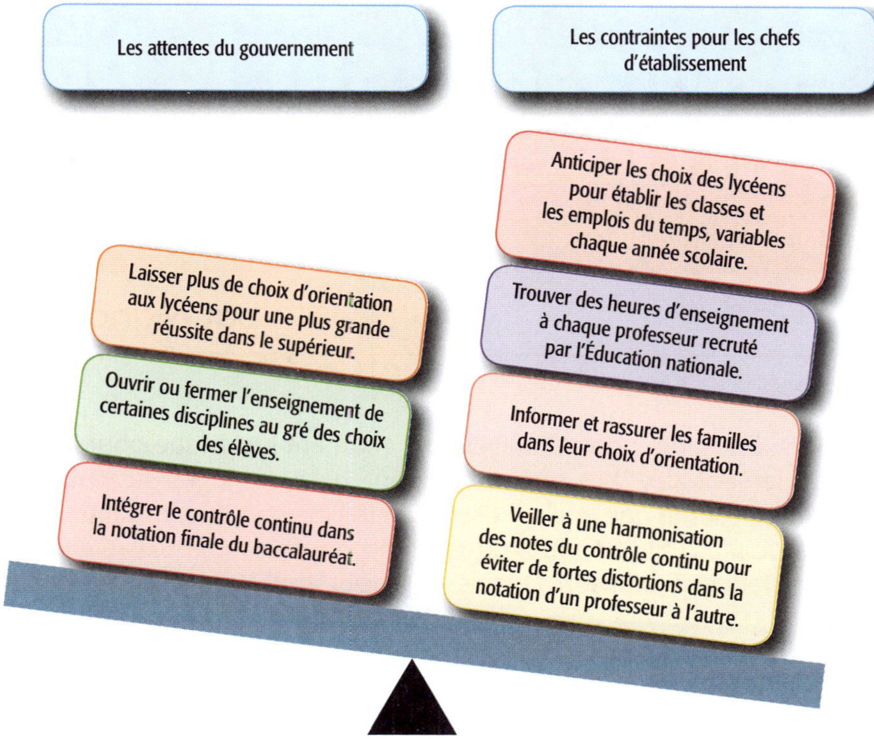

Pour environ la moitié des bacheliers, en filières générales, le baccalauréat sera révisé dès 2021 afin de créer un plus grand continuum entre le bac-3 et le bac+3. L'idée de réforme n'est pas neuve. Depuis sa création en 1808, le baccalauréat a toujours suscité des interrogations. Il évolue, mais il demeure, les Français y étant très attachés. Les bacheliers s'en souviennent et le considèrent comme leur premier grand examen. Une étude de l'Institut d'études marketing et d'opinion CSA rappelait, en juin 2017, que près de 70 % des Français souhaitaient le maintien de cet examen. Pourtant 47,7 % des Français ne sont ni bacheliers ni diplômés du supérieur. Reste à voir si la réforme du gouvernement actuel sera une réussite ou si ce dernier devra retravailler sa copie.

Le procès Monsanto : le glyphosate sur le banc des accusés

par Marion Le Calvez

Le procès Monsanto pourrait s'avérer un tournant historique pour l'agriculture, et pas seulement aux États-Unis. Le 10 août 2018, les juges du tribunal de San Francisco ont estimé que le glyphosate, l'herbicide star de Monsanto, mais aussi l'herbicide le plus utilisé au monde, était responsable de la maladie du jardinier américain Dewayne Johnson. Depuis, le procès semble avoir ouvert une brèche.

1901
Fondation de l'entreprise américaine Monsanto

1974
Le Roundup de Monsanto, un désherbant à base de glyphosate, est mis sur le marché

2000
Le glyphosate tombe dans le domaine public et est désormais vendu par des entreprises autres que Monsanto

Juin 2018
Monsanto est racheté par la firme pharmaceutique allemande Bayer

Août 2018
Monsanto est condamné par la justice californienne à payer 289 millions de dollars à Dewayne Johnson

Septembre 2018
Monsanto annonce faire appel de sa condamnation

Octobre 2018
La cour supérieure de Californie rejette l'appel de Monsanto

Un jardinier en phase terminale d'un cancer face au géant de l'agrochimie

C'est le procès de l'été 2018. Aux États-Unis, Dewayne Johnson, un jardinier de 46 ans, attaque en justice le géant de l'agrochimie, Monsanto. Dewayne Johnson est atteint d'un cancer incurable du système lymphatique. Il accuse Monsanto d'être responsable de sa maladie. Ce père de deux garçons, dont les jours sont aujourd'hui comptés, a, en effet, traqué pendant plusieurs années, sur les terrains scolaires de Benicia, en Californie, les mauvaises herbes et autres nuisibles. Pour ce faire, il a arrosé régulièrement les terrains de la ville avec du Roundup (aussi appelé Ranger Pro, dans sa version professionnelle), un désherbant à base de glyphosate, produit par Monsanto.

Qui est Monsanto ?

Fondé au début du xxe siècle, Monsanto est une multinationale américaine spécialisée dans la production d'herbicides, de pesticides et de semences génétiquement modifiées.

À ses débuts, Monsanto produit de la saccharine avant de se tourner, au lendemain de la Seconde Guerre mondiale, vers la production d'herbicides et d'insecticides. Durant la guerre du Vietnam, l'entreprise fournit l'armée américaine en agent orange (herbicide et défoliant). À partir des années 1970, Monsanto commercialise son glyphosate, sous le nom de marque « Roundup ». Celui-ci devient rapidement l'herbicide le plus vendu au monde. Par la suite, l'entreprise se tourne vers les biotechnologies : les premières plantes génétiquement modifiées voient le jour au début des années 1980. Ces dernières sont massivement commercialisées dans les années 1990 (maïs, coton, soja, pommes de terre, etc.). Parmi ces plantes, plusieurs sont modifiées génétiquement afin de résister à l'herbicide phare de Monsanto, le Roundup. Dans les années 1990, Monsanto commercialise également une hormone de croissance génétiquement modifiée à injecter aux vaches afin d'augmenter leur lactation.

En 2000, le glyphosate, jusque-là exclusivement produit par Monsanto, tombe dans le domaine public. Depuis, une dizaine d'entreprises produisent des herbicides à base de glyphosate.

En juin 2018, Monsanto est racheté plus de 60 milliards de dollars par le géant allemand de la chimie, Bayer. Ce dernier devient ainsi numéro un mondial du marché.

Depuis le 4 juin 2018, le nom de Monsanto n'existe plus officiellement, Bayer ayant décidé de renommer les produits de sa filiale pour lutter contre l'image défavorable qui accable les produits Monsanto. En effet, si la plainte du jardinier américain, Dewayne Johnson, est la première examinée par la justice américaine, Monsanto est aujourd'hui au centre de virulentes controverses quant à la dangerosité du glyphosate.

Évolution de la quantité de glyphosate utilisée sur les cultures (estimations en millions de livres)

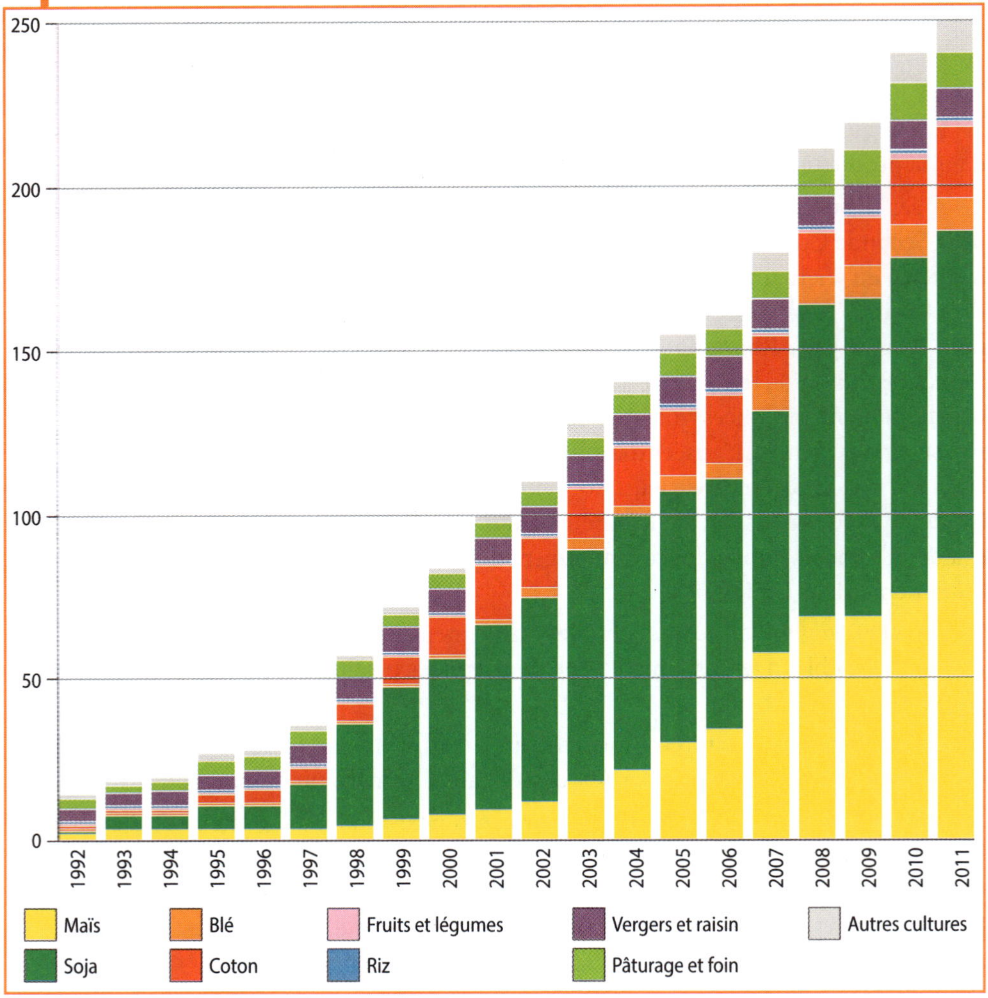

Source : *U.S. Geological Survey, National Water Quality Assessment Program, Pesticides in U.S.*

Le glyphosate est-il ou non cancérogène ?

C'est la question à laquelle ont dû répondre les jurés du tribunal de San Francisco. La réponse n'est pas simple tant le glyphosate a fait l'objet d'études nombreuses et contradictoires.

Monsanto affirme que ses produits ne sont pas nocifs pour l'homme et pour l'environnement. Sur son site Internet, la firme se présente comme soucieuse du développement durable et de la qualité des produits alimentaires. Jusqu'au milieu des années 1990, aux États-Unis, et en 2007, en France, l'herbicide Roundup était même étiqueté biodégradable et respectueux de l'environnement. Aux côtés de Monsanto, plusieurs agences réglementaires estiment que le glyphosate n'est pas cancérogène. C'est le cas de l'Autorité européenne de sécurité des aliments (EFSA), de l'Agence européenne des produits chimiques (ECHA) ou encore de l'Agence de protection de l'environnement américaine (EPA). À l'inverse, le Centre international de recherche sur le cancer (CIRC) et l'Organisation mondiale de la santé (OMS) ont classé le glyphosate comme « cancérogène probable » en 2015.

Le verdict : le glyphosate sur l'échafaud

Le 10 août 2018, les jurés du tribunal de San Francisco ont rendu leur verdict. Reconnu coupable, Monsanto est condamné à payer 289 millions de dollars de dommages et intérêts à Dewayne Johnson.

En septembre 2018, Bayer a décidé de faire appel du jugement, estimant dans un communiqué officiel que « *la décision du jury est totalement en contradiction avec plus de 40 ans d'utilisation réelle, un ensemble important de données et d'analyses scientifiques [...] qui étayent la conclusion que les herbicides à base de glyphosate sont sûrs et ne provoquent pas de cancer chez l'homme* ».

Le 10 octobre 2018, la cour supérieure de Californie a rejeté l'appel de Monsanto : le verdict rendu en première instance est donc confirmé. Les dommages et intérêts dus à Dewayne Johnson sont cependant drastiquement réduits, passant de 289 millions à 78 millions de dollars. Début novembre 2018, le jardinier a accepté cette réduction des dommages et intérêts. Le procès Roundup n'est cependant pas clos puisque Bayer a indiqué vouloir de nouveau faire appel du verdict.

Ce procès fragilise dangereusement la multinationale. En effet, les juges de San Francisco ne se sont pas contentés de pointer la responsabilité du glyphosate, dans la maladie de Dewayne Johnson, ils ont également considéré que le géant de l'agrochimie avait connaissance de la dangerosité de ses produits et n'en avait pas informé ses clients. Le tribunal est même allé plus loin, estimant que Monsanto avait agi « avec malveillance ».

Cette décision du tribunal a été largement alimentée par les « *Monsanto Papers* », des centaines de documents internes de la firme (des rapports confidentiels, des correspondances, mails, fax...) rendus publics par la justice fédérale américaine. Or, ces documents internes ont révélé que Monsanto dissimulait consciemment la dangerosité de ses produits depuis les années 1980. En outre, ces documents ont dévoilé le système de *lobbying* voire de corruption mis en place par Monsanto pour blanchir ses produits. Plusieurs scientifiques travaillant pour des agences réglementaires auraient reçu de l'argent afin de rendre des rapports favorables aux intérêts financiers de la firme. L'indépendance de ces agences est donc remise en question.

« MonSatan » n'en finit plus d'être détesté

Le procès Monsanto semble avoir ouvert une brèche et provoqué un effet boule de neige. Au lendemain du procès, l'action Bayer a chuté en Bourse. Aujourd'hui, les critiques se multiplient et le ton monte contre la firme ponctuellement surnommée « MonSatan ».

Outre le cas Dewayne Johnson, 8 000 plaintes ont été déposées ces dernières années contre le glyphosate, rien qu'aux États-Unis. En France, deux plaintes sont en cours contre le produit phare de Monsanto, l'une déposée en 2007 par un céréalier charentais, l'autre en mai 2018 par une mère de famille accusant le Roundup d'être responsable du handicap de son fils. En juin 2018, des citoyens ariégeois organisés dans le collectif « Campagne glyphosate » ont déposé plusieurs plaintes pour « mise en danger de la vie d'autrui ». Ils ont alimenté leurs dossiers d'analyses d'urines révélant une contamination au glyphosate.

La polémique touche de plus en plus de pays, y compris le Brésil, ce géant agricole dont les champs de soja sont massivement arrosés d'herbicides et de pesticides. Début août 2018, en effet, un juge brésilien a ordonné la suspension des autorisations du glyphosate afin de réévaluer la dangerosité des herbicides concernés.

En septembre 2018, le décès du militant Fabian Tomasi a alimenté la polémique. Cet Argentin de 53 ans, au corps décharné par la maladie, avait travaillé des années à remplir les réservoirs des avions d'épandage qui aspergent ensuite les champs de soja. Décédé à 53 ans, il était devenu le porte-parole du combat contre le glyphosate, menant la lutte jusqu'à son dernier souffle.

Dans ce contexte, la polémique grandit dans l'hexagone et ailleurs. Durant la campagne présidentielle, Emmanuel Macron s'était engagé à interdire le glyphosate dans un délai de trois ans. Pourtant, l'Assemblée nationale a rejeté, début septembre 2018, un amendement visant à inscrire dans la loi agriculture et alimentation l'interdiction du glyphosate d'ici à 2021. De son côté, l'Union européenne a renouvelé pour cinq ans la licence autorisant l'utilisation du glyphosate dans les pays membres. Ces atermoiements seraient en partie responsables de la démission de Nicolas Hulot de son poste de ministre de la Transition écologique.

Depuis, Emmanuel Macron est soucieux de calmer la polémique. Le 9 octobre 2018, à l'occasion d'une rencontre avec des professionnels de l'agriculture, le président de la République a évoqué le projet de création d'une *start-up* d'État pour soutenir les agriculteurs qui envisagent une sortie du glyphosate.

La lutte contre les violences faites aux femmes : grande cause internationale

par Marion Le Calvez

50 000 personnes ont défilé dans les rues de l'Hexagone le samedi 24 novembre 2018 pour une marche contre les violences faites aux femmes. Cette manifestation a été impulsée par 600 femmes françaises, parmi lesquelles la chanteuse Jeanne Cherhal, l'ancienne ministre Cécile Duflot ou encore la journaliste Rokhaya Diallo. Ces 600 femmes ont relayé leur appel sur les réseaux sociaux grâce au hashtag #NousToutes. Un an après l'affaire Weinstein et la mobilisation #MeToo, la lutte contre les violences faites aux femmes a suscité un mouvement social inédit, d'envergure internationale.

5 octobre 2017
Début de l'affaire Weinstein après les premières révélations du *New York Times*

13 octobre 2017
La journaliste française Sandra Muller encourage les victimes de violences sexuelles à dénoncer leur agresseur grâce au hastag #BalanceTonPorc

15 octobre 2017
L'actrice américaine Alyssa Milano encourage les victimes de violence sexuelle à utiliser le hastag #MeToo

25 mai 2018
Déchu d'Hollywood, Harvey Weinstein est mis en examen tandis que l'« effet Weinstein » continue de prendre de l'ampleur

Aux origines du mouvement : le cas Weinstein

Depuis octobre 2017, Harvey Weinstein, célèbre producteur d'Hollywood, se trouve au cœur d'un scandale sexuel d'ampleur mondiale. Il est en effet accusé d'avoir profité de sa position dominante à Hollywood pour violer, agresser ou tenter d'agresser de nombreuses actrices, journalistes, mannequins, etc. Outre les violences perpétrées par le célèbre producteur, c'est le silence complice de toute l'industrie du cinéma qui alimente le scandale.

Depuis les premiers témoignages parus dans le *New York Times* puis dans le *New Yorker* en octobre 2017, plus d'une centaine de victimes ont témoigné contre Weinstein. Ce dernier a été mis en examen le 25 mai 2018, à New York, pour « *predatory sexual assault* ». S'il est reconnu coupable, Weinstein pourrait être condamné à la prison à vie. Dans l'attente de son procès, dont la date n'est pas encore connue, il est aujourd'hui assigné à résidence et contraint de porter un bracelet électronique.

Naissance et affirmation du mouvement #MeToo

Le cas Weinstein a été l'occasion d'une libération sans précédent de la parole, au point que l'on évoque un « effet Weinstein ». À partir d'octobre 2017, les victimes de Weinstein d'abord, puis progressivement des millions de femmes victimes de violences sexuelles ont témoigné sur les réseaux sociaux. Cet effet boule de neige a été largement encouragé par l'actrice américaine Alyssa Milano. Par un *tweet* daté du 15 octobre 2017, cette dernière a en effet invité toutes les victimes de violences sexuelles à se mobiliser en utilisant le hashtag #MeToo. En moins de 24 heures, ce hashtag a été partagé des centaines de milliers de fois, partout dans le monde, tissant un lien de solidarité inédit entre les victimes.

C'est ainsi que ce fait divers judiciaire est devenu « l'affaire Weinstein », un véritable mouvement social qui dépasse largement les seuls États-Unis.

Au cours de l'année 2018, le mouvement *MeToo* a continué de prendre de l'ampleur. En octobre 2018, on estime ainsi à 4,6 millions le nombre de femmes qui ont partagé le hashtag. En outre, la mobilisation s'est progressivement déplacée, quittant les seuls réseaux sociaux pour gagner le « monde réel ».

L'affaire Weinstein ayant démarré dans le monde du cinéma, c'est d'abord le septième art qui a entretenu la dynamique. Le 1er janvier 2018, aux États-Unis, près de 3 000 actrices, metteuses en scène et scénaristes, parmi lesquelles Natalie Portman, Cate Blanchett et Meryl Streep, créent le fonds « Time's Up » (« c'est fini »). Leur objectif : apporter un soutien financier aux victimes de harcèlement sexuel au travail, dont celles qui ont un emploi mal payé incompatible avec des frais de justice comme les serveuses, femmes de ménage, concierges…. En quelques semaines, le fonds récolte plus de 20 millions de dollars.

En 2018, l'effet *MeToo* a également gagné les grandes cérémonies du cinéma. Le 7 janvier, aux Golden Globes (à Los Angeles), puis en février lors des Bafta (à Londres), de nombreuses célébrités arboraient des tenues noires pour protester contre les violences faites aux femmes et contre les inégalités entre les hommes et les femmes dans l'industrie du cinéma. En France, lors de la cérémonie des César, en mars 2018, c'est par un ruban blanc que les participants pouvaient exprimer leur adhésion au mouvement.

2018, année féministe

Le mouvement a progressivement dépassé le monde du cinéma pour gagner l'ensemble des lieux de travail et de vie. En témoignent les mobilisations du 8 mars 2018 à l'occasion de la journée internationale des droits de la femme. Ce jour-là, en Espagne, plus de 5 millions de femmes ont ainsi cessé le travail pour défiler dans 130 villes du pays. Leurs principales revendications : l'égalité salariale entre les hommes et les femmes et la lutte contre les violences sexuelles et sexistes. Cette grève générale « féministe » inédite a contraint le gouvernement espagnol à prendre position : dans la journée du 8 mars, Mariano Rajoy arborait ainsi un ruban violet, symbole du mouvement. En cette journée des droits de la femme, de nombreuses personnes se sont également mobilisées en Russie, en Irak, en Turquie, aux États-Unis, en Italie, en France, etc.

Au cours des mois suivants, le mouvement n'a pas faibli. Le 29 septembre 2018, au Brésil, les principales villes du pays ont été envahies par une marée humaine protestant, à quelques jours du premier tour des élections présidentielles, contre le candidat d'extrême droite donné favori, Jair Bolsonaro. Ces manifestations comptaient une proportion inédite de femmes. Ces dernières s'étaient, en amont, massivement mobilisées sur Internet pour dénoncer le programme misogyne, raciste et homophobe du candidat d'extrême droite.

L'originalité de ce mouvement féministe, c'est qu'il échappe en partie aux organisations traditionnelles, associations, syndicats et partis politiques. Portée par les réseaux sociaux, cette mobilisation est également caractérisée par sa dimension internationale. Elle irrigue, en outre, toutes les sphères de la société : Internet, bien sûr, mais également les entreprises, les écoles, les rues, les domiciles. La question des violences sexuelles, des discriminations sexistes et de l'égalité hommes femmes semble s'être invitée à toutes les tables, au point que les journalistes du *New York Times* et du *New Yorker* à l'origine de l'affaire Weinstein se sont vus récompensés, en avril 2018, par le prestigieux prix Pulitzer.

Une hausse des dénonciations

La dimension judiciaire de la mobilisation est une autre caractéristique du mouvement *MeToo*. L'« effet Weinstein » s'est traduit par une avalanche de dénonciations contre les coupables de harcèlement sexuel, provoquant la chute de personnages influents du monde du spectacle, mais aussi des médias, de la politique, etc. À l'instar de Weinstein, ce sont plus de 150 personnalités qui ont ainsi été visées par des dénonciations similaires, dont les acteurs Bill Cosby, Dustin Hoffman ou encore Kevin Spacey. Dans ce contexte, les accusations contre les réalisateurs Woody Allen et Roman Polanski ont également refait surface.

Mais le flot des dénonciations a largement débordé le cadre des studios hollywoodiens. En France, les plaintes pour viols et agressions sexuelles ont augmenté de 30 % à la fin de l'année 2017 par rapport à la même période en 2016. En Grande-Bretagne, le gouvernement de Theresa May a été ébranlé par des dénonciations de harcèlement qui ont conduit, dès novembre 2017, à la chute du ministre de la Défense, Michael Fallon. Aux États-Unis, le juge Kavanaugh a vu sa nomination à la Cour suprême retardée par les accusations d'agressions sexuelles formulées à son encontre par la professeure Christine Blasey Ford. En février 2018, l'islamologue suisse Tariq Ramadan a été mis en examen et incarcéré pour viols… La liste est encore longue.

Et en France ?

En France comme ailleurs, l'« effet Weinstein » a contraint le monde politique à s'emparer de la question des violences faites aux femmes. Si, en 2017, Emmanuel Macron avait fait de l'égalité entre les femmes et les hommes la « grande cause du quinquennat » en 2017, c'est à la lutte contre les violences sexistes et sexuelles qu'il a donné la priorité en 2018. Le 3 août 2018, une loi renforçant la lutte contre les violences sexuelles et sexistes a été promulguée, allongeant notamment le délai de prescription pour les crimes sexuels et créant une nouvelle infraction, intitulée « outrage sexiste », pour combattre le harcèlement de rue. En septembre 2018, une première université d'été du féminisme a été organisée sous l'impulsion de Marlène Schiappa, secrétaire d'État auprès du Premier ministre chargée de l'Égalité entre les femmes et les hommes.

Plusieurs associations et personnalités dénoncent cependant des actions « poudre aux yeux » et regrettent le manque de moyens alloués à la prise en charge des victimes. En outre, si la parole des victimes s'est clairement libérée, les condamnations judiciaires tardent à tomber. De plus, l'impunité reste toujours la règle pour les coupables d'agressions sexuelles puisque seules 10 % des victimes de viol ou tentative de viol déposent plainte.

En 2018, la France a également été pionnière en matière de critiques contre le mouvement *MeToo*. Le 10 janvier 2018, une tribune signée par une centaine de femmes est parue dans le journal *Le Monde*, sous le titre « *Des femmes libèrent une autre parole* ». Cosignée notamment par Catherine Millet, Élisabeth Lévy et Catherine Deneuve, cette tribune dénonce le relent de puritanisme qui accompagne le mouvement *MeToo* et défend « une liberté d'importuner, indispensable à la liberté sexuelle ». Les signataires s'inquiètent également de la « campagne de délations » lancée sur les réseaux sociaux français dès octobre 2017 par la journaliste Sandra Muller grâce au hashtag #BalanceTonPorc.

De son côté, l'historienne Laure Murat, autrice de *Une révolution sexuelle ? Réflexions sur l'après-Weinstein*, regrette que l'on évince ainsi le débat de fond : « *On a affaire à un problème universel et séculaire, et ce qui les* [les éditorialistes] *intéresse, ce sont les dérives...* » (entretien accordé à *Télérama* en octobre 2018).

ZAD : zone à disparaître ?

par Céline Charles

L'hiver et le printemps 2018 ont été marqués par l'évacuation de deux zones à défendre (ZAD) emblématiques : celle de Bure qui militait contre un projet d'enfouissement de déchets radioactifs tandis que celle de Notre-Dame-des-Landes s'insurgeait contre un projet d'aéroport. Un journaliste de *Libération* s'interrogeait peu après : les ZAD sont-elles devenues des « zones à disparaître » ? La présence de nombreux foyers de résistance encore actifs appelle une réponse nuancée.

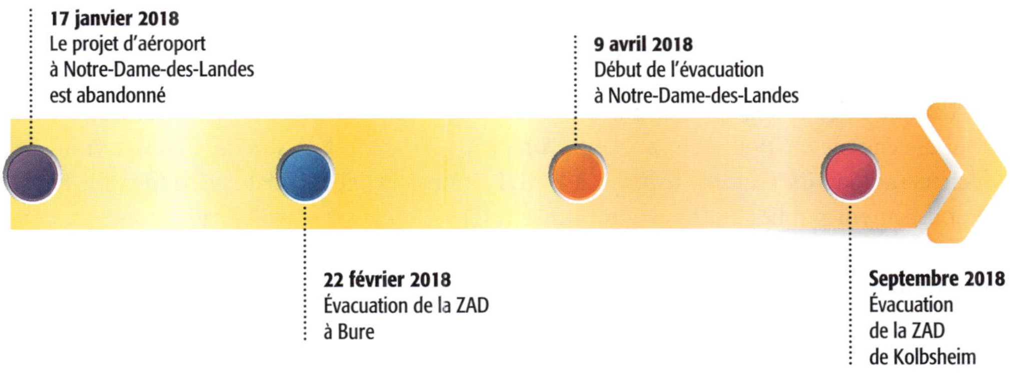

Notre-Dame-des-Landes, une évacuation sous tension

Le 17 janvier 2018, Édouard Philippe annonçait l'abandon du projet d'aéroport à Notre-Dame-des-Landes (NDDL). Il précisait : « *Notre-Dame-des-Landes, aujourd'hui, c'est l'aéroport de la division. Le projet de Notre-Dame-des-Landes sera donc abandonné* ». Pour le Premier ministre français, le climat n'était pas propice à un projet d'une telle envergure. Il privilégie donc le réaménagement et la modernisation de l'aéroport existant, Nantes-Atlantique.

Sa décision invalidait ainsi toutes les décisions judiciaires antérieures ainsi que les résultats du référendum tenu en 2016. À la question : « *Êtes-vous favorable au projet de transfert de l'aéroport Nantes-Atlantique sur la commune de Notre-Dame-des-Landes ?* », le « oui » l'avait emporté avec 55,17 % des voix. Au-delà du climat politique, des arguments techniques et écologiques ont été avancés : les nuisances sonores, les liaisons ferroviaires efficaces et les nombreuses externalités négatives d'ordre environnemental. Sans doute le gouvernement était-il désireux d'afficher une certaine cohérence entre ses actes et ses propos : le 12 décembre 2017, un mois avant l'abandon du projet à NDDL, se tenait à Paris le *One plannet Summit*, sommet international sur le climat, organisé par la France avec le soutien de l'Organisation des Nations unies (ONU) et de la Banque mondiale.

Quelles sont les implications d'une telle décision ? À court terme, la priorité a été donnée au déblaiement des routes occupées par les zadistes et à l'évacuation des terres agricoles. Édouard Philippe a demandé d'évacuer les lieux pour le 30 mars, fin de la trêve hivernale. Le 9 avril, en l'absence de réaction des zadistes, une opération d'évacuation a été lancée pour déloger les résistants. Le 16 avril, des arrestations ont eu lieu et trois personnes ont été condamnées à des peines de prison avec sursis. Le 20 avril, des projets nominatifs ont été déposés par des zadistes auprès du préfet. Il s'agit de projets agricoles, artisanaux ou de distribution fondée sur leur expérience.

Les occupants avaient été invités, en vain, à soumettre de telles propositions. Leurs projets semblaient annoncer la fin des évacuations. Elles se sont pourtant poursuivies le mois suivant. Parallèlement à cette offensive, l'État a validé des conventions d'occupation précaire, autorisant ainsi l'occupation de terres de manière temporaire.

L'évacuation d'autres ZAD stratégiques

L'année 2018 est également marquée par l'évacuation de la ZAD de Bure. Cette ville avait été choisie en 1998 pour accueillir un centre industriel de stockage sous-terrain de déchets radioactifs. Comme le projet à NDDL, le projet Cigéo ne date pas d'hier. En 1979, l'établissement public Andra est créé au sein du Commissariat à l'énergie atomique. Au début des années 1980, Andra étudie avec sérieux la possibilité d'enfouir en profondeur des déchets très dangereux et dont la durée de vie est extrêmement longue. La population se montre alors défavorable à un tel projet, jugé dangereux pour les hommes et risqué pour l'environnement. Aussi un moratoire est-il décidé en 1990. L'année d'après, le vote d'une loi, dite loi Bataille, avalise le projet. L'Andra se met alors en quête d'un lieu où un tel enfouissement serait possible. Bure est choisie. En 2006, l'Andra est chargée de la conception et de la construction du site. Les premiers opposants s'installent alors. L'Andra, tenue par une feuille de route, poursuit les résistants pour leur occupation illégale du Bois-Lejuc. Jeudi 22 février, au terme d'une longue bataille judiciaire, une décision administrative ordonne l'évacuation.

À la rentrée 2018, c'est une autre ZAD stratégique qui a été évacuée : celle de Kolbsheim. Les occupants luttaient contre une autoroute de contournement de Strasbourg. Mais le tribunal administratif leur a également enjoint de quitter les lieux. Ces deux revers augurent-ils la fin des ZAD ?

Les ZAD en France

Source : Claire Thoizet, *La Croix*.

La fin des ZAD ?

Il semblerait que les zones à défendre n'aient pas dit leur dernier mot. À NDDL, le combat pour les terres est loin d'être terminé. L'État a validé quinze conventions d'occupation précaire, mais elles arriveront à expiration le 31 décembre 2018. Aussi, fin septembre, un rassemblement était-il organisé pour faire un état des lieux de la situation du foncier agricole sur la ZAD. À côté de ces zadistes désireux d'avenir, des agriculteurs dits « historiques » (en jaune sur la carte, page suivante) revendiquent également un droit d'usage. Ce sont les agriculteurs qui ont toujours refusé de partir en dépit des menaces d'expulsion. Eux aussi ont conclu avec l'État une convention d'occupation précaire. Un troisième acteur vient compliquer la donne : les agriculteurs dits « compensés » (en bleu sur la carte). Ils ont accepté d'être indemnisés en échange de l'abandon de leurs terres. Or, à présent, ils se manifestent pour les récupérer. Ils sont jugés peu légitimes par les autres acteurs. Les zadistes regrettent en effet qu'ils aient choisi la bataille des terres au détriment de la lutte contre l'aéroport.

Situation foncière agricole sur la ZAD de Notre-Dame-des-Landes

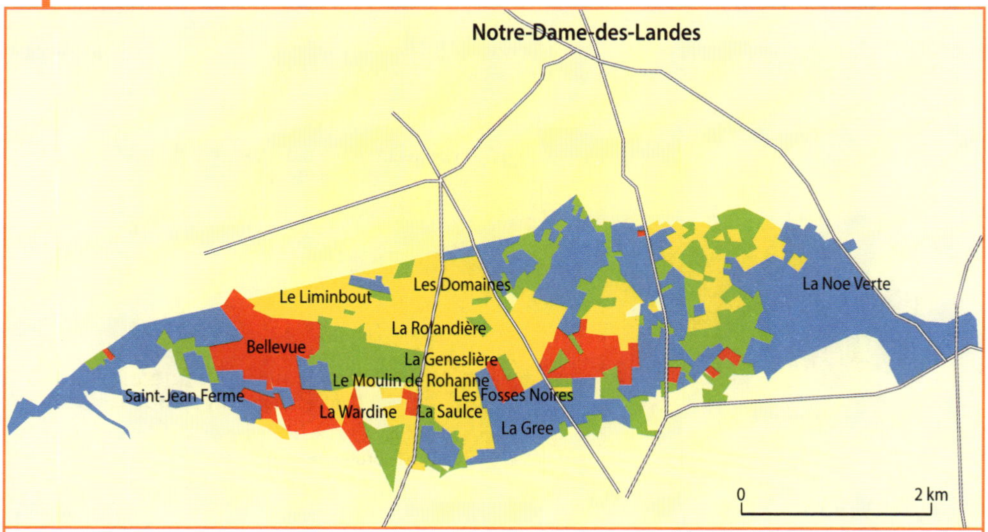

Surfaces

- Projets agricoles de la ZAD (avec et sans COP) : 170 ha
- Agriculteurs historiques résistants : 370 ha
- Parcelles faisant encore l'objet de COP avec des agriculteurs compensés : 514 ha
- Espaces boisés et friches : 230 ha

Source : France 3 régions et France Tv. info.

Si NDDL, Bure et Kolbsheim peuvent être rayés de la carte des ZAD, subsistent néanmoins des poches de résistance. Roybon, dans l'Isère, en est un exemple. Depuis une dizaine d'années, le groupe Pierre & Vacances souhaite ouvrir un Center Parcs dans la forêt de Chambaran. En réaction, une association a été créée pour rappeler la nature de la forêt, un bien commun à protéger.

Si certaines ZAD disparaissent, d'autres persistent ou naissent, témoignant que la défense de valeurs peut passer par une démocratie plus directe.

À vos armes, prêts, feu !

par Sophie Mattern

Les États-Unis détiennent le record mondial de port d'armes. Plus de 300 à 360 millions d'armes à feu recensées, soit en moyenne une arme par personne en âge de la tenir. Les Américains détiennent à eux seuls la moitié des armes civiles du monde. Ils détiennent aussi, hélas, le record mondial des accidents et homicides par armes à feu, avec 16 650 morts et 32 000 blessés en 2017. Parmi les homicides, des tueries choquent le monde entier : celles de la discothèque d'Orlando en 2016, celle de Las Vegas en 2017 ou encore celle du lycée Parkland, en Floride en 2018. Pourquoi les États-Unis sont-ils si friands d'armes ? La France pourrait-elle suivre le modèle américain ? Le port d'armes est-il à craindre dans un contexte de tensions géopolitiques et sociales aujourd'hui ?

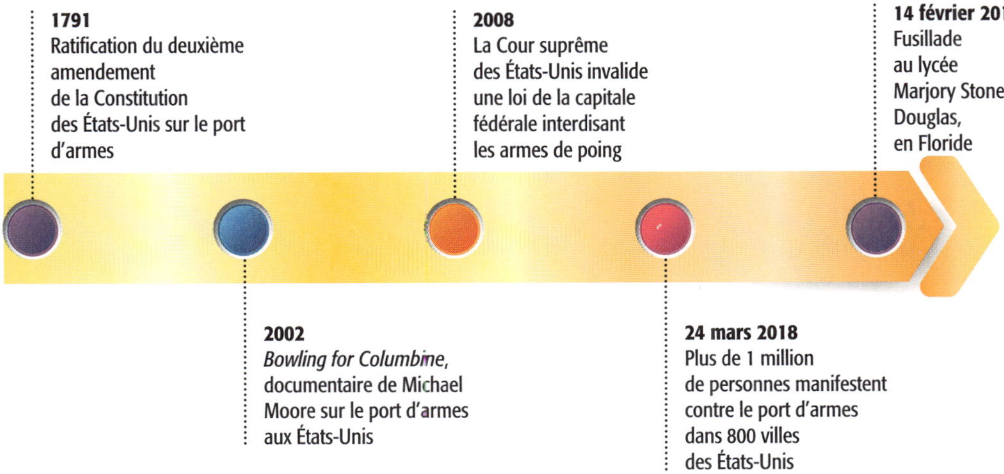

▶ Les États-Unis se sont-ils tiré une balle dans le pied ?

Le 14 février 2018, les États-Unis découvraient avec effroi une nouvelle fusillade, dans le lycée Marjory Stoneman Douglas, à Parkland, en Floride. Nikolas Cruz, ancien élève de l'établissement, âgé de 19 ans, a tué 17 personnes avec une arme semi-automatique. Certes, le jeune était fragile, orphelin de son père adoptif depuis 13 ans, de sa mère adoptive depuis 1 an et repéré potentiellement dangereux par ses camarades et les réseaux sociaux. Mais serait-il passé à l'acte s'il n'était pas si facile d'acheter des armes et des munitions aux États-Unis ou si les armes n'étaient pas directement offertes en cadeau de bienvenue lors d'une ouverture de compte en banque, par exemple ? C'est ce que montrait, entre autres, le documentaire de Michael Moore, *Bowling for Columbine*, sorti en 2002.

Pour de nombreux d'Américains, acheter une arme est un gage de liberté. Celle de pouvoir se défendre. Il est inscrit dans le deuxième amendement des États-Unis, qui est le fer de lance du très puissant lobby d'armes aux États-Unis : la National Rifle Association (NRA). Depuis sa ratification en 1791, le deuxième amendement fait débat, bien qu'il soit cité à chaque fusillade, à chaque discours post-tuerie, dans chaque argumentaire pro ou anti-armes. Il énonce : « *Une milice bien organisée étant nécessaire à la sécurité d'un État libre, il ne pourra être porté atteinte au droit du peuple de détenir et de porter des armes* ». La première partie de l'amendement conditionne le droit de s'armer à l'appartenance à une milice, qui correspond aux anciennes unités de défense citoyennes mobilisables par les États. Autrement dit, le port d'armes ne doit pas concerner l'ensemble des Américains. C'est l'interprétation qu'en donnent, notamment, certains démocrates. La seconde partie de l'amendement garantit à tous les citoyens américains le droit de posséder une arme afin de se défendre soi-même. C'est à cette partie de l'amendement que se réfèrent les conservateurs et la NRA.

Chaque État interprète donc l'amendement à sa manière, et se montre plus ou moins souple sur le droit d'acheter des armes. Mais en juin 2008, la Cour suprême a invalidé une loi de la capitale fédérale, Washington, qui interdisait les armes de poing depuis trois décennies, déclarant que l'amendement garantissait « *le droit individuel de posséder et porter des armes en cas de confrontation* ». La porte des armuriers américains semble donc dorénavant grande ouverte.

La législation sur le port d'armes aux États-Unis

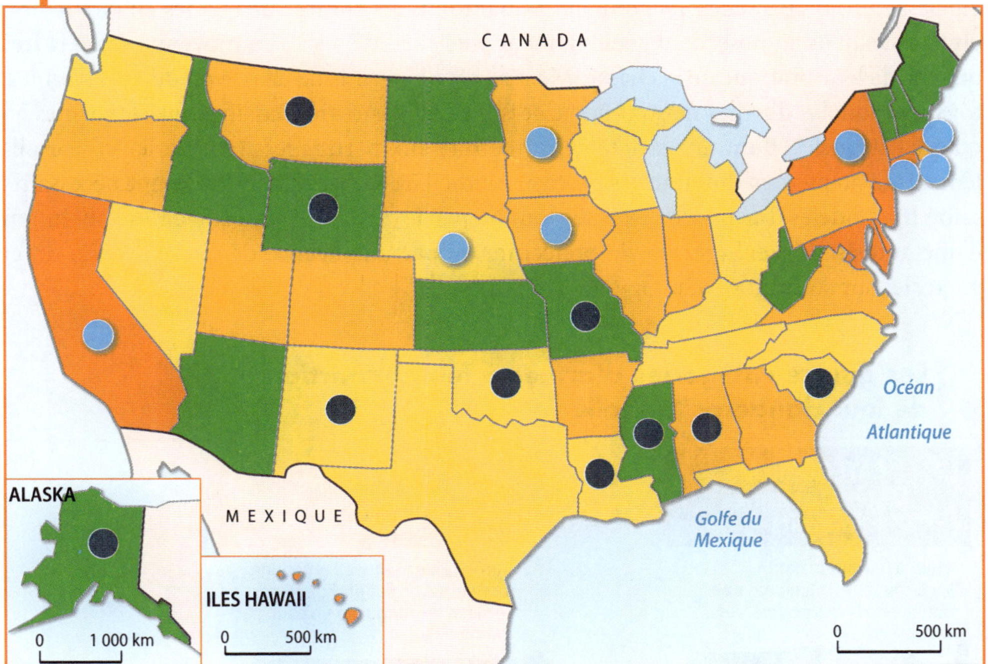

12 États — **Pas de permis nécessaire pour porter une arme dissimulée**

15 États — **Permis nécessaire, délivré facilement**
Le demandeur doit seulement remplir les critères basiques (avoir un âge minimum, être résident de l'État…)

15 États — **Permis nécessaire, délivré moins facilement**
Le demandeur doit remplir des critères basiques mais les autorités (shérif ou police) peuvent prendre la décision de refuser la demande

8 États — **Permis nécessaire, délivré difficilement par les autorités**
L'obtention du permis ne se fait que sous certaines conditions, la décision revient entièrement aux autorités locales

● **Les 10 États avec le plus de morts par arme à feu** *(2016)*

● **Les 8 États avec le moins de morts par arme à feu** *(2016)*

Source : *Law Center to prevent gun violence.*

▶ La France vise-t-elle le modèle américain ?

La France semble encore loin du modèle américain. Mais à l'instar des tensions politiques qui conduisent aux populismes et à la peur de l'autre, l'intérêt pour les armes gagne du terrain. D'après l'hebdomadaire *Le 1*, il y aurait 15 millions d'armes à feu en circulation en France, c'est plus de 20 fois moins qu'aux États-Unis, mais cela représente près d'une arme pour quatre habitants. De plus, la législation est stricte. Les propriétaires officiellement déclarés, hors professionnels de l'armée, police et gardes rapprochées, sont principalement des chasseurs. Ils gonflent d'autant plus les chiffres des armes en circulation en France qu'ils en possèdent généralement plusieurs, de 4 à 20 en moyenne selon la fréquence de leur pratique de la chasse. Même avec un permis de chasse ou de port d'armes, tous les modèles d'armes ne sont pas accessibles. Il existe une classification des armes en quatre catégories, dont une strictement interdite aux particuliers (catégorie A). Par ailleurs, tout acquéreur doit fournir un casier judiciaire vierge. Il est également nécessaire, selon les modèles d'arme, de respecter tout ou partie des conditions suivantes : obtention d'une autorisation délivrée par la préfecture ou par une licence de fédération de tir, et garanties sur son état psychologique.

Les quatre catégories d'armes à feu en fonction de leur dangerosité réelle

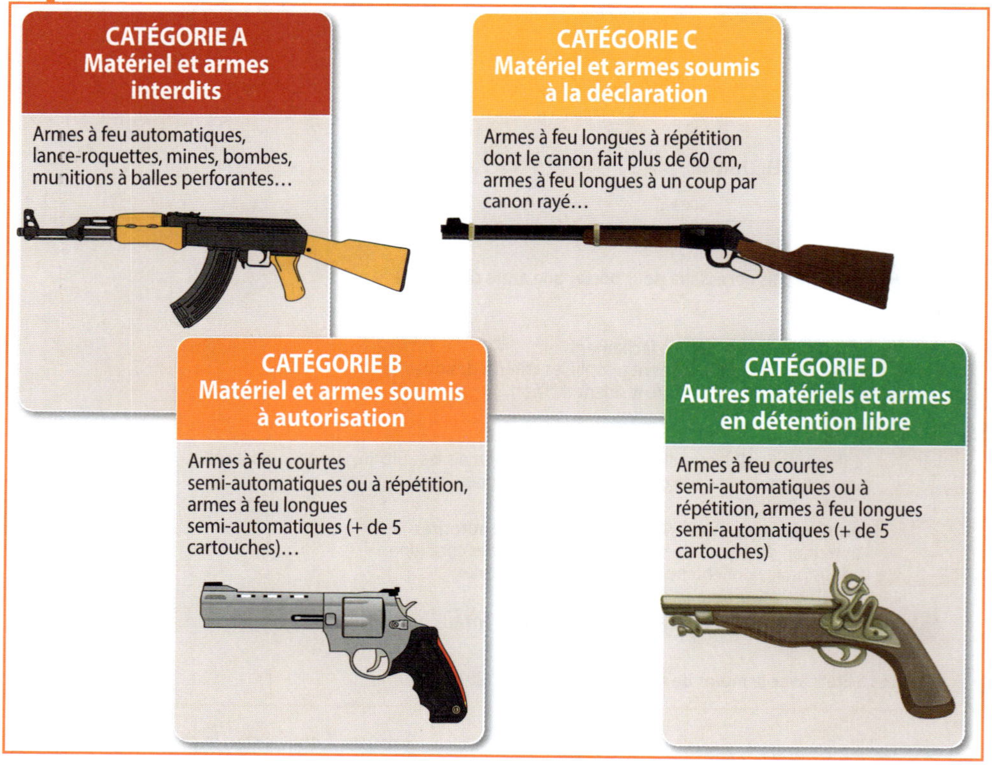

Source : www.assemblee-nationale.fr

Aujourd'hui, ce sont les armes non officiellement déclarées, et pourtant en circulation, qui préoccupent les autorités françaises et européennes. Par définition, elles sont difficiles à recenser, puisque cachées, mais seraient de plus en plus fréquentes à passer les frontières jusqu'à la métropole. Près de 15 000 armes de guerre de type kalachnikov circuleraient dans les banlieues françaises sur 3 à 7 millions d'armes qui se trouveraient illégalement en France. Les autorités en saisiraient près de 5 000 par an, ce qui reste encore trop peu au regard d'un trafic en expansion, en provenance notamment des pays de l'Est.

Comment prévenir plutôt que guérir ?

Prévenir, est-ce s'armer ou éviter à la population de l'être ? Une fois de plus, le port d'armes divise. Et il serait simpliste de penser que les États-Unis ont mis le fusil à l'épaule tandis que nous, Français, nous l'affublons de fleurs. Des deux côtés de l'Atlantique, les adversaires se renvoient la balle et rien n'est tranché.

Membres du Congrès ayant reçu des donations de la NRA en 2016

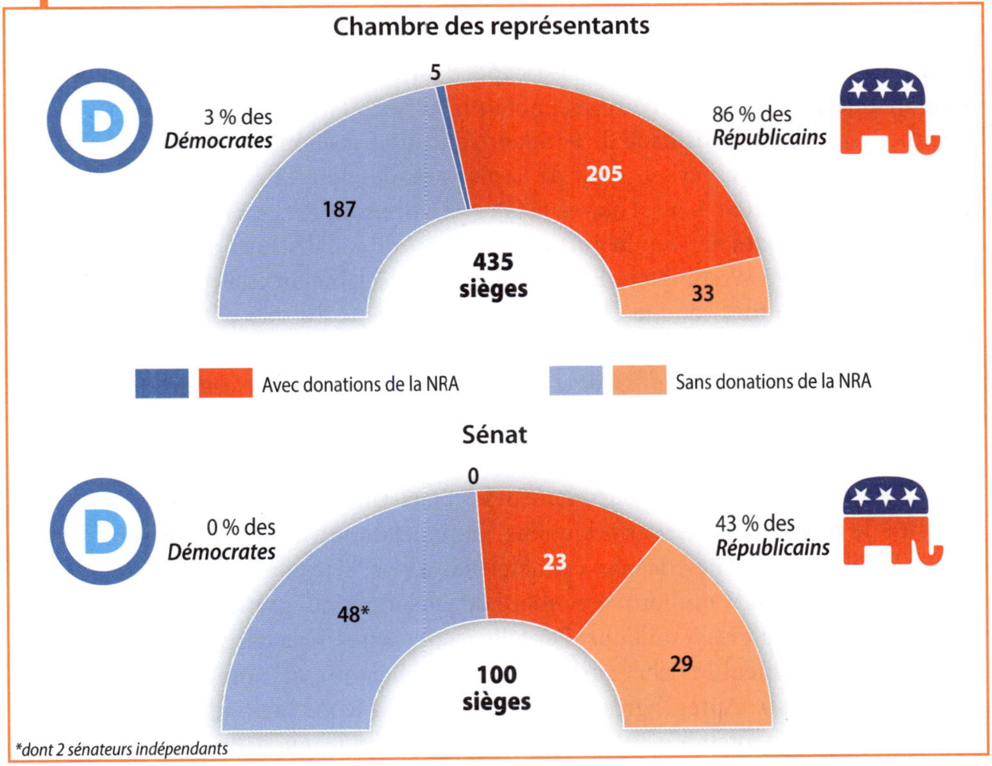

Source : NRA, Opensecrets.org

Aux États-Unis, chaque tuerie s'accompagne d'un discours présidentiel. Obama a dû en prononcer 18 durant son double mandat, notamment pour la tuerie de 50 personnes dans le club d'Orlando en 2016 ou celle de 10 personnes dans une université de l'Oregon en 2015. Donald Trump, en présidence depuis novembre 2016, devra hélas probablement en faire autant.

Le deuxième amendement est généralement évoqué comme référence. Les ajustements et les débats le concernant se font à la marge : la taille des munitions autorisées en vente libre, leur nombre, le type d'armes, sans jamais remettre fondamentalement en question le droit d'être armé. Et pour cause : la puissance financière de la NRA ! Elle participe très largement aux campagnes des candidats à la Chambre des représentants ou au Sénat, futurs électeurs des lois concernant, notamment, le port d'armes. Parmi les républicains, plus des trois quarts des membres républicains de la Chambre des représentants, et près de la moitié des sénateurs ont reçu des donations de la NRA pour leur campagne. À ce prix, il est probable que leur neutralité sur le port d'armes soit entachée.

Donald Trump, très largement soutenu dans sa campagne par la NRA, défend aujourd'hui la nécessité de renforcer le port d'armes, arguant, par exemple, que les attaques en lycée seraient plus vite maîtrisées si les enseignants étaient armés. Il a aussi déclaré qu'il n'y aurait pas eu 130 morts au Bataclan si des spectateurs avaient pu riposter avec leur propre arme.

La position du Président actuel n'est cependant pas représentative de l'ensemble de l'opinion américaine. Le 24 mars 2018, notamment sous l'impulsion d'Emma Gonzales, lycéenne rescapée de la fusillade de Parkland, plus de 1 million de personnes ont manifesté dans 800 villes du pays. Il s'agit de la plus grande manifestation contre les dérives des armes à feu aux États-Unis. L'objectif : faire prendre conscience à la population américaine des risques et des dérives du port d'armes. Lors de son discours devant une foule de 800 000 personnes à Washington, Emma Gonzalez a réclamé un contrôle des acquéreurs d'armes et des quantités vendues, l'interdiction de la vente d'armes n'étant pas le propos. « *Politiciens, soit vous représentez le peuple, soit vous sortez. Le peuple demande une loi interdisant la vente de fusils d'assaut. Le peuple demande que nous interdisions la vente de magasins à grande capacité. Le peuple demande des contrôles d'antécédents pour tous. Soutenez-nous ou attention, les électeurs arrivent.* »

En France, nous regardons généralement les États-Unis d'un air circonspect, soulagés peut-être de ne pas être aussi armés qu'eux. Et pourtant, on constate une nouvelle tendance à l'utilisation d'armes, de manière officielle ou non. Si le nombre de chasseurs licenciés diminue (environ 1 million), le nombre de personnes qui pratiquent la chasse, avec une arme, dépasserait les 5 millions. Par ailleurs, les agressions dans les zones urbaines relancent régulièrement le débat sur le caractère obligatoire ou non de l'armement des policiers municipaux. Après l'agression au couteau dans le XIXe arrondissement de Paris, faisant 7 blessés en septembre 2018, Anne Hidalgo envisage une demande d'autorisation au Sénat pour armer la totalité des policiers municipaux, voire le personnel de sécurité de certains sites.

Les restrictions, quant au port d'armes en France, sont bien plus strictes que celles de nos voisins d'outre-Atlantique. Néanmoins, la vague des attentats conduit certains à se demander si les armes permettraient de se protéger. Les Japonais, eux, défendent l'adage « *pas d'armes, pas de meurtre* ». L'organisation non gouvernementale Gun Violence Archive a dénombré 48 morts par balles ces 8 dernières années au Japon, contre 42 tués chaque jour aux États-Unis.

Transports : comment répondre aux enjeux de la mobilité ?

par Louise Cormier

En novembre 2018, la mobilisation massive des « gilets jaunes » contre l'augmentation des prix et des taxes sur le carburant est une démonstration de l'enjeu crucial que représente la mobilité dans la vie des citoyens. Pourquoi la mobilité participe-t-elle des défis environnementaux, de santé publique et de réduction des inégalités socio-économiques ? Quelles solutions existe-t-il aujourd'hui ? Quelles sont celles vers lesquelles nous nous tournerons demain ?

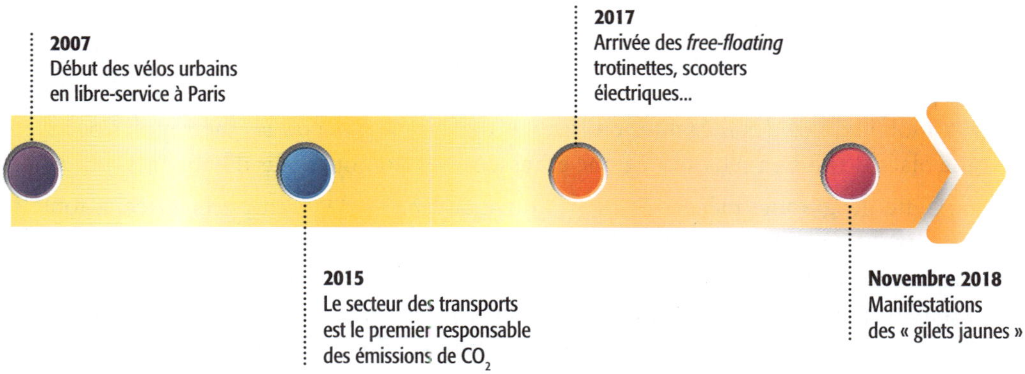

La mobilité au cœur des grands défis du XXIe siècle

Si le secteur des transports est loin d'être le seul à l'origine de la dégradation environnementale actuelle, il est aujourd'hui parmi les premiers responsables des émissions de CO_2, représentant 39 % des émissions de CO_2 dans le monde. En France, il génère 33 % de la consommation d'énergie totale (en 2015) et 56 % des émissions d'azote, qui entraînent des marées vertes (augmentation anormale des algues vertes, qui détruisent leurs écosystèmes). Ces émissions proviennent à 96 % des véhicules Diesel[1]. La France s'est engagée à réduire de 20 % les émissions de CO_2 du secteur des transports d'ici à 2020, et a mis en

1 Chiffres de l'Agence de l'environnement et de la maîtrise de l'énergie (ADEME), 2017.

place plusieurs instruments de politique publique au travers de subventions, réductions d'impôts, taxes, mais aussi au travers d'objectifs chiffrés, de labels et chartes d'engagements : le dispositif Objectif CO_2 pour les transporteurs, FRET21 pour les chargeurs, la controversée taxe carbone, etc. Ces actions ont cependant des résultats marginaux au vu des objectifs de réduction d'émission de CO_2.

Par ailleurs, la mobilité des citoyens est un enjeu de santé publique : l'exposition à la pollution de l'air favorise le développement de maladies chroniques (cardiovasculaires, respiratoires, neurologiques), de cancers, ainsi que de troubles de la reproduction et de développement de l'enfant. D'après l'agence Santé publique France, au moins 48 000 décès prématurés par an sont dus à l'exposition aux particules fines et ce chiffre est estimé à plusieurs millions au niveau mondial. En France, les coûts annuels de santé liés à la pollution atmosphérique oscillent entre 1 et 2 milliards d'euros. Les transports pèsent aussi dans la qualité de vie des citoyens. Choisir d'habiter ou non en ville relève d'un arbitrage entre divers coûts tels les transports et le logement. D'une part, les transports sont coûteux pour se rendre dans les centres-villes, ce qui peut inciter ceux qui y travaillent à s'en rapprocher. D'autre part, les loyers des centres-villes sont élevés et les logements souvent exigus, ce qui peut justifier d'habiter en banlieue.

Enfin, la mobilité est au cœur des défis socio-économiques contemporains. Elle peut constituer un vrai frein pour l'accès à l'emploi. D'après une enquête menée par le Laboratoire de la mobilité inclusive en 2016, près d'un quart des Français déclare « *avoir déjà renoncé à un emploi ou à une formation faute de moyens pour se déplacer* ». Ce taux se chiffre à 50 % chez les populations les plus jeunes et socialement les plus fragiles (54 % des personnes dans un foyer vivant avec moins de 1 000 euros par mois). La précarité due à la mobilité crée des inégalités croissantes dans un monde où les métropoles occupent une place de plus en plus stratégique et rassemblent toujours plus d'habitants.

Cette géographie inégalitaire se retrouve au niveau des transports, et ce, à tous les niveaux. Les économies d'agglomération dans les territoires dominés par le secteur tertiaire où se concentrent les emplois et les infrastructures attirent les populations dans des métropoles dont les systèmes de transport se retrouvent engorgés et la qualité de vie diminuée. Simultanément, des territoires ruraux souffrent d'un enclavement aggravé au fur et à mesure que les populations actives partent, et qui peut entraîner des trappes de pauvreté. Ces inégalités apparaissent aussi au sein des métropoles. Les centres sont investis par les transports en commun, relativement denses et fréquents, et par les innovations de mobilités : vélos, voitures électriques, scooters ou trottinettes partagés, avec des bornes ou sans borne (en « *free floating* »), VTC, applications numériques d'optimisation des trajets, etc. Les périphéries, parfois aussi densément peuplées que les centres, ne sont pourtant pas équipées de la même qualité de réseau et d'organisation. Les habitants sont alors contraints d'utiliser la voiture individuelle et les transports en commun pour des trajets toujours plus longs. Ce phénomène est particulièrement marqué chez les jeunes, à la mobilité souvent précaire : à Paris, 45 % des étudiants de la grande couronne ont plus d'une heure de trajet domicile au travail (aller simple) contre 19 % de ceux en petite couronne et 1 % de ceux habitant intra-muros.

Parts des déplacements domicile-lieu d'études selon leur durée

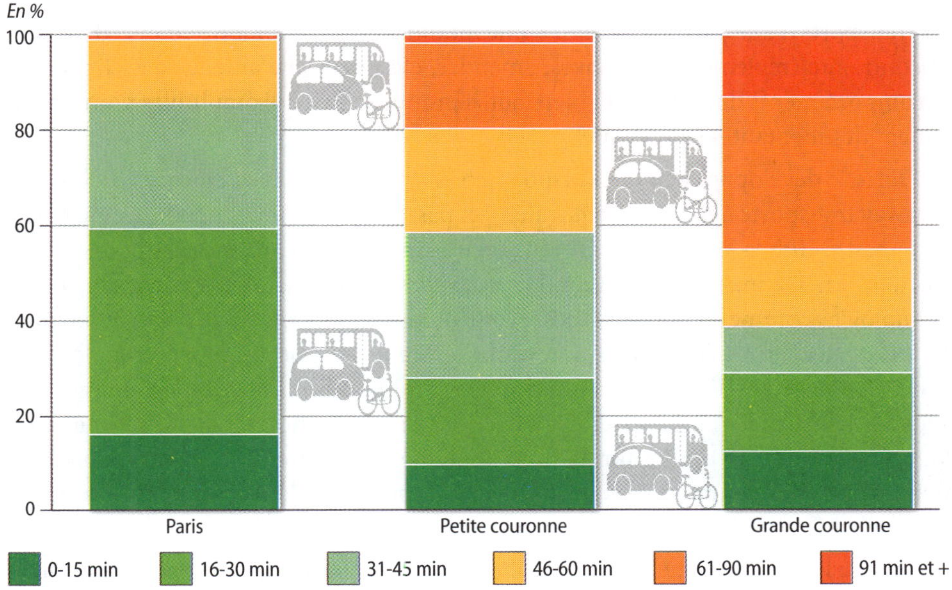

Source : Enquête globale transports, 2010.

Quels seront les transports de demain ?

Face à ces difficultés, ces 20 dernières années ont vu le développement de moyens de transport alternatifs et de « modes actifs » (marche et vélo), ainsi que l'évolution des comportements des habitants en termes de choix de mobilité. Si dans le débat public la tendance est aux mobilités douces et durables, l'augmentation générale des trafics ces 10 dernières années s'est largement portée sur le transport routier et non sur d'autres modes moins polluants, comme le ferroviaire et le fluvial. De plus, en Île-de-France, on compte chaque jour depuis 15 ans 42 millions de déplacements dont 15 millions se font à pied, 15 millions en voiture et 10 millions en transports en commun. Les innovations liées à la mobilité partagée autre que la voiture se répartissent donc les 2 millions de déplacements restants. Quelles sont les solutions actuelles aux défis environnementaux et socio-économiques de la mobilité ? Quel est leur potentiel réel ?

Parmi les réponses aux défis environnementaux de la mobilité se profile d'abord l'utilisation de véhicules moins polluants grâce aux carburants alternatifs et aux voitures électriques. Ces dernières nécessitent l'installation de bornes de recharge sur la voirie. Elles ne sont pourtant pas toujours prévues, faute d'anticipation. Des dispositifs comme le *car labelling* ou le bonus écologique aident les consommateurs à optimiser le coût énergétique de leur véhicule. Les réglementations et les campagnes incitant à l'écoconduite peuvent aussi permettre de réduire significativement les consommations de carburant. Selon une étude de Randstad France, menée en 2015, 63 % des Français utilisent leur voiture individuelle pour se rendre à leur travail, 18 % les transports en commun, 9 % y vont à pied, 4 % en vélos et 2 % en covoiturage. Afin de réduire l'utilisation de la voiture individuelle, deux axes majeurs se dessinent en France : avoir une meilleure organisation des transports d'une part, et parvenir à une modification des comportements d'autre part. La contrainte (réglementation, taxes, amendes, etc.) peut-elle amener des changements de comportements durables ? Ou bien faut-il proposer des choix multiples pour un changement des mentalités progressif ?

Outre le développement de transports en commun propres et efficaces (une rame de tramway transporte à peu près l'équivalent en passagers de 170 voitures), la « multimodalité », c'est-à-dire la gamme des moyens de transport offerts aux usagers pour un même trajet, est un axe majeur de progrès. Les nouvelles mobilités, appuyées par les nouvelles technologies comme les smartphones, évoluent rapidement. Après le déploiement massif des vélos et voitures électriques accessibles grâce à des bornes, les métropoles ont vu se développer en 2017 le *free floating*, c'est-à-dire la mise à disposition de moyens de transport électriques en libre-service sans borne : trottinettes, scooters, vélos et mêmes voitures. Les acteurs économiques de la mobilité se montrent optimistes même si ces nouveaux modes de transport, qui représentent une part relativement faible du marché, sont souvent vandalisés et ne sont pas encore rentables.

En fait, le développement des mobilités douces ou partagées dépend non seulement de l'évolution des comportements, mais également de la conception de l'espace urbain, aujourd'hui toujours organisé autour de la voiture. La modification des comportements ne se fera pas non plus sans la résorption de la fracture numérique, qui laisse encore de côté beaucoup de citoyens. Il est donc essentiel de bien comprendre et d'anticiper l'effet de nouvelles politiques de mobilité car elles ont souvent des effets contrastés en fonction des populations et des territoires qu'elles visent. Les phénomènes de gentrification le long des lignes de transports en sont de bons exemples. L'accessibilité améliorée augmente les prix de l'immobilier et, à terme, repousse souvent les populations les moins aisées vers la périphérie, ce qui peut aggraver les inégalités liées à la mobilité, donc à l'accès à l'emploi. Repenser les moyens de transports et l'organisation des villes et des territoires en général peut jouer un rôle important dans la résorption des problèmes socio-économiques et environnementaux. Si les inégalités de revenus, de patrimoine et la ségrégation économique et spatiale continuent de croître, alors les problèmes de précarité de mobilité persisteront et les mobilités douces continueront de progresser à la marge, dans un système dominé par les transports polluants.

Faut-il commémorer les « événements » de Mai 68 ?

par Élodie Grémaud

La commémoration d'un événement n'est jamais un acte politique anodin. Elle a souvent pour objectif de réconcilier les mémoires. Est-ce possible pour le cinquantenaire de Mai 68 ? L'État peut-il commémorer un événement de contestation de l'autorité ?

22 mars 1968
Début des contestations étudiantes, notamment à l'université de Nanterre

3 mai 1968
La fermeture de l'université de Nanterre puis de celle de la Sorbonne provoque la colère des étudiants et les premiers troubles sur la voie publique

10 au 11 mai 1968
Nuit des barricades, affrontements avec les forces de l'ordre

13 mai 1968
Manifestation aboutissant à une grève générale en France

27 mai 1968
Signature des accords de Grenelle entre le gouvernement et les syndicats

30 mai 1968
De Gaulle dissout l'Assemblée nationale

30 juin 1968
Victoire des gaullistes lors des élections législatives

Une commémoration sous quelle forme ?

De quoi ou de qui convient-il de se souvenir ? Tous les ans, un « Haut Comité aux commémorations nationales », sous la tutelle des Archives de France, sélectionne des événements jugés incontournables, dont il est nécessaire de se souvenir. Généralement, il y a un consensus, mais depuis la polémique sur le cinquantenaire de la mort de Louis-Ferdinand Céline en 2011, on ne parle plus de « célébration nationale », terme à connotation positive, mais de « commémoration nationale ».

La commémoration de Mai 68 a créé également une polémique. En 2017, il était prévu de donner une dimension internationale au cinquantenaire de Mai 68, commémoré en même temps que le Printemps de Prague, les manifestations aux États-Unis au lendemain de la mort de Martin Luther King, les répressions étudiantes en Europe et le massacre massacre des étudiants à Tlatelolco au Mexique. À la suite de cette annonce, le journal *L'Opinion* lance une polémique qui fait reculer l'Élysée. Mai 68 ne sera pas commémoré. Comment interpréter ce recul ? Les événements de Mai 68 occupent-ils finalement une faible place dans l'histoire de France ? Au contraire, leur portée est-elle importante ? Il semble surtout que les événements de Mai 68 continuent de diviser la classe politique entre les héritiers du mouvement et les revanchards.

Mais si l'État a décidé de ne rien faire, Mai 68 a quand même bénéficié d'une commémoration institutionnelle. En janvier 2018, le Centre Pompidou a dévoilé une liste d'expositions et de manifestations organisées par le Centre lui-même et 8 autres institutions culturelles pour interroger l'histoire et l'héritage de Mai 68. Le logo, constitué de 9 virgules de couleur, représente le nombre 68.

L'anniversaire débute le 22 mars à l'université de Nanterre, là où le mouvement de Mai 68 a commencé avec un « *printemps des utopies et des libertés* », journée de conférences, de débats et d'expositions. Au Centre Pompidou, des conférences sont organisées tous les midis du mois de mai avec des historiens tandis qu'aux Archives nationales, *Les archives du pouvoir* sont exposées, présentant les événements du côté des autorités. Mais une institution, même culturelle, peut-elle organiser le souvenir d'une contestation ? On peut noter que le programme ne fait pas mention des discordes actuelles sur l'héritage de Mai 68.

Dans la société, l'anniversaire de Mai 68 n'est pas occulté et la commémoration s'impose d'elle-même. De nombreuses expositions et conférences sont organisées dans toute la France et les médias multiplient les émissions de télévision, de radio, mais aussi les magazines hors-série, proposant diverses analyses des événements. De nombreux livres paraissent également.

Retour sur les événements de Mai 68

Deux mouvements se rencontrent en mai 1968 : un mouvement étudiant et un mouvement ouvrier. Le mouvement étudiant remet en cause l'autorité alors que le mouvement ouvrier dénonce les conditions de travail. En mai 1968, la France est en paix et le général de Gaulle est au pouvoir depuis 10 ans. La jeunesse a des aspirations anti-autoritaires, anticapitalistes et anticonsuméristes. Elle appelle de ses vœux la libération des mœurs, ce dont témoigne la culture hippie.

Le 22 mars 68 est considéré comme le début des événements avec l'occupation de la faculté des lettres de Nanterre par une centaine d'étudiants, menés par Daniel Cohn-Bendit (dit Dany le Rouge). Le 2 mai, l'université de Nanterre est fermée à la suite de la journée « anti-impérialiste ». Les étudiants investissent alors la Sorbonne, dans Paris. La police intervient et procède à 600 arrestations. La Sorbonne est à son tour fermée, et les étudiants se retrouvent dans la rue. Le 6 mai, les affrontements dans le Quartier latin font plusieurs centaines de blessés. Le mouvement gagne les autres villes universitaires. Dans la nuit du 10 mai, les étudiants occupent le Quartier latin et dressent des dizaines de barricades.

Le reste de la population suit le mouvement et des grèves commencent dans les usines. Le 18 mai, il y a 2 millions de grévistes, le 20 mai 6 millions et le 24 mai 10 millions.

Restes d'une barricade érigée rue Gay-Lussac à Paris dans la nuit du 10 mai au 11 mai 1968

Source : AFP.

Les dépôts de carburant sont bloqués, la France est paralysée et la crise devient sociale. Le 27 mai les accords de Grenelle sont signés entre les syndicats et le gouvernement octroyant une augmentation de 35 % du salaire minimum interprofessionnel garanti (SMIG), une réduction progressive du temps de travail, l'abaissement de l'âge de la retraite et la création de sections syndicales d'entreprise. Cependant, certains ouvriers de grandes entreprises (comme Renault) refusent de reprendre le travail. Le 29 mai, le conseil des ministres est ajourné et le général de Gaulle part à Baden-Baden (Allemagne) pour rencontrer le général Massu. À son retour, le 30 mai, le général remanie son gouvernement et dissout l'Assemblée nationale. Les gaullistes manifestent à leur tour sur les Champs-Élysées avec 1 million de sympathisants. Le 4 juin, les dépôts de carburant sont débloqués, et le travail reprend peu à peu dans les entreprises. Le 30 juin, à l'issue des élections législatives, l'Union des démocrates pour la République (UDR), le parti qui soutient de Gaulle, obtient la majorité absolue. De Gaulle a gagné, mais la société a changé.

▶ Pourquoi les événements de Mai 68 divisent-ils encore 50 ans après ?

D'après un sondage Harris Interactive pour *Le nouveau magazine littéraire* du 1er mars 2018, 79 % des personnes interrogées pensent que Mai 68 a eu « des conséquences positives » pour la société française. En revanche, Mai 68 continue de faire débat chez les hommes politiques et chez les intellectuels. Mais de quoi parle-t-on ? Des « événements » eux-mêmes ou de leurs conséquences ?

Qu'est-ce que Mai 68 ? Un mouvement fondateur ou simplement un mouvement de transition d'une époque à une autre ? Selon les postulats, les avis divergent. On se souvient déjà de Nicolas Sarkozy qui, en 2007, voulait « *liquider l'héritage de Mai 68* », responsable selon lui d'un « relativisme intellectuel et moral » et qui avait « *introduit le cynisme dans la société et la politique* ». François Hollande, en revanche s'est inscrit dans l'héritage de Mai 68 lors de son investiture à l'élection présidentielle de 2012. Il a salué « *les piétons de Mai 68, qui marchaient la tête dans les étoiles [et qui] avaient compris qu'il fallait changer* » dans une « *société étriquée, archaïque* ».

Alors, les événements de Mai 68 constituent-ils une avancée majeure pour la France avec des conquêtes sociales et une démocratisation de la société ? Ou, au contraire, ont-ils fait perdre à la France ses valeurs morales et engendré une société individualiste ?

AUTRES FAITS

mars

23 mars Le lieutenant-colonel Arnaud Beltrame devient un héros national. Lors d'une attaque terroriste dans un supermarché dans l'Aude, il n'a pas hésité à prendre la place d'une caissière prise en otage par le terroriste Radouane Lakdim. Blessé à la gorge, par arme blanche, il meurt de ses blessures. Ce sacrifice lui vaut un hommage national aux Invalides le 28 mars.

mai

26 mai Mamoudou Gassama, un Malien sans papiers, sauve un enfant suspendu dans le vide à Paris dans le 18e arrondissement. Pour sauver le jeune garçon, agrippé à un balcon, Mamadou Gassama escalade à mains nues quatre étages de l'immeuble. Son acte héroïque et sa rapidité valent au jeune homme le surnom de Spiderman. Début juin, il reçoit la médaille Grand Vermeil de la Ville de Paris, plus haute distinction de la capitale. En septembre, il est naturalisé français.

juin

23 juin En Thaïlande, une équipe de jeunes footballeurs, âgés de 11 à 16 ans, se retrouvent coincés dans une grotte. Les douze garçons et leur entraîneur étaient entrés dans cette grotte du nord du pays après leur entraînement. Ils y avaient été piégés par la montée très soudaine et rapide des eaux en cette période de mousson. Les opérations de sauvetage, d'envergure internationale, ont mobilisé des centaines de secouristes. Elles se sont soldées le 10 juillet par l'évacuation de l'ensemble des garçons, sains et saufs. Un plongeur est cependant mort pendant l'opération de sauvetage.

juil.

3 au 6 juillet Des émeutes urbaines secouent la ville de Nantes pendant trois jours après la mort, au cours d'un contrôle, du jeune Aboubakar Fofana par un tir policier.

août

Été Une série de scandales liés à des révélations d'abus sexuels ébranlent l'Église catholique. Plusieurs pays sont concernés, notamment l'Allemagne, l'Irlande, le Chili et les États-Unis. C'est aux États-Unis que le scandale fait le plus de bruit, alimenté, mi-août, par un rapport accablant publié par la justice de Pennsylvanie. Ce rapport fait état d'abus sexuels répétés, pendant des décennies, par plus de 300 prêtres de Pennsylvanie. Le rapport accuse surtout la hiérarchie d'avoir couvert les agresseurs pour étouffer les scandales.

oct.

4 octobre Un rapport parlementaire remis par les députés LRM et UDI émet dix-huit recommandations sur la politique européenne en matière d'« innovation de rupture ». Ces innovations permettraient de rattraper notre « retard » sur la Chine et les États-Unis tout en stimulant notre productivité globale.

5 octobre Les députés valident la vente des groupes Aéroports de Paris (ADP) et la Française des jeux, ainsi que la cession de titres Engie.

nov.

4 novembre Les habitants de Nouvelle-Calédonie votent à 56,4 % contre l'indépendance à l'occasion d'un référendum. La Nouvelle-Calédonie reste donc française.

4 au 9 novembre Pour commémorer les cent ans de la fin de la Première Guerre mondiale, Emmanuel Macron réalise une semaine de déplacements dans le nord et l'est de la France. Ces territoires qui ont été meurtris par la guerre sont aujourd'hui en grande difficulté économique et sociale. Le 11 novembre, 72 chefs d'État accompagnent Emmanuel Macron lors des cérémonies de commémoration du centenaire à l'Arc de Triomphe.

5 novembre Deux immeubles du centre-ville de Marseille s'effondrent. Huit corps sont retrouvés sous les décombres. Le drame pointe des dysfonctionnements dans la gestion du parc immobilier de la ville. Ainsi, 100 000 Marseillais vivraient dans des logements indignes (13 % du parc immobilier de la ville). Depuis, la ville a évacué 111 logements et 1 054 personnes. Le ministre de l'Intérieur, Christophe Castaner, a promis « un audit de l'habitat indigne à Marseille ».

15 novembre Marlène Schiappa, secrétaire d'État à l'Égalité entre les femmes et les hommes, annonce que la procréation médicalement assistée (PMA) sera remboursée pour toutes les femmes. Ce faisant, elle confirme une promesse de campagne d'Emmanuel Macron d'étendre la PMA à toutes les femmes. Actuellement, la PMA est réservée aux seuls couples hétérosexuels. Cependant, la discussion autour du projet de loi de bioéthique est repoussée à l'été 2019.

17 novembre Plus de 250 000 gilets jaunes bloquent la France. Ils militent contre la hausse du prix du carburant et les méfaits de l'inflation. Bruno Le Maire, ministre de l'Économie et des Finances, a pourtant incité les distributeurs à baisser le prix à la pompe pour calmer la fronde. Deux morts et plus de 500 blessés sont à déplorer.

déc.

4 décembre Édouard Philippe annonce une pause fiscale de 6 mois sur les carburants. Les gilets jaunes ne sont pas convaincus et décident de poursuivre le mouvement.

QCM

Pour chaque question, une seule réponse est correcte.

1 **L'affaire Weinstein a démarré en :**

- ❍ **a.** Mars 2018.
- ❍ **b.** Octobre 2017.
- ❍ **c.** Janvier 2018.

2 **La marche contre les violences faites aux femmes est organisée en France le :**

- ❍ **a.** 24 novembre 2018.
- ❍ **b.** 10 décembre 2018.
- ❍ **c.** 12 septembre 2018.

3 **Aujourd'hui, Harvey Weinstein est :**

- ❍ **a.** En prison.
- ❍ **b.** En attente de son procès.
- ❍ **c.** A été relaxé.

4 **Le hastag #MeToo a été impulsé par :**

- ❍ **a.** La chanteuse Sia.
- ❍ **b.** L'actrice Alyssa Milano.
- ❍ **c.** La journaliste Sandra Muller.

5 **À la suite de Harvey Weinstein, d'autres personnalités d'Hollywood ont été accusées de violences sexuelles. C'est le cas de :**

- ❍ **a.** Brad Pitt.
- ❍ **b.** Hugues Grant.
- ❍ **c.** Kevin Spacey.

6 **Aux États-Unis, à la suite d'une plainte pour agression sexuelle, le juge Kavanaugh :**

- ❍ **a.** A vu sa nomination à la Cour suprême retardée.
- ❍ **b.** A vu sa nomination à la Cour suprême annulée.
- ❍ **c.** A lui-même retiré sa candidature.

7 L'entreprise Monsanto a été fondée en :

- ❍ **a.** 1992.
- ❍ **b.** 1901.
- ❍ **c.** 1932.

8 Le Roundup de Monsanto est :

- ❍ **a.** Un désherbant à base de glyphosate.
- ❍ **b.** Un insecticide à base de glyphosate.
- ❍ **c.** Une hormone de croissance à base de glyphosate.

9 En juin 2018, Monsanto a été racheté par la firme pharmaceutique :

- ❍ **a.** Bayer.
- ❍ **b.** Sanofi.
- ❍ **c.** Novartis.

10 Le jardinier américain qui a intenté un procès contre Monsanto durant l'été 2018 se nomme :

- ❍ **a.** Dewayne Johnson.
- ❍ **b.** Ruben Johnson.
- ❍ **c.** Fabian Tomasi.

11 En septembre 2018, l'amendement visant à inscrire dans la loi agriculture et alimentation l'interdiction du glyphosate d'ici à 2021 a été :

- ❍ **a.** Adopté par le Parlement français.
- ❍ **b.** Rejeté par le Parlement français.
- ❍ **c.** N'a même pas été discuté ni soumis au vote.

12 Monsanto a été condamné en août 2018 à verser :

- ❍ **a.** 290 millions de dollars au jardinier reconnu comme victime.
- ❍ **b.** 8 millions de dollars.
- ❍ **c.** 29 millions de dollars.

13 Quand la décision d'abandonner le projet d'aéroport à Notre-Dame-des-Landes a-t-elle été prise ?

- ❍ **a.** 17 janvier 2018.
- ❍ **b.** 17 février 2018.
- ❍ **c.** 17 mars 2018.

14 ***One planet summit*, c'est :**

❍ **a.** Un sommet organisé sous l'égide de la France.
❍ **b.** Un sommet organisé sous l'égide des États-Unis.
❍ **c.** Un sommet organisé sous l'égide des Nations unies.

15 **La ZAD de Bure militait contre :**

❍ **a.** Un projet de contournement d'autoroute.
❍ **b.** Un projet d'enfouissement de déchets nucléaires.
❍ **c.** Un projet de centre de loisirs.

16 **Des conventions d'occupations précaires ont été signées avec l'État. On en compte près de :**

❍ **a.** 15.
❍ **b.** 25.
❍ **c.** 30.

17 **En 2016, au référendum portant sur le projet Notre-Dame-Des-Landes, le « oui » l'emportait à hauteur de :**

❍ **a.** 55,17 %.
❍ **b.** 65,17 %.
❍ **c.** 75,17 %.

18 **Combien d'armes sont recensées (officiellement ou non) aux États-Unis ?**

❍ **a.** Plus de 30 millions.
❍ **b.** Plus de 300 millions.
❍ **c.** Plus de 3 milliards.

19 **L'amendement américain qui traite du port d'armes citoyen est le :**

❍ **a.** Premier amendement.
❍ **b.** Deuxième amendement.
❍ **c.** Troisième amendement.

20 **La fusillade à l'origine de la plus grande marche de l'histoire des États-Unis pour le contrôle du port d'armes s'est déroulée :**

❍ **a.** Dans un lycée à Parkland en 2018.
❍ **b.** Dans une discothèque à Orlando en 2016.
❍ **c.** À Las Vegas en 2017.

21 Qu'est-ce que la NRA ?

❍ **a.** Un groupe activiste irlandais.
❍ **b.** Un lobby pro-armes américain.
❍ **c.** L'agence régionale de la NASA.

22 Les Japonais se distinguent des Américains car :

❍ **a.** Ils valorisent le port d'armes sans aucun complexe.
❍ **b.** Ils s'opposent catégoriquement au port d'armes.
❍ **c.** Ils possèdent tous des sabres meurtriers plutôt que des armes à feu.

23 Combien de discours suite à des tueries Barack Obama a-t-il dû prononcer durant son double mandat ?

❍ **a.** 8
❍ **b.** 18
❍ **c.** 28

24 Le nouveau baccalauréat sera effectif en :

❍ **a.** 2020.
❍ **b.** 2021.
❍ **c.** 2022.

25 Le nouveau bac concernera :

❍ **a.** Les bacheliers de toutes les filières.
❍ **b.** Les bacheliers nés en 2021.
❍ **c.** Les bacheliers des filières générales.

26 Le contrôle continu représentera :

❍ **a.** La totalité des notes du baccalauréat.
❍ **b.** 40 % de la note finale.
❍ **c.** 60 % de la note finale.

27 Chaque année, le nombre de candidats aux baccalauréats représente près de :

❍ **a.** 300 000 personnes.
❍ **b.** 500 000 personnes.
❍ **c.** 700 000 personnes.

28 Le grand oral sera une épreuve du baccalauréat qui se déroulera :

❍ **a.** Chaque année de lycée.
❍ **b.** L'année de première.
❍ **c.** L'année de terminale.

29 **La mise en place du nouveau baccalauréat repose beaucoup sur :**

❍ **a.** Des choix imposés par les régions.
❍ **b.** Des décisions du chef d'établissement.
❍ **c.** Des revendications des familles.

30 **De quelle université est parti le mouvement de Mai 68 ?**

❍ **a.** L'université de Nanterre.
❍ **b.** L'université de Jussieu.
❍ **c.** L'université de la Sorbonne.

31 **Combien de grévistes y a-t-il eu en Mai 68 ?**

❍ **a.** 1 million.
❍ **b.** 5 millions.
❍ **c.** 10 millions.

32 **Quelle décision prend le Général de Gaulle le 30 mai 68 ?**

❍ **a.** Il démissionne.
❍ **b.** Il dissout l'Assemblée nationale.
❍ **c.** Il change de Premier ministre.

33 **Quel homme politique souhaite « *liquider l'héritage de Mai 68* » ?**

❍ **a.** Jacques Chirac.
❍ **b.** Nicolas Sarkozy.
❍ **c.** Emmanuel Macron.

34 **Quelle institution culturelle a coordonné le « *50e anniversaire de Mai 68* ».**

❍ **a.** Le Centre Pompidou.
❍ **b.** Les Archives nationales.
❍ **c.** Le musée des Beaux-Arts.

35 **Qu'accordent les accords de Grenelle du 27 mai 68 ?**

❍ **a.** La semaine de 39 heures.
❍ **b.** Une augmentation de 35 % du SMIG.
❍ **c.** Une 5e semaine de congés payés.

36 **Quel pourcentage des émissions de CO_2 représente le secteur des transports ?**

❍ **a.** Environ 20 %.
❍ **b.** Environ 40 %.
❍ **c.** Environ 60 %.

37 Que désigne l'expression « *free floating* » dans le secteur des transports ?

- ❍ **a.** Le passage aux moyens de transport électriques.
- ❍ **b.** L'élargissement de la gamme de moyens de transport offerts aux usagers.
- ❍ **c.** La mise à disposition de moyens de transport en libre-service sans borne.

38 Selon une étude menée en 2015, quel pourcentage de Français utilisent leur voiture individuelle pour se rendre à leur travail ?

- ❍ **a.** Environ 40 %.
- ❍ **b.** Environ 60 %.
- ❍ **c.** Environ 80 %.

39 En termes de nombre de passages, une rame de tramway transporte environ l'équivalent de :

- ❍ **a.** 170 voitures.
- ❍ **b.** 310 voitures.
- ❍ **c.** 460 voitures.

40 Les vélos urbains ont été mis en libre-service à Paris en :

- ❍ **a.** 2002.
- ❍ **b.** 2007.
- ❍ **c.** 2011.

Corrigé

1**b**, 2**a**, 3**b**, 4**b**, 5**c**, 6**a**, 7**b**, 8**a**, 9**a**, 10**a**, 11**b**, 12**a**, 13**a**, 14**a**, 15**b**, 16**a**, 17**a**, 18**b**, 19**b**, 20**a**, 21**b**, 22**b**, 23**b**, 24**b**, 25**c**, 26**b**, 27**c**, 28**c**, 29**b**, 30**a**, 31**c**, 32**b**, 33**b**, 34**a**, 35**b**, 36**b**, 37**c**, 38**b**, 39**a**, 40**b**.

PARTIE 4

ENTREPRISES ET MONDE DU TRAVAIL

SCNF : touche pas à mon statut !

par Céline Charles

« *Touche pas à mon statut !* », c'est le slogan scandé par les cheminots pendant les grèves qui ont perturbé le trafic ferroviaire pendant près de trois mois, l'une des grèves les plus suivies depuis une vingtaine d'années. Il faut dire que l'enjeu est de taille : un triple changement de statut. La réforme de la SNCF prévoit la disparition du statut de cheminot, la transformation du statut de la SNCF et l'élargissement de la structure de marché : c'est la fin du monopole. Quelles sont les raisons de cette réforme ? Quelles formes ont prises les mobilisations ? Quelles sont les modifications apportées par les députés et les sénateurs lors de la navette parlementaire ?

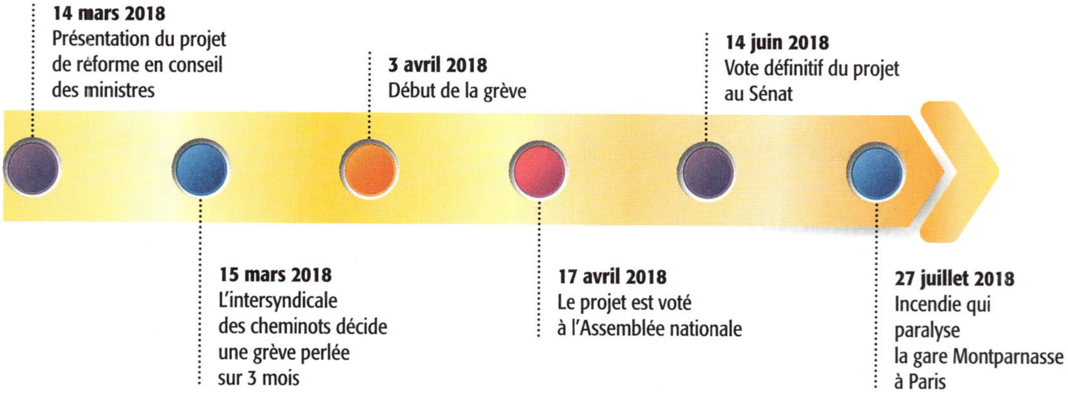

Le projet de loi « pour un nouveau pacte ferroviaire »

Le projet prévoit plusieurs changements majeurs : le changement de statut juridique de la SNCF, celui du statut des cheminots et, enfin, l'évolution de la structure de marché.

La SNCF est un établissement public à caractère industriel et commercial (EPIC). Le projet prévoyait sa transformation en société anonyme (SA). Néanmoins, elle restera publique. D'ailleurs, l'État reprendra deux tiers de sa dette qui s'élève à plus de 50 milliards d'euros.

Par ailleurs, le statut de cheminot disparaît pour les nouveaux arrivants. Il est néanmoins conservé pour les cheminots actuellement en emploi.

Le statut de cheminot

Création

- 1920
- En contrepartie d'un travail pénible (horaires décalés, travail pendant les week-ends et les jours fériés)

Métiers concernés

- Conducteurs
- Cadres
- Contrôleurs
- Agents de bureau
- Agent de maîtrise

Avantages

- Emploi à vie
- 28 jours de congés payés, 1 de plus par rapport à la législation en vigueur
- Salaire moyen plus élevé que la moyenne en France
- « Facilités de circulation » (billets gratuits ou tarifs réduits), étendues à certains membres de la famille
- Départ à la retraite avant 62 ans, âge légal de départ à la retraite en France

Enfin, la réforme met fin au monopole. Dès 2019, l'entreprise s'ouvrira à la concurrence pour les trains régionaux comme les TER. En 2020, cette ouverture concernera les TGV. L'ouverture à la concurrence met un terme au monopole, structure de marché dans laquelle un seul offreur est présent pour une multitude de demandeurs. L'offre s'élargit donc. Si le choix augmente, les prix diminueront-ils ?

La mobilisation des cheminots

La grève de la SNCF diffère des précédentes en deux points. Du point de vue de la forme, tout d'abord : l'intersyndicale a souhaité une grève longue (36 jours). Deux jours de mobilisation alternent avec trois jours travaillés.

Le taux de participation à la grève SNCF

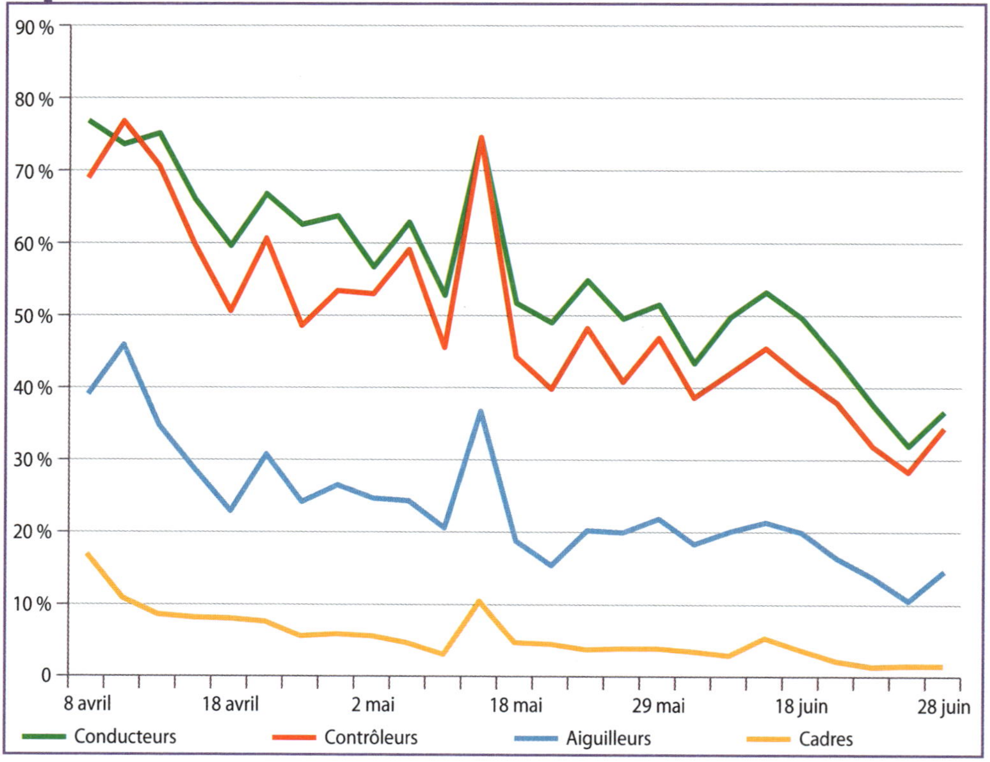

Source : SNCF.

Cette forme d'action collective présente deux avantages pour les agents mobilisés : faire durer le mouvement sur le long terme pour peser dans le rapport de force et ne pas pénaliser la rémunération des cheminots puisque seulement 18 préavis de grève sur 36 ont été déposés. Autre innovation : un mini-référendum a été organisé au milieu de la mobilisation. La consultation, appelée « Vot'action », invitait chaque agent à se prononcer pour ou contre le pacte ferroviaire porté par le gouvernement.

Par ailleurs, et en dépit d'une baisse constante du taux de participation au mouvement, elle reste l'une des grèves les plus suivies depuis 20 ans. Conducteurs et contrôleurs ont largement contribué à ce mouvement.

En dépit de cette ténacité, le projet de loi a été voté. Les sénateurs ont apporté quelques modifications au projet initial :

- Le capital de la SNCF est dit « incessible » afin d'éviter toute privatisation.
- « Le Sénat a renforcé la priorité donnée au volontariat », afin d'avoir « le moins de transferts obligatoires [vers d'autres entreprises ferroviaires] possibles. »
- Le statut de cheminot restera en vigueur dans le « périmètre ferroviaire unifié » (SNCF, SNCF Réseau, SNCF Mobilités).

Le feu semblait pourtant éteint

Le 27 juillet, alors que la loi a définitivement été adoptée et que la SNCF plébiscitait l'apaisement, un incendie est survenu sur un poste électrique du Réseau de transport électricité (RTE) à Issy-les-Moulineaux. La gare Montparnasse a été paralysée. Ce n'est pas la première fois que la gare subit une telle immobilisation. Été 2017 : un poste de signalisation dans les Hauts-de-Seine cesse de fonctionner. La gare Montparnasse reste bloquée trois jours. Des investissements sont alors réclamés par Guillaume Pepy, président de la SNCF, tandis qu'un système d'information « *plus réactif et plus cohérent* » est exigé par le gouvernement. Mais cet été, Guillaume Pepy a refusé d'être responsable. RTE a été mis en cause et une indemnisation lui a été demandée.

L'empire Bolloré prend l'eau

par Marie-Laure Boursat

Depuis plusieurs décennies, l'homme d'affaires Vincent Bolloré dirige le groupe Bolloré, un grand groupe familial français qui développe ses activités en France et à l'international dans des domaines aussi variés que le transport, la logistique et la communication. La famille Bolloré dirige cet empire depuis six générations et près de 200 ans ! Pourtant en 2018, une série d'événements est venue entacher l'image de son patron, Vincent Bolloré, et à travers lui l'image du groupe.

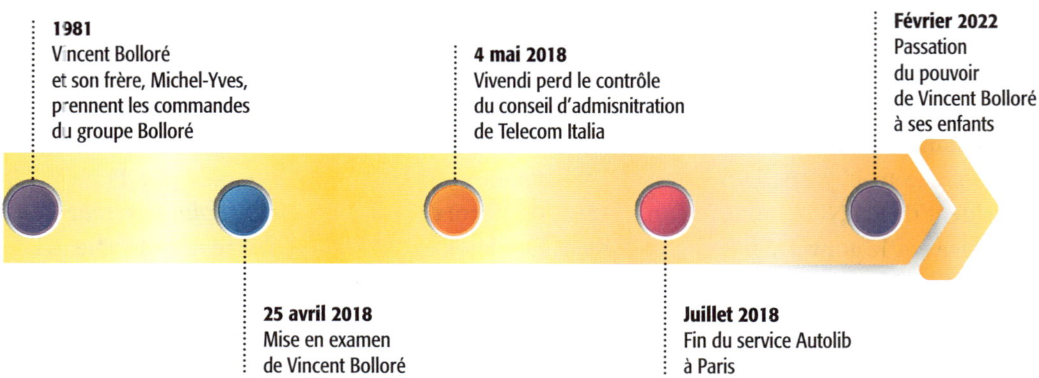

De la papeterie au groupe international : le succès de l'entreprise Bolloré

Les papeteries d'Odet sont créées en Bretagne en 1822. En 1861, Jean-René Bolloré en prend la direction. Presque 200 ans plus tard, la famille Bolloré est toujours l'actionnaire majoritaire de cette entreprise. Vincent Bolloré est au poste de PDG depuis 1981. Ses quatre enfants, Sébastien, Cyrille, Yannick et Marie, et sa sœur, Chantal Bolloré, sont membres du conseil d'administration.

La petite papeterie bretonne Bolloré est devenue en 2018 un grand groupe coté en Bourse avec plus de 80 000 salariés à travers le monde. Ses activités sont regroupées dans quatre pôles : le transport et la logistique ; la communication ; les solutions de stockage d'électricité ; la production agricole.

La répartition du chiffre d'affaires par secteur d'activité en 2017 (en milliards d'euros)

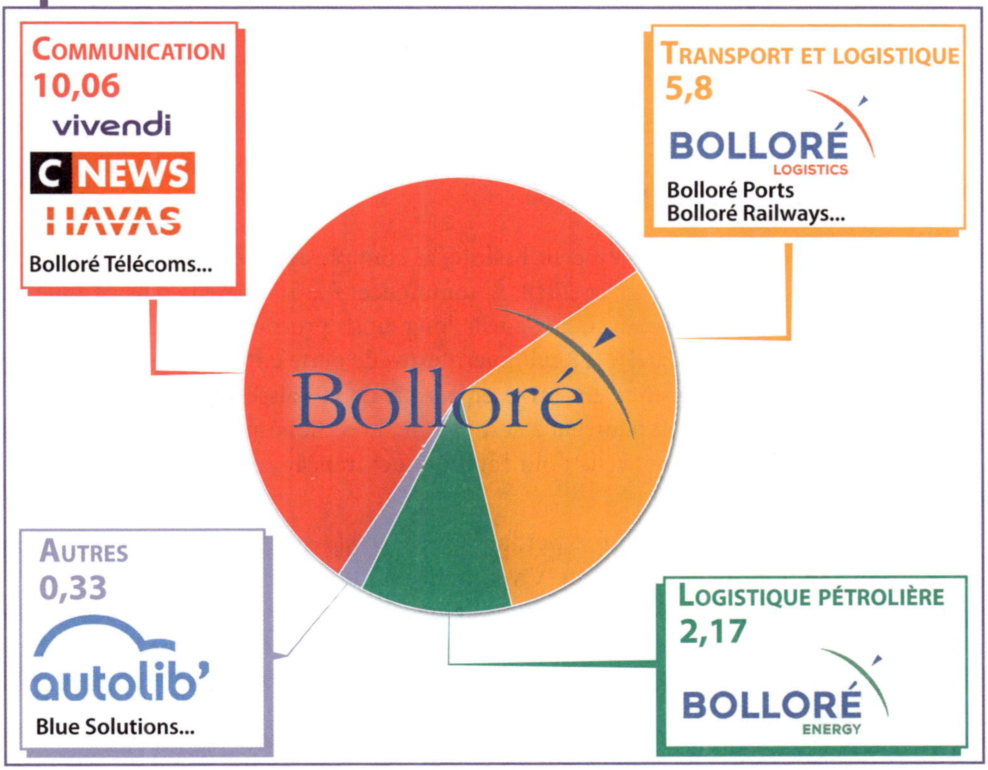

Source : médias, bollore.com

Le très riche homme d'affaires Vincent Bolloré mis en examen

Le 25 avril 2018, après 3 jours de garde à vue, Vincent Bolloré et deux de ses collaborateurs ont été mis en examen pour « corruption d'agents publics étrangers, complicité d'abus de confiance, de faux et d'usage de faux ». L'enquête préalable a porté sur les activités portuaires du groupe Bolloré en Afrique, et plus spécifiquement sur la gestion des ports de Conakry, en Guinée, et de Lomé, au Togo, qu'il aurait obtenue en faisant usage de corruption. Le groupe Bolloré aurait aidé financièrement les candidats de ces deux pays à remporter les élections présidentielles et aurait mis à leur disposition des experts de la communication (dont un dénommé Jean-Philippe Dorent, directeur du pôle international d'une filiale d'Havas, Euro RSCG, du groupe Bolloré, qui est l'un des deux collaborateurs également mis en examen, avec Gilles Alix, le directeur général du groupe). Pour ces services rendus en argent et en expertise, les deux présidents élus, Faure Gnassingbé, au Togo, et Alpha Condé, en Guinée, l'auraient remercié en lui octroyant la gestion des ports de Lomé et de Conakry. La justice française devra juger de la véracité de ces accusations, contre lesquelles l'homme d'affaires se défend fermement. La date du procès n'est pas encore connue. Au moment de la mise en examen de l'homme d'affaires, des manifestations ont eu lieu à Lomé. En effet, une partie de la population a vu dans cette supposée affaire de corruption un reliquat de la politique « France-Afrique », cette politique néocoloniale entre la France et ses anciennes colonies africaines. Mais ces manifestations ont été rapidement réprimées.

Un empire familial fragilisé

Outre la mise en examen de Vincent Bolloré, ce sont plusieurs entreprises du groupe Bolloré qui ont essuyé des revers en 2018. À commencer par sa filiale la plus connue en France, Canal+. Cette entreprise audiovisuelle longtemps prospère a annoncé d'importantes pertes financières en 2017 (128 millions d'euros de perte entre 2014 et 2017 contre 157 millions d'euros de bénéfice en 2014) en raison de la baisse régulière du nombre d'abonnés depuis 2012. La concurrence s'est élargie, avec notamment le nouvel acteur Netflix. C'est une mauvaise nouvelle pour l'audiovisuel français, car Canal+ finançait de nombreux films.

À l'étranger, le groupe Bolloré a perdu son *leadership* sur le grand groupe italien de télécom, Telecom Italia. La société Vivendi, filiale du groupe Bolloré, était devenue majoritaire au sein du conseil d'administration après avoir progressivement racheté des actions du groupe italien. Ce rachat s'était fait à l'insu des autorités italiennes, qui l'ont perçu comme un contrôle de fait par un groupe non italien. Le 4 mai 2018, lors d'un conseil d'administration, la société Vivendi a été évincée.

Autre revers essuyé par le groupe Bolloré en 2018, la fin du contrat Autolib'. Ce contrat avait été celé en 2011 entre la mairie de Paris et le groupe Bolloré pour la gestion du parc d'autopartage de voitures électriques en libre-service à Paris. Le contrat est brutalement rompu en juillet 2018 en raison d'un désaccord entre les deux parties face à la non-rentabilité du projet. C'est une mauvaise nouvelle pour le groupe, qui devait utiliser les voitures Autolib' comme vitrine de sa technologie de batteries électriques. Les voitures Autolib' ont quitté Paris le 31 juillet 2018.

Le groupe lui-même est entré dans le viseur des autorités administratives. En 2017, l'Autorité des marchés financiers, instance qui s'assure notamment de la bonne information des investisseurs, s'est intéressée de près au groupe Bolloré, coté à la Bourse de Paris. Elle a obligé le groupe à publier dans son rapport annuel une version des comptes de la société holding, Omnium Bolloré, qui est à la tête de toutes ses entreprises, mais au prorata réel des parts détenues dans chaque filiale. En fait, le groupe Bolloré avait intégré dans ses comptes la totalité de l'entreprise Vivendi alors qu'il ne détient en réalité qu'un cinquième du capital. Au final, les ressources de la holding n'atteignaient en 2017 que 500 millions d'euros, soit loin des 10,5 milliards d'euros affichés par le groupe !

Face à l'accumulation de ces difficultés, Vincent Bolloré a fait savoir, en 2018, qu'il allait organiser sa succession en passant la main à ses 4 enfants, constituant la septième génération. Il a décidé de programmer et d'organiser son départ le jour de ses 70 ans, le 17 février 2022. Le passage de témoin, lui, a déjà commencé. Son fils aîné, Sébastien, 39 ans, est expert dans le domaine des nouvelles technologies et administre notamment de Gameloft, l'éditeur de jeux vidéo Yannick, 38 ans, jusque alors dirigeant de Havas, a pris la présidence du conseil de surveillance de Vivendi en 2018. Cyrille, 31 ans, s'occupe des activités logistiques et portuaires en Afrique. Et, enfin, sa fille cadette, Marie, 29 ans, est à la tête des activités électriques de mobilité Blue Solutions (batteries des voitures électriques Autolib').

Après 40 ans aux commandes du groupe familial, Vincent Bolloré va donc prendre sa retraite. Il laisse derrière lui un empire, de beaux succès, mais aussi de durs revers. La suite reste à écrire par ses enfants.

Les chiffres clés du groupe Bolloré

Création : 1861
PDG : Vincent Bolloré
Effectif (2016) : 59 411 salariés
Présence : dans 110 pays

Chiffre d'affaires 2017 :
18,33 milliards d'€
(+ 82 % / 2016)

Résultat net 2017 :
2,08 milliards d'€
(+ 254 % / 2016)

Source : médias, bollore.com

L'égalité professionnelle hommes-femmes avance à marche forcée

par Marie-Laure Boursat

Déclarée grande cause du quinquennat du gouvernement Macron, l'égalité entre les femmes et les hommes est une mission orchestrée par Marlène Schiappa, la secrétaire d'État chargée de l'égalité entre les femmes et les hommes et de la lutte contre les discriminations. Le sujet de l'égalité professionnelle est un point central. L'Assemblée nationale a adopté le 1er août 2018 la loi pour la liberté de choisir son avenir professionnel. Cette loi dénote la volonté d'aboutir fermement à l'égalité sur les salaires et sur les enjeux de gouvernance dans les entreprises.

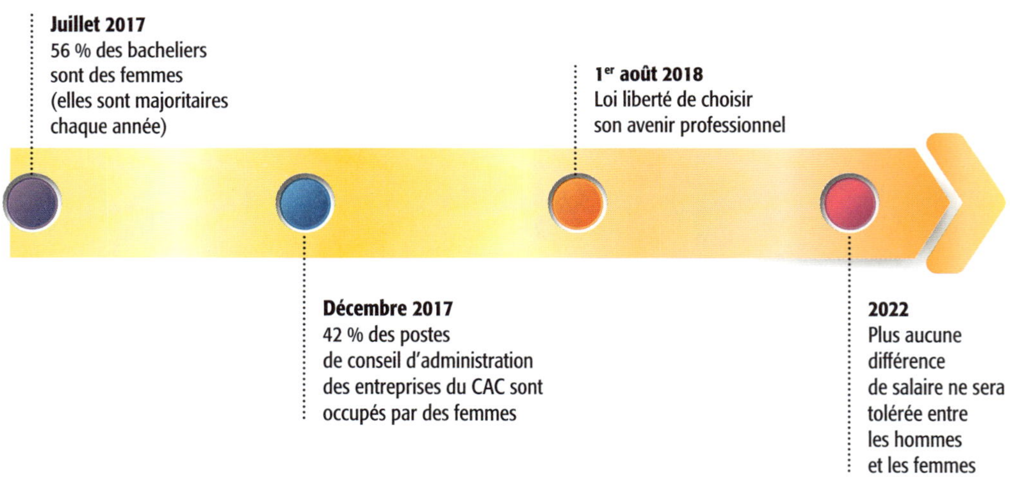

▸ En finir avec les écarts de salaires grâce à un suivi objectif et des sanctions

En 1983 (loi Roudy sur la parité), 2011 (loi Copé-Zimmermann relative à la représentation équilibrée des femmes et des hommes au sein des conseils d'administration et de surveillance et à l'égalité professionnelle) puis 2014 (loi pour l'égalité réelle entre les femmes et les hommes), des lois françaises ont posé l'obligation de donner à travail égal salaire égal, que ce soit un homme ou une femme. Et pourtant, les écarts de salaires entre les femmes et les hommes perdurent en France avec 9 % de différence à travail égal et 24 % sur l'ensemble de la carrière (chiffres Insee 2014). À la retraite, les hommes gagnent en moyenne près de 40 % de plus que les femmes, ce qui est le reflet de la vision de toute une vie professionnelle cumulée, marquée en plus pour les femmes par des arrêts pour élever les enfants et un chômage structurel plus important.

Le secrétariat d'État chargé de l'égalité entre les femmes et les hommes et de la lutte contre les discriminations a décidé d'appliquer des sanctions pour arriver enfin à ce que cette obligation légale devienne une réalité. Les entreprises ont jusqu'en 2022 pour se conformer à une totale égalité salariale mesurée à partir d'un outil commun. Pour cela, la ministre du Travail Muriel Pénicaud a confié à Sylvie Leyre, directrice des ressources humaines France de la société Schneider Electric, une mission visant à définir logiciel destiné à évaluer les écarts de salaire entre les hommes et les femmes, qui sera produit par toutes les entreprises pour contrôler objectivement leur politique de rémunération. En appui à cette mesure, les inspecteurs du travail ont pour objectif de multiplier par 4 leurs contrôles sur ce point précis : de 1 730 contrôles réalisés en 2016 sur cet aspect, il est prévu de passer à 7 000 contrôles.

Les entreprises identifiées comme n'appliquant pas l'égalité des salaires devront dédier une enveloppe financière au rattrapage salarial et un nouveau contrôle sera effectué, avec sanction à l'appui (jusqu'à 1 % de la masse salariale en amende) si ce dispositif n'est pas respecté au bout des trois ans prévus.

Des lois pour briser le plafond de verre et la sous-représentativité des femmes aux postes d'encadrement

Au-delà de l'écart de rémunération à poste égal, les femmes ont des salaires moins élevés que les hommes et occupent moins de postes à responsabilités, alors même que les résultats des femmes au baccalauréat sont meilleurs que ceux des hommes : en 2017, 56 % des bacheliers étaient des femmes en France. Les facteurs de ce décalage sont multiples :

– 30 % des femmes travaillent à temps partiel (10 % de façon subie) contre 8 % des hommes ;

– 73 % des hommes prennent aujourd'hui leur congé paternité à la naissance d'un enfant, en revanche seulement 4 % des pères demandent un congé parental. Les femmes prennent plus souvent un congé parental pour élever leurs enfants, ce qui freine leur progression de salaire et leur prise de responsabilités ;

– un peu moins de 15 % des femmes occupent des postes d'encadrement contre plus de 20 % des hommes. Les femmes, à l'inverse, occupent très majoritairement des postes d'employées.

Catégorie socioprofessionnelle selon le sexe en 2016 (en %)

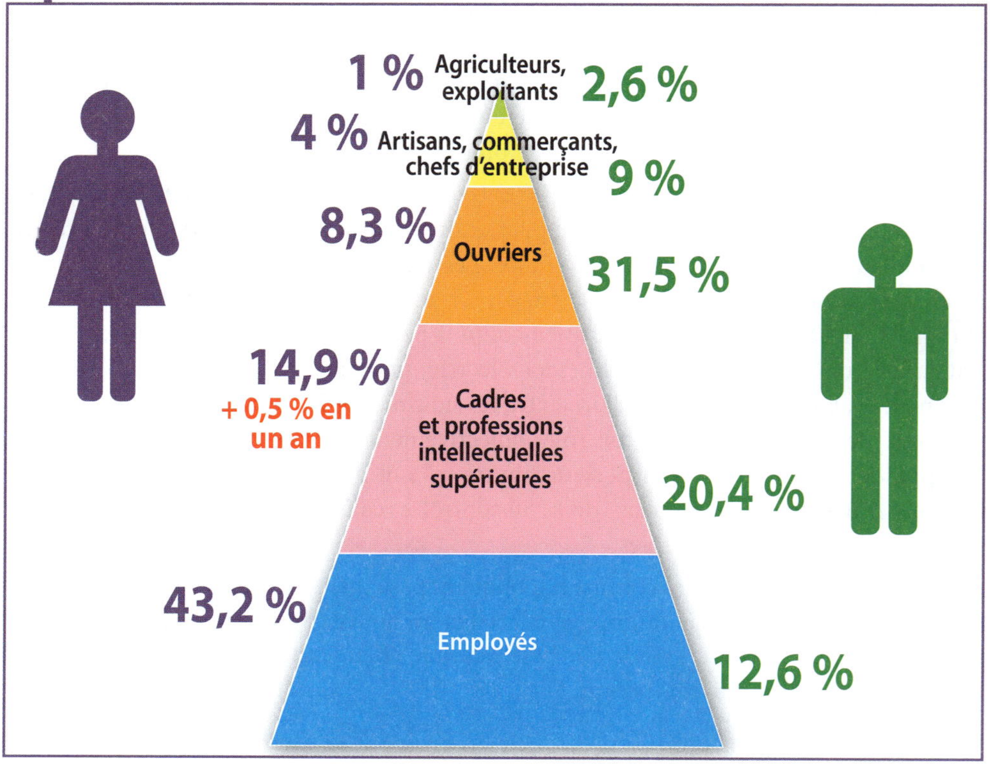

Champ : personnes en emploi âgées de 15 ans ou plus, France hors Mayotte.

Source : Insee, 2016.

Les lois de 2011, de 2014 et de 2015 ont contribué à améliorer la situation. La loi Copé-Zimmermann de 2011 visait à ce que la part des femmes au sein des conseils d'administration soit au moins de 20 % en 2014, et au moins de 40 % en 2017. C'est chose faite en 2017 si l'on regarde les quarante plus grosses entreprises françaises (dites du CAC 40) : 42 % des postes de leurs conseils d'administration sont occupés par des femmes.

La loi du 4 août 2014 pour l'égalité réelle entre les femmes et les hommes oblige les entreprises à respecter les exigences d'égalité professionnelle pour accéder aux marchés publics.

Une autre loi relative au dialogue social et à l'emploi, votée à l'été 2015, met l'accent sur l'obligation de parité dans les instances professionnelles. Les listes des représentants syndicaux élus dans l'entreprise et des conseillers prud'hommes doivent comporter 50 % de femmes.

Depuis le 1er janvier 2012, toutes les entreprises de plus de cinquante salariés doivent conclure un accord collectif dans leur entreprise ou élaborer un plan d'action sur l'égalité professionnelle, sous peine, là encore, de sanctions financières infligées par l'État (article L. 2242-5-1 du code du travail). Ce rapport écrit doit figurer dans la situation économique de l'entreprise présentée au comité d'entreprise.

Le « plafond de verre » qui entrave l'accès des femmes aux postes à responsabilités en entreprise est donc en voie d'être brisé, surtout grâce à des mesures imposées aux entreprises pour laisser de la place aux femmes. Au final, tout se passe sans heurts, car l'expérience montre que l'égalité professionnelle est gage de cohésion sociale et d'efficacité économique.

▶ Des leviers pour accompagner spécifiquement les femmes au travail

Dans la loi votée durant l'été 2018 pour la liberté de choisir son avenir professionnel, des mesures visent en particulier la formation et le congé maternité des femmes actives non salariées. Les salariés à temps partiel, qui sont à 80 % des femmes, auront les mêmes droits à la formation que les salariés à temps plein. Et pour les femmes enceintes ne bénéficiant pas d'un travail salarié, le gouvernement cherche actuellement des solutions pour permettre à ces femmes de bénéficier d'un repos maternel et d'une indemnisation comme les femmes salariées.

Pour protéger les salariées enceintes, la loi relative au travail du 8 août 2016, dite loi El Khomri, a renforcé l'interdit de licencier une femme pendant son congé maternité et à l'issue du congé maternité. La salariée ne peut pas être licenciée pendant une durée de 10 semaines (contre 4 semaines auparavant) à compter de la fin de son congé maternité ou la période de congés payés pris immédiatement après le congé maternité.

D'autres nouveautés relatives au travail des femmes ont marqué l'actualité 2018. En juin 2018 a été lancée la Fondation Femmes@Numérique, ayant pour objectif de féminiser le secteur porteur du numérique qui emploie seulement un tiers de femmes aujourd'hui, avec une coordination des pouvoirs publics (en particulier l'Éducation nationale pour sensibiliser les collégiennes et lycéennes), de 42 entreprises et de 40 associations.

Durant l'été 2018, Marlène Schiappa a fait un appel à projets doté de 1 million d'euros en vue de récompenser les organisations qui innovent contre les violences sexistes au travail.

L'égalité professionnelle avance à marche forcée grâce à des lois et des sanctions. Il faut espérer que les mentalités évoluent à la même cadence, en particulier celles de la jeune génération au travail, de la génération Y et des plus jeunes encore à l'école, pour que demain l'égalité professionnelle entre les femmes et les hommes devienne plus évidente et spontanée.

Le RGPD : avons-nous repri le contrôle sur nos données personnelles ?

par Marion Le Calvez

Depuis le 25 mai 2018, les données personnelles des citoyens de l'Union européenne sont mieux protégées. C'est à cette date, en effet, que le règlement général sur la protection des données (RGPD) est entré en vigueur, modifiant la manière dont les données personnelles sont collectées et utilisées en Europe. Le mot d'ordre du RGPD ? Transparence et sécurité.

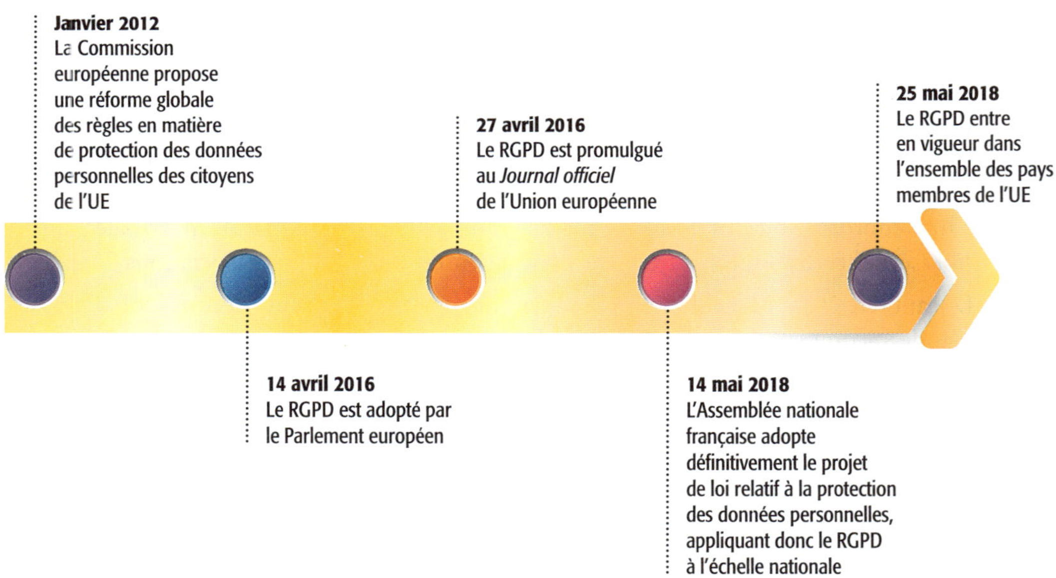

Le RGPD… Qu'est-ce que c'est ?

L'acronyme RGPD désigne le « règlement général sur la protection des données », aussi connu sous le nom de GDPR, de l'anglais *General Data Protection Regulation*.

Concrètement, le RGPD est un règlement de l'Union européenne adopté par le Parlement européen le 14 avril 2016, après quatre ans de négociations, puis promulgué le 27 avril 2016. Le RGPD nécessitant des adaptations au sein de chaque pays pour être pleinement applicable, les pays membres avaient jusqu'au 25 mai 2018, date de l'entrée en vigueur du RGPD, pour procéder à ces adaptations.

C'est donc par une loi du 14 mai 2018 que l'Assemblée nationale a adopté définitivement le projet de loi relatif à la protection des données personnelles.

Désormais, le RGPD est le texte de référence au sein de l'Union européenne dans le domaine de la protection des données personnelles.

Les données personnelles ... De quoi s'agit-il ?

Dans le monde numérique, une donnée à caractère personnel désigne toute information qui permet d'identifier un individu : nom de famille, âge, sexe, adresse électronique ou postale, photographie, adresse IP, numéro de téléphone ou de sécurité sociale, informations de géolocalisation, etc. Les données personnelles peuvent également être des informations relatives à l'orientation sexuelle, à la situation médicale, aux goûts, aux convictions politiques, aux croyances religieuses, etc.

Dans un monde ultra-connecté gagné par les technologies, nous communiquons nos données personnelles quotidiennement *via* nos ordinateurs, smartphones, tablettes, distributeurs de billets, cartes d'accès et de paiement, GPS, objets connectés, etc. Or, ces données personnelles peuvent être transmises, sciemment ou non, puis exploitées, échangées, commercialisées sans que nous le sachions et sans notre consentement.

Le RGPD... Pourquoi ?

Le but premier du RGPD est de renforcer la protection des données personnelles des citoyens de l'Union européenne, c'est-à-dire d'éviter que ces données personnelles soient exploitées au détriment des internautes.

Le RGPD remplace une directive européenne datée de 1995, relative à la protection des données personnelles. Il permet donc, d'abord, d'actualiser un cadre juridique devenu obsolète face à l'évolution extrêmement rapide des nouvelles technologies de l'information et de la communication.

Ce règlement sert également à offrir un cadre commun de référence à tous les pays de l'Union afin d'unifier les règles de protection de l'ensemble des pays membres.

L'élaboration du RGPD est intervenue dans un contexte particulier, marqué par la multiplication des scandales liés à l'exploitation des données personnelles. Peu de temps avant l'entrée en vigueur du RGPD, Facebook s'est ainsi vu ébranlé par l'affaire *Cambridge Analytica*. Au printemps 2018, en effet, *The Guardian* et *The New York Times* ont révélé, grâce au témoignage d'un ancien salarié de *Cambridge Analytica*, que cette entreprise britannique avait récolté illégalement, à partir de 2014, les données de 87 millions d'utilisateurs Facebook. Or, ces données auraient permis d'influencer les intentions de vote, notamment à l'occasion du référendum sur le Brexit et de l'élection présidentielle américaine.

Les objectifs du RGPD

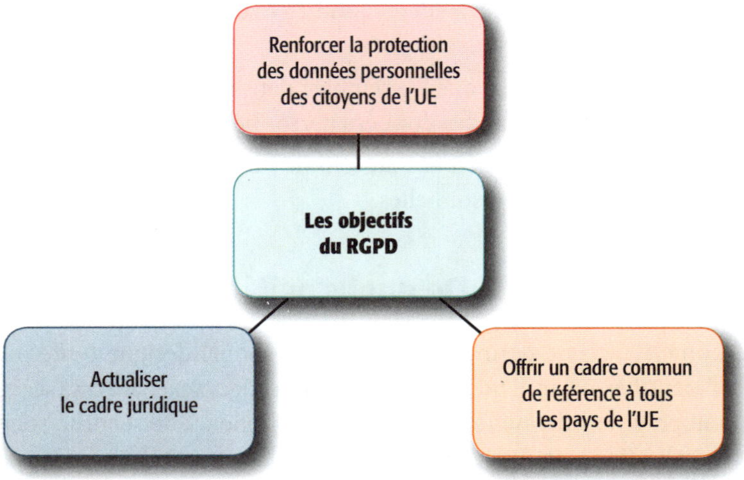

Le RGPD... Quelles conséquences ?

Pour les internautes, le RGPD s'est traduit par de nouveaux droits visant à protéger leurs données personnelles. Désormais, les utilisateurs formulent un consentement écrit et explicite avant que leurs données personnelles ne soient collectées. Pour les jeunes internautes, ce consentement doit être validé par les parents ou tout autre responsable légal.

L'internaute a également, désormais, un droit à l'information : s'il consent à renseigner ses données personnelles, il doit être en mesure de savoir à quelles fins, par qui et pour combien de temps elles seront utilisées et conservées.

En outre, les internautes voient leur droit renforcé en cas de traitement automatisé de leurs données, notamment dans le cas d'un profilage commercial (ciblage comportemental qui permet ensuite de diffuser des publicités adaptées à l'internaute).

Les internautes jouissent également désormais du droit à l'oubli qui leur confère la possibilité d'exiger le retrait de données personnelles s'ils estiment leur vie privée bafouée.

De plus, les internautes doivent être informés en cas de piratage de leurs données.

Enfin, le RGPD inclut le droit à la portabilité des données personnelles : l'internaute a le droit de récupérer ses données afin de les stocker ou de les transmettre en vue de leur réutilisation. Un individu peut par exemple exiger le transfert d'une *playlist* musicale de Spotify vers Deezer ou encore demander le transfert de l'ensemble de ses courriels d'une messagerie à une autre. La portabilité doit ainsi faciliter le quotidien des internautes et stimuler la concurrence entre les différents organismes traitant des données personnelles.

Pour les acteurs en charge du traitement des données personnelles, le RGPD n'est pas non plus sans conséquence. Désormais, tout organisme collectant et manipulant des données personnelles de citoyens de l'Union européenne est considéré comme responsable des données collectées et doit donc les protéger. Concrètement, il peut s'agir de n'importe quelle entité capable de récolter des données personnelles : organismes publics ou privés, sites d'achats en ligne, réseaux sociaux, associations, etc. Le RGPD ne s'impose pas aux seuls acteurs de l'Union européenne, mais contraint tout acteur manipulant des données personnelles d'utilisateurs membres de l'Union européenne, qu'il soit américain, chinois, brésilien, japonais, etc.

Une entité en charge du traitement de données personnelles qui ne respecte pas le RGPD s'expose à une amende pouvant s'élever à 20 millions d'euros ou 4 % du chiffre d'affaires annuel. Le risque est élevé pour les petites structures (PME ou associations, par exemple) qui doivent se conformer au RGPD sans forcément disposer des experts, juristes et informaticiens capables de les y aider.

Autre conséquence, le RGPD s'est également accompagné d'un renforcement du pouvoir des autorités de régulation. En France, la Commission nationale de l'informatique et des libertés (CNIL) a vu ses missions élargies et dispose désormais d'un pouvoir de contrôle et de sanction accru. En outre, le RGPD offre aux particuliers la possibilité d'intenter une action collective (par une association ou un organisme) en cas de violation des données personnelles et d'obtenir, le cas échéant, une réparation du préjudice subi.

▶ Le RGPD… Quel bilan, quelles limites ?

Plusieurs mois après l'entrée en vigueur du RGPD, la CNIL dresse un bilan plutôt positif : « *Depuis le 25 mai dernier, la CNIL a reçu 3 767 plaintes […]. Cela représente une augmentation de 64 % et témoigne du fait que les citoyens se sont fortement saisis du RGPD* ». Ce bilan n'est-il pas à nuancer ?

Le RGPD nous donne, certes, le droit de consentir à l'utilisation de nos données. Désormais, en effet, l'entrée sur de nombreux sites est conditionnée par la lecture de pavés relatifs aux conditions générales de sécurité et de confidentialité, puis par l'acceptation écrite de ces conditions. Mais la collecte et l'utilisation elles-mêmes ne sont pas remises en question. À ce titre, l'association, La Quadrature du Net, a déposé plainte le 28 mai 2018 devant la CNIL contre les GAFAM (Google, Apple, Facebook, Amazon, Microsoft), remettant en cause leur modèle économique fondé justement sur la collecte des données. En effet, si des sites comme Facebook, Google ou Instagram ne sont pas payants, c'est bien parce qu'ils fondent leur richesse sur l'exploitation et la commercialisation de nos données personnelles. L'association s'interroge également sur le supposé libre consentement formulé par les utilisateurs avant d'entrer sur un site Internet. De nombreux sites n'étant accessibles aux internautes qu'à condition que ces derniers consentent à ce que leurs données personnelles soient utilisées, le consentement n'est-il pas « arraché » ?

Enfin, le RGPD est le résultat d'une prise de conscience des pouvoirs publics européens, soucieux de répondre à la révolution économique et sociétale que constitue l'explosion des nouvelles technologies. Mais qu'en est-il quand les autorités elles-mêmes s'affranchissent des obligations de sécurité pour communiquer nos données, à l'instar des programmes de surveillance de masse mis en place par la National Security Agency (NSA) et révélés par Edward Snowden en 2013 ?

Le e-commerce bouleverse le commerce traditionnel

par Marie-Laure Boursat

Le e-commerce progresse d'année en année, avec des stratégies de développement différentes de celles des magasins physiques. Ces derniers ne sont pourtant pas en reste. Quelle place leur reste-t-il à occuper ? Les innovations de Carrefour en 2018 donnent quelques indices.

Le e-commerce en chiffres[1]

Le e-commerce, ou commerce en ligne, désigne toute transaction commerciale réalisée sur Internet par des particuliers. En 2017, le e-commerce représente 10 % du commerce mondial, contre 7,4 % en 2015. En France, sa part est un peu moins élevée (8,5 %).

En moyenne, 80 % du e-commerce en France est réalisé depuis un ordinateur et 20 % depuis l'Internet mobile (tablette ou téléphone), à partir d'applications. La part du commerce mobile, ou m-commerce, croît fortement, + 50 % entre 2016 et 2017.

Un petit nombre de sites marchands concentre la majorité des ventes. En 2017, plus de 87 % du chiffre d'affaires du e-commerce en France est réalisé par 5 % des sites marchands, soit environ 9 000 sites sur un total de 200 000 sites marchands répertoriés.

1. Source : Fédération e-commerce et vente à distance (Fevad), *Les chiffres clés du e-commerce en 2018*.

Les stratégies de développement du e-commerce

Pour réaliser des ventes, les boutiques en ligne doivent faire venir des visiteurs sur leurs sites. Le taux de transformation moyen de visites en achats est de 3 %, d'où le besoin d'attirer de nombreux visiteurs. Pour y parvenir, les acteurs du e-commerce investissent dans le référencement sur les moteurs de recherche, la gestion et l'analyse des données clients, l'ergonomie de leurs sites, la publicité…

Les trois sites de e-commerce en France qui drainent le plus de visiteurs en 2018 sont des enseignes 100 % digitales : Amazon, loin devant Cdiscount et Vente-privee.

Classement des 10 sites de e-commerce les plus visités en France au second trimestre 2018 (en nombre moyen de visiteurs uniques par mois)

1	amazon	28 480 000
2	Cdiscount	18 925 000
3	vente-privee	13 818 000
4	fnac	13 667 000
5	Oui.sncf	12 261 000
6	Booking.com	12 045 000
7	ebay	11 561 000
8	GROUPON	10 911 000
9	Carrefour	10 745 000
10	LEROY MERLIN	10 672 000

Source : Médiamétrie, septembre 2018.

En surfant sur le Web, les internautes transmettent des informations, des préférences et des attentes collectées par des cookies rattachés à leur adresse IP grâce à l'intelligence l'artificielle, autrement dit à la capacité informatique à drainer et analyser des données en quantité astronomique (*big data*). Riches de ses informations (prises à l'insu des internautes), les entreprises font ensuite du *tracking* clients en personnalisant des publicités en lien avec leurs visites passées (*retargeting*, soit du ciblage client). Google innove particulièrement en la matière en développant un algorithme ultrapuissant (RankBrain), qui permet aux internautes d'expliquer leurs attentes par oral, grâce un logiciel de reconnaissance vocale réagissant par mots-clés.

Pour pallier l'absence de conseils en direct et d'échange avec un vendeur, l'e-commerce propose des conseils *via* des chats (discussions directement en ligne, 24 h/24 et 7 j/7) et plus récemment des chatbots (discussion avec assistant virtuel, logiciel dans lequel les questions et réponses les plus fréquentes ont été programmées). De plus, les géants, Google et Facebook se sont associés pour proposer des vidéos en 3D sur Facebook, visibles grâce au Google Cardboard acheté sur Google. Ainsi, les clients peuvent voir des produits vendus sur le Web en réalité virtuelle.

Autre critère stratégique, la livraison, souvent gratuite et se devant d'être rapide. Le géant Amazon a démarré aux États-Unis la livraison de colis par drones, ouvrant la voie dans ce domaine.

Amazon Prime Air, service de livraison Amazon par drone

Source : Amazon.

Quand le commerce traditionnel innove…

Malgré tout, il reste encore de la place pour de « vrais » magasins, à condition d'innover ! Carrefour, en partenariat avec Tencent, le géant chinois des réseaux sociaux et médias, et Yonghui, une chaîne de supermarché locals, a inauguré un magasin nouvelle génération à Shanghai, en mai 2018. Un magasin physique, mais bien différent de l'historique hypermarché, car il intègre de nouveaux outils digitaux : un tout nouveau système de paiement par reconnaissance faciale ! Concrètement, le client doit scanner les codes-barres des articles avec son smartphone avant de se rendre à une caisse automatique dotée d'une tablette. Il compose les quatre derniers chiffres de son numéro de téléphone mobile, puis montre son visage à la tablette équipée d'une caméra, qui valide alors le paiement.

En termes d'offre, l'objectif n'est pas la profusion de produits proposés comme dans un hypermarché, mais l'expérience agréable, qui justifie que le client ait quitté son écran et son domicile. À côté du supermarché, se trouve un espace de restauration où l'on peut faire cuisiner des produits frais provenant des rayons. Le magasin est conçu aussi pour mettre l'accent sur les cosmétiques et, en général, sur tout ce qui requiert une expérience, justifiant la venue sur place.

Même si ce n'est pas à un degré aussi avancé que ce Carrefour à Shanghai, les grandes enseignes cherchent de plus en plus à se démarquer en soignant l'ambiance des boutiques : concept store, espace café ou concert, parcours olfactif, défilés en direct... La tendance est celle des grands espaces, épurés, qui tendent vers le luxe, à l'instar des Apple Stores ou des Nike Stores.

Les boutiques traditionnelles se digitalisent en intégrant dans leur concept « stores » des espaces numériques avec accès à des tablettes connectées pour commander sur leur site les produits qui ne seraient pas présentés dans leurs magasins.

La tendance est également la personnalisation de produits. Par exemple, Nike propose de personnaliser ses chaussures en choisissant la couleur, la matière, les lacets et les logos sur des écrans disponibles en magasins, avec une livraison à domicile.

De manière plus modeste, les magasins traditionnels utilisent aussi le Web pour attirer les clients en se référençant sur les moteurs de recherche. Ceci permet d'attirer des clients vers une boutique géolocalisée à proximité.

▶ Quel avenir pour le commerce traditionnel ?

Il est difficile d'imaginer à quoi ressemblera un magasin dans dix ans au regard de la rapidité des innovations dans le domaine digital. On peut d'ores et déjà constater que les magasins connectés coexistent avec des boutiques en ligne. Les premiers permettent aux clients de s'immerger dans l'univers d'une marque, de tester les produits et de vivre une expérience. Les seconds facilitent les achats récurrents, de produits simples ou sophistiqués, parfois même impulsés par le *big data* et l'intelligence artificielle.

L'enjeu pour les gouvernements aujourd'hui est d'arriver à intégrer dans leur fiscalité le e-commerce, porté par les géants du Web (ou GAFA : Google, Apple, Facebook et Amazon), qui échappe trop souvent aux prélèvements obligatoires.

En effet, il est reproché aux grandes entreprises du e-commerce de ne pas jouer le jeu de la transparence fiscale et d'échapper partiellement aux impôts commerciaux. En décembre 2017, le géant Amazon a ainsi été assigné par le ministère français de l'Économie et des Finances et la Direction générale de la concurrence, de la consommation et de la répression des fraudes (DGCCRF) à payer 10 millions d'euros d'amende pour clause abusive envers ses vendeurs. En 2018, Bruno Le Maire défend auprès de ses partenaires de l'Union européenne la mise en place, en 2019, d'une taxe sur le chiffre d'affaires européen des géants du Net.

Chamboulements dans la production d'électricité en France

par Marie-Laure Boursat

En octobre 2018, le Groupe intergouvernemental d'experts sur l'évolution du climat (GIEC), créé par l'ONU et le PNUE, a remis aux États un rapport sans appel sur le réchauffement de la planète. Il y a urgence pour que les 195 pays signataires de l'accord de Paris accélèrent leur politique énergétique dans l'optique de baisser les émissions de dioxyde de carbone dans l'atmosphère. En 2018, le gouvernement français s'est mobilisé en priorité sur la réorganisation de la filière nucléaire en vue de la rendre plus efficace. Son plan « Place au Soleil » présente une série de mesures autour de l'énergie verte solaire, en incitant tous les acteurs économiques, particuliers et entreprises, à produire de l'électricité grâce à l'énergie solaire.

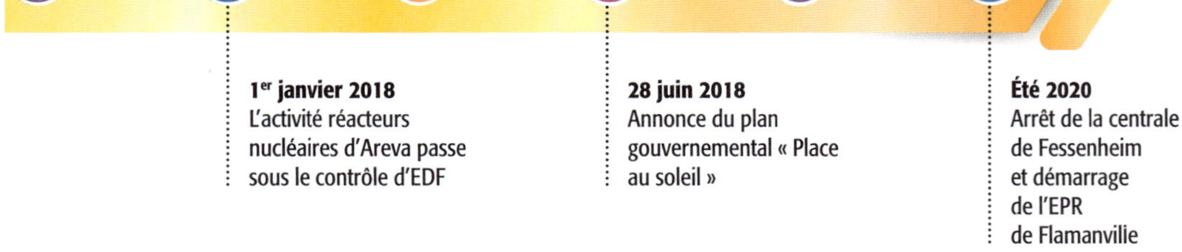

▸ La restructuration de la filière nucléaire en France entre EDF et Orano

Depuis le 1er janvier 2018, Areva se recentre sur la filière du combustible nucléaire. Après des pertes financières colossales depuis 2014 (environ 8 milliards d'euros) et la mise en examen en 2016, de son ancienne PDG, Anne Lauvergeon, pour présentation et publication de comptes inexacts et diffusion de fausses informations, la société Areva a été scindée en trois entités au 31 décembre 2017. La construction et l'exploitation des centrales nucléaires des premières générations ont été cédées à EDF. Celles de la nouvelle génération (troisième génération) à réacteur pressurisé européen (EPR), en chantier à Flamanville (Manche) et en Finlande, ont été isolées dans une deuxième société (Areva SA), sous le contrôle de l'État. Enfin, est restée chez Areva l'activité liée au cycle de l'uranium, le combustible des centrales nucléaires : mines d'extraction, enrichissement de l'uranium et retraitement des déchets radioactifs. Dans la foulée, la société Areva a changé de nom, en janvier 2018, pour tourner la page des années noires et s'appelle désormais Orano. Pour remettre à flot Areva sur le plan financier, l'État a versé 4,5 milliards d'euros en juillet 2017, dont 2,5 milliards pour Orano et 2 milliards pour Areva SA.

Depuis le 1er janvier 2018, EDF reprend donc en charge la construction et l'exploitation de 19 centrales nucléaires françaises (soit 58 réacteurs). L'entreprise a décidé de redonner à cette nouvelle filiale le nom qu'elle portait avant de devenir Areva en 2001 : Framatome. Pour réaliser ce rachat, qui a coûté 2,5 milliards d'euros, EDF a pris 75 % du capital et s'est entourée de deux acteurs étrangers : Mitsubishi Heavy Industries (près de 20 % du capital) et Assystem (5 % du capital).

▶ Le vieillissement des centrales nucléaires françaises

La majeure partie du parc a été construite dans les années 1970 et 1980, avec un objectif de durée de vie de 40 ans. La fin de vie programmée de ces centrales pose notamment la question du coût global de fermeture.

Or la Commission européenne accuse la France de sous-estimer le prix total à payer pour l'arrêt des 58 réacteurs, incluant le démantèlement, mais aussi l'enfouissement des déchets et la gestion du combustible usé. D'autres pays européens (l'Allemagne et le Royaume-Uni) ont passé des provisions financières bien plus conséquentes qu'en France. La plus ancienne centrale nucléaire française, à Fessenheim, est en service depuis 1977 et sa fermeture est en pourparlers depuis plusieurs années. En mai 2018, la centrale s'est arrêtée de manière automatique, conformément aux dispositifs de sûreté et de protection du réacteur. La fermeture de Fessenheim, pilotée par le gouvernement, est planifiée en 2019, au moment de l'entrée en service de l'EPR de Flamanville (Manche).

Le gardien officiel de la sécurité des centrales nucléaires en France est l'Autorité de sûreté nucléaire (ASN). Elle impose régulièrement des audits et des fermetures pour permettre la maintenance des centrales. Le 3 juillet 2018, un drone en forme de superman, piloté par des militants de l'ONG Greenpeace, a survolé la centrale nucléaire de Bugey (Ain). L'ONG affirme que le bâtiment d'entreposage des combustibles usés sur lequel il s'est ensuite écrasé est « *vulnérable* ». Le 5 juillet 2018, une enquête parlementaire pointe les failles du parc nucléaire français. EDF sous-traitant à 80 % la maintenance des centrales nucléaires, les responsabilités sont diluées…

Centrale nucléaire de Fessenheim, qui doit stopper son activité à l'été 2020

Source : altx5/Adobe Stock.

L'ouverture à la concurrence du marché de l'énergie pour les particuliers en France

Depuis le 1er juillet 2007, il est possible de changer de fournisseur d'électricité. Si 50 % des Français l'ignorent encore, d'autres ne sont pas en reste. Régulièrement, des particuliers quittent EDF pour un autre fournisseur d'électricité. En 2018, EDF a perdu environ 1 000 000 clients.

Les nouveaux fournisseurs d'électricité proposent des prix de 10 % à 15 % moins élevés que ceux d'EDF. Certains promettent également une énergie verte. C'est le cas de géants comme Total et de plus petits comme la société coopérative Enercoop.

La recherche de nouveaux marchés

EDF est à la recherche de nouveaux marchés à l'international pour vendre sa nouvelle génération de réacteurs nucléaires, appelée EPR. Pour ce faire, le président, Jean-Bernard Levy, doit faire oublier les mauvais souvenirs liés à la mise en route des deux premiers réacteurs pressurisés européens à Flamanville et à Olkiluoto (Finlande). Le réacteur de Flamanville a coûté plus de trois fois le prix initial (10,9 milliards d'euros contre 3 milliards que devait coûter ce chantier) et entrera en service avec près de 10 ans de retard, en 2020.

Des appels d'offres sont prévus en Inde, en Afrique du Sud, en Arabie saoudite et au Japon. De façon inattendue, 7 ans après la catastrophe de Fukushima, le Japon a annoncé en juillet 2018 un plan de relance du nucléaire, qui passe par la construction de nouvelles centrales. Une opportunité pour EDF. Pour remporter les contrats, EDF devra entrer en concurrence avec la Russie, la Corée et la Chine.

En Europe, peu de marchés restent à conquérir, car ce sont les énergies renouvelables qui sont mises en avant dans le développement de la production d'électricité.

« Place au soleil » : le plan du gouvernement français pour développer l'énergie solaire

L'avenir de la production d'électricité ne repose pas sur le nucléaire. Lors de sa campagne électorale, le président de la République, Emmanuel Macron, s'était engagé à développer les énergies vertes. Le 28 juin 2018, le gouvernement a proposé le plan « Place au soleil » pour développer l'énergie photovoltaïque. La France a en effet le cinquième potentiel d'ensoleillement en Europe, mais seulement 1,6 % de son électricité provient de l'énergie solaire, contre 6 % pour l'Allemagne et 3,5 % pour le Royaume-Uni.

L'objectif du plan « Place au soleil » est d'inciter l'installation de panneaux photovoltaïques. Il vise principalement trois publics : les acteurs territoriaux (entreprises, institutions publiques ou collectivités locales), les particuliers et les fermes agricoles.

Le premier objectif du plan est d'inciter les acteurs territoriaux à utiliser leurs surfaces disponibles, terrains et immobilier, pour s'équiper en panneaux photovoltaïques. En échange d'une exonération de taxe foncière, le ministère des Armées et la SNCF mettent à disposition des milliers d'hectares non utilisés afin que puissent être installés des panneaux photovoltaïques. Leclerc, Système U, Carrefour, Les Mousquetaires et Auchan, s'engagent également à équiper de panneaux photovoltaïques les toitures de leurs supermarchés ou parkings.

Le second objectif du plan « Place au soleil » est d'inciter les particuliers à consommer leur propre énergie en facilitant le financement des panneaux photovoltaïques et des chauffe-eau solaires.

Le troisième objectif est d'inciter les fermes agricoles à produire de l'électricité solaire.

Ce plan devrait aider la France à se rapprocher de son objectif : installer entre 18 GW et 20 GW de capacités solaires d'ici à 2023 contre 8 GW aujourd'hui. En 2018, des raccordements photovoltaïques de capacité entre 1,2 GW et 1,5 GW ont été installés selon le ministère de la Transition écologique et solidaire. Il est donc urgent de donner un coup d'accélérateur au développement des équipements.

Apple, entreprise la plus riche du monde

par Élodie Grémaud

Apple est depuis 2012 l'entreprise la plus riche du monde. Le 2 août 2018, elle est la première entreprise à dépasser les 1 000 milliards de dollars de capitalisation boursière. Comment Apple en est-elle arrivée là ?

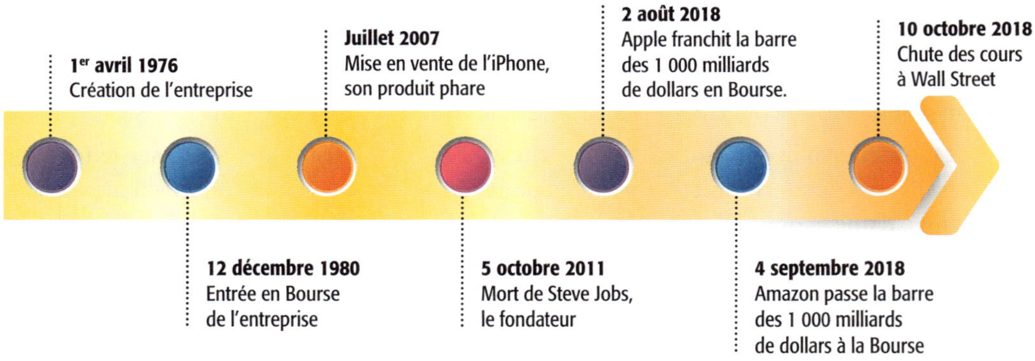

Retour sur une *success story*

Apple a été créée par Steve Jobs et deux de ses amis dans son garage familial en 1976. L'entreprise connaît rapidement le succès grâce à ses premiers ordinateurs personnels. Mais le succès ne dure pas, les ordinateurs étant trop chers. Steve Jobs, en désaccord avec le PDG d'Apple, quitte l'entreprise en 1985 et fonde sa propre société. En 1997, la nouvelle société de Steve Jobs est rachetée par Apple. Steve Jobs revient dans l'entreprise, en tant que CEO (directeur général) par intérim, qui, depuis, n'a pas arrêté son ascension. L'iPod est lancé quatre ans plus tard. En 2011, Steve Jobs, malade, laisse la place à Tim Cook, qui est toujours l'actuel directeur.

Que signifie cette barre des 1 000 milliards de dollars ?

Le 2 août 2018, Apple est la première entreprise privée à franchir la barrière symbolique de 1 000 milliards de dollars de capitalisation boursière[1]. L'action vaut à ce moment 207 dollars. Mille milliards de dollars, c'est l'équivalent du PIB de l'Indonésie (seizième PIB mondial). Mais cette barre des 1 000 milliards de dollars reflète moins la valeur intrinsèque de l'entreprise que la perception qu'ont les investisseurs dans Apple : une entreprise en qui ils peuvent avoir confiance.

Cette performance boursière est due à la fois au succès des produits Apple (notamment l'iPhone), mais aussi à des rachats d'actions.

Le succès de l'iPhone

Ventes d'iPhone dans le monde de 2007 à 2016 (en millions d'unités)

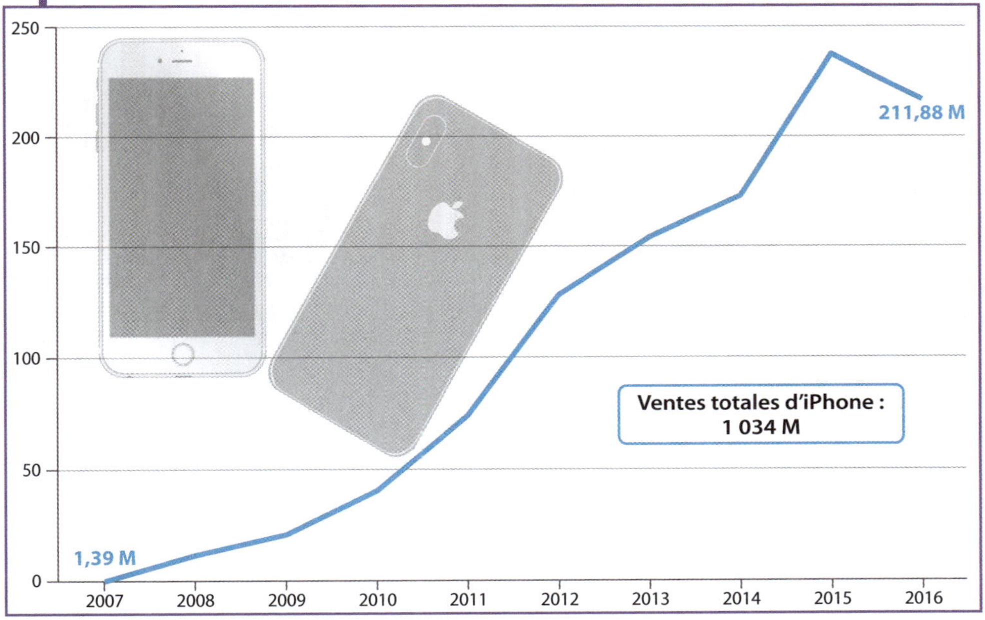

Source : Apple.

L'iPhone a été lancé en 2007. Il est le produit phare de la compagnie. Lors du deuxième trimestre 2018, les bénéfices par action d'Apple ont augmenté de 30 % grâce aux ventes de l'iPhone. Lors du troisième trimestre, Apple a vendu 41,3 millions d'iPhone (chiffre supérieur aux attentes de la marque).

1. La capitalisation boursière correspond à la valeur de l'ensemble des actions d'une entreprise sur le marché.

Part de l'iPhone dans le chiffre d'affaires d'Apple (en milliards de dollars US)

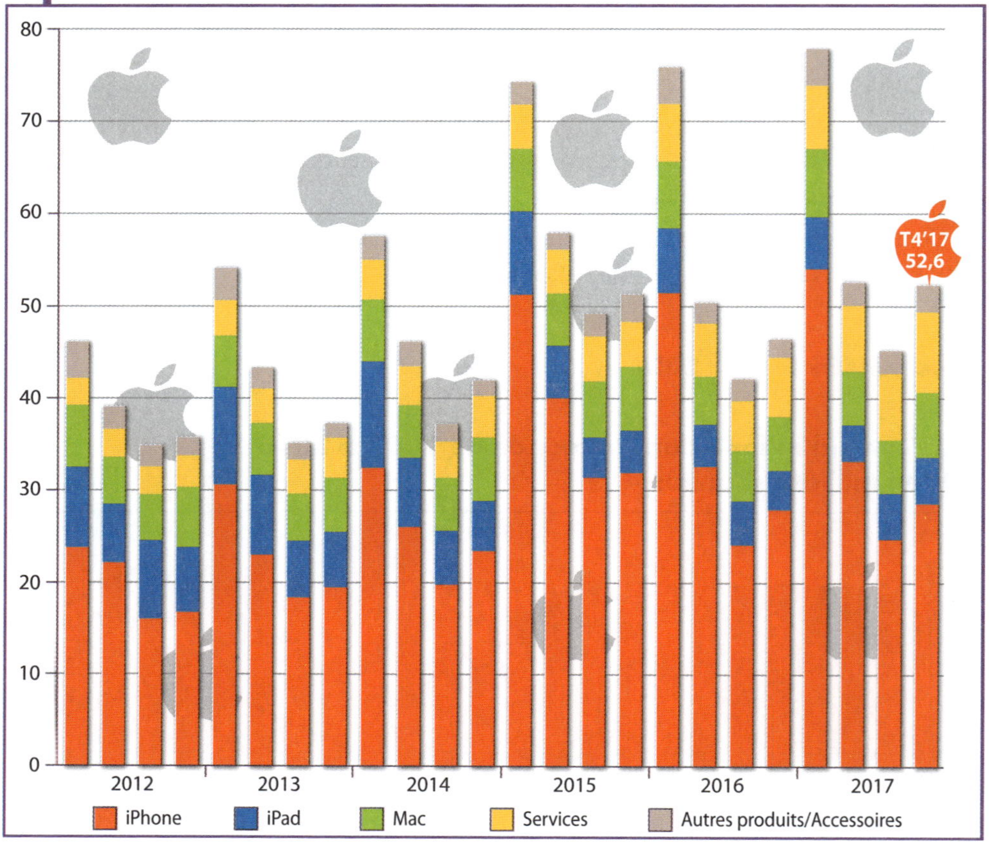

Source : Apple.

Les rachats d'actions

Cette pratique se répand de plus en plus parmi les grandes entreprises. Elle consiste à racheter une partie de ses propres actions pour ne pas en laisser une quantité trop importante sur le marché. Mécaniquement, le cours de l'action monte. Cela permet de distribuer de l'argent aux actionnaires sous une autre forme que celle des dividendes. En 2012, Apple avait racheté pour 200 milliards de dollars d'actions. En 2018, l'entreprise a recommencé avec 100 milliards de dollars. Les plus-values sur actions étant taxées, cette pratique permet également de payer moins d'impôts.

Apple dépend d'un seul produit

Apple est dépendante d'un produit sorti il y a 11 ans, à savoir l'iPhone. Dans le secteur de l'économie numérique, c'est ancien. De fait, la croissance du nombre d'iPhone vendus ralentit. C'est un marché mature, c'est-à-dire que le produit est dans une phase où les ventes évoluent peu dans un marché concurrentiel. Pour la première fois en 2018, le chinois Huawei a dépassé Apple dans la vente de smartphones. Apple se retrouve à la troisième place dans le classement des plus gros vendeurs de smartphones, derrière Samsung (n° 1) et Huawei (n° 2).

Certes, il y a moins de nouveaux consommateurs à conquérir, pourtant le prix moyen de l'iPhone augmente : par exemple, aux États-Unis, l'iPhone X démarre à un prix avoisinant les 1 000 dollars. S'il continue d'augmenter ainsi, peut-il devenir dissuasif pour les acheteurs ? En décembre 2017, en outre, Apple a été accusée, par l'association Halte à l'obsolescence programmée (HOP), de ralentir ses iPhone avec les mises à jour.

Les autres produits qu'il fabrique ne sont plus la priorité d'Apple. Les Mac et les iPad perdent de leur intérêt pour les consommateurs puisque les écrans de l'iPhone sont de plus en plus grands. Et l'Apple Watch (montre connectée) n'a pas eu le succès escompté.

Apple cherche à se diversifier

Apple lancera au premier semestre 2019 son service de vidéo à la demande dans plus de 100 pays. L'objectif est de concurrencer Amazon et Netflix. Le service comprendrait des programmes, des services et la possibilité de s'abonner à un bouquet de chaînes. Le service sera gratuit, mais seulement disponible sur les appareils Apple qui ont le système d'exploitation iOS. Concernant les contenus, Apple a déjà signé un contrat avec Oprah Winfrey, animatrice vedette américaine qui a présenté pendant 25 ans le *talk-show* le plus regardé aux USA. Côté fiction, Jennifer Aniston et Reese Whiterspoon vont produire une série sur les coulisses d'une émission de télévision matinale dans laquelle jouera aussi Steve Carell. Apple finance également de nouveaux épisodes de la série *Amazing stories*, réalisée par Steven Spielberg.

Apple rattrapée par Amazon et Microsoft ?

Amazon, entreprise de commerce en ligne, a été fondée en 1994. Pendant longtemps, elle a été peu rentable, mais elle dégage aujourd'hui de solides profits. Son fondateur, Jeff Bezos, est aujourd'hui l'homme le plus riche du monde.

Selon le *Wall Street Journal*, les performances boursières d'Amazon, d'Apple et de Microsoft expliquent à elles seules plus du tiers de la progression boursière américaine depuis le 1er janvier 2018. Début janvier 2018, Amazon valait 50 % de moins qu'Apple, mais elle a rattrapé son retard pendant le premier semestre. Pendant l'été, l'écart n'était plus que de 10 % et, le 4 septembre 2018, Amazon a aussi franchi la barre symbolique des 1 000 milliards de dollars de capitalisation boursière.

Depuis octobre, les cours ont chuté, surtout pour Amazon, dont le cours de l'action a reculé de 10 % par rapport à son niveau historique de septembre. Quant à Microsoft, sa valeur boursière (851 milliards de dollars) a dépassé celle d'Apple (847 milliards de dollars) fin novembre.

AUTRES FAITS

avril

23 avril Jean-Claude Mailly quitte la direction de Force ouvrière lors du 24e congrès de la centrale. Il occupait cette fonction depuis 2004.

mai

1er mai Plusieurs entreprises françaises de commerce en ligne comme La Redoute, Rue du commerce et Darty lancent « Les *French Days* », un « *Black Friday* » à la française censé dynamiser le commerce.

4 mai Le PDG d'Air France, Jean-Marc Janaillac, démissionne à la suite du vote des salariés qui ont refusé à 55 % le projet d'accord sur les hausses de salaires proposé par la direction. C'est le Canadien, Benjamin Smith, ex-numéro deux d'Air Canada, qui a pris la suite en octobre.

août

14 août Le viaduc autoroutier Morandi s'écroule à Gênes, en plein cœur de l'été, précipitant plusieurs véhicules dans le vide. Le bilan s'élève à 43 morts. Une enquête est ouverte contre la société Autostrade, concessionnaire de l'autoroute, accusée de ne pas avoir assuré la sécurité et l'entretien du viaduc.

Source : Stefano Rellandini/Reuters.

oct.

17 octobre Pascal Pavageau, président de Force ouvrière (FO) depuis 6 mois, est contraint de démissionner. Le 10 octobre, *Le Canard enchaîné* révélait l'existence d'un fichier contenant des informations personnelles et souvent insultantes sur de nombreux cadres de FO.

nov.

15 novembre La lanceuse d'alerte de l'affaire UBS, Stéphanie Gibaud, a obtenu le statut de « collaboratrice occasionnelle du service public » par Bercy. Cette ancienne cadre de la banque suisse avait contribué à l'enquête. La banque suisse, si elle est reconnue coupable, risque de payer 5 milliards d'euros d'amende pour « démarchage bancaire illégal » et « blanchiment aggravé de fraude fiscale ».

19 novembre Carlos Ghosn est en état d'arrestation. Le dirigeant de l'alliance Renault-Nissan-Mitsubishi est en garde à vue au Japon pour malversations financières et dissimulation de revenus.

Source : Kentaro Aoyama/Yomiuri/
The Yomiuri Shimbun/AFP.

QCM

Pour chaque question, une seule réponse est correcte.

1 Le sigle RGPD signifie :

- ❍ **a.** Règlement général pour promouvoir les droits.
- ❍ **b.** Règlement global pour les données.
- ❍ **c.** Règlement général sur la protection des données.

2 Le RGDP a été adopté par la France en :

- ❍ **a.** Mai 2018.
- ❍ **b.** Avril 2018.
- ❍ **c.** Janvier 2018.

3 Le RGPD remplace une directive européenne datée de :

- ❍ **a.** 2005.
- ❍ **b.** 1995.
- ❍ **c.** 1975.

4 Une entité en charge du traitement de données personnelles qui ne respecte pas le RGPD s'expose à :

- ❍ **a.** Une amende pouvant s'élever à 20 millions d'euros ou 4 % du chiffre d'affaires annuel.
- ❍ **b.** Une amende pouvant s'élever à 10 millions de dollars ou 3 % du chiffre d'affaires.
- ❍ **c.** Une amende pouvant s'élever à 20 % du chiffre d'affaires.

5 Plusieurs mois après l'entrée en vigueur du RGPD, la CNIL dresse un bilan :

- ❍ **a.** Plutôt négatif.
- ❍ **b.** Plutôt positif.
- ❍ **c.** Mitigé.

6 Le RGPD protège :

- ❍ **a.** Les données des utilisateurs de l'Union européenne.
- ❍ **b.** Les données de tout utilisateur surfant sur un site Internet européen.
- ❍ **c.** Les données des entreprises ayant leur siège au sein de l'Union européenne.

7 Vincent Bolloré :
- ❍ **a.** Est le fondateur du groupe du même nom.
- ❍ **b.** Est l'actuel dirigeant du groupe familial.
- ❍ **c.** A pris sa retraite en février 2018 après 30 ans aux commandes du groupe.

8 Quelle entreprise appartient au groupe Bolloré :
- ❍ **a.** La Fnac.
- ❍ **b.** *Le Monde*.
- ❍ **c.** Canal+.

9 La taille du groupe Bolloré en termes de salariés est de :
- ❍ **a.** 5 000.
- ❍ **b.** 60 000.
- ❍ **c.** 500 000.

10 La Mairie de Paris a mis fin à un contrat avec Bolloré en juillet 2018 sur :
- ❍ **a.** Autolib pour le parc de voitures électriques.
- ❍ **b.** Velib pour le parc de vélos.
- ❍ **c.** Eau de Paris pour la distribution d'eau potable.

11 Qu'est-il arrivé à Vincent Bolloré en avril 2018 :
- ❍ **a.** Il a été victime d'une agression.
- ❍ **b.** Il a été mis en examen par la justice française.
- ❍ **c.** Il a été écarté de la direction du groupe par son propre fils Yannick.

12 Le groupe Bolloré a des activités en Afrique dans le domaine :
- ❍ **a.** De la logistique portuaire.
- ❍ **b.** De la cosmétique.
- ❍ **c.** De l'informatique.

13 Quel pourcentage du commerce des particuliers représente l'e-commerce ?
- ❍ **a.** 5 %.
- ❍ **b.** 10 %.
- ❍ **c.** 25 %.

14 **Complétez la phrase : « Moins de 5 % des sites de e-commerce représentent ______ du chiffre d'affaires du e-commerce en France. »**

❍ **a.** 25 %.
❍ **b.** 55 %.
❍ **c.** 85 %.

15 **Le plus gros site de e-commerce en France est :**

❍ **a.** OUI Sncf.
❍ **b.** C-Discount.
❍ **c.** Amazon.

16 **Quelle est l'innovation du nouveau magasin Carrefour de Shanghai :**

❍ **a.** Le paiement par reconnaissance faciale.
❍ **b.** Les achats à distance.
❍ **c.** La livraison par drone.

17 **Le taux moyen de visiteurs d'un site marchand qui passent commande est de :**

❍ **a.** 0,5 %.
❍ **b.** 1 %.
❍ **c.** 3 %.

18 **Laquelle de ces affirmations est exacte en ce qui concerne les achats effectués sur Internet :**

❍ **a.** Ils sont massivement effectués par toute la population.
❍ **b.** Leur fréquence varie selon l'âge.
❍ **c.** Les hommes achètent beaucoup plus que les femmes sur Internet.

19 **La secrétaire d'État du gouvernement Philippe en charge de l'égalité hommes-femmes est :**

❍ **a.** Muriel Pénicaud.
❍ **b.** Marlène Schiappa.
❍ **c.** Agnès Buzin.

20 **Quelle est la proportion d'hommes et de femmes chez les diplômés du baccalauréat en France en 2017 :**

❍ **a.** 55 % d'hommes et 45 % de femmes.
❍ **b.** 50 % d'hommes et 50 % de femmes.
❍ **c.** 45 % d'hommes et 55 % de femmes.

21 **Les emplois à temps partiel sont occupés en France :**

- ❍ **a.** à 50 % par des femmes.
- ❍ **b.** à 80 % par des femmes.
- ❍ **c.** à 70 % par des hommes.

22 **La loi française Copé-Zimmermann de 2011 oblige les conseils d'administration des grands groupes à avoir au moins :**

- ❍ **a.** 25 % de femmes.
- ❍ **b.** 40 % de femmes.
- ❍ **c.** 50 % de femmes.

23 **Les listes des représentants syndicaux élus en entreprise doivent avoir aujourd'hui au moins :**

- ❍ **a.** 25 % de femmes.
- ❍ **b.** 40 % de femmes.
- ❍ **c.** 50 % de femmes.

24 **Une femme en congé maternité :**

- ❍ **a.** Ne peut être licenciée pendant son congé mais peut l'être à son retour de congé.
- ❍ **b.** Ne peut être licenciée ni pendant son congé ni durant les 10 semaines qui suivent son retour de congé.
- ❍ **c.** Peut être licenciée pendant son congé mais uniquement pour raison économique.

25 **L'égalité de salaire à poste égal entre les hommes et les femmes est :**

- ❍ **a.** Une obligation légale.
- ❍ **b.** Un objectif pour 2028.
- ❍ **c.** Une réalité en 2018.

26 **Au 1er janvier 2018, la société Areva a été renommée :**

- ❍ **a.** Engie.
- ❍ **b.** Nuclear.
- ❍ **c.** Orano.

27 **Le premier chantier de construction d'une centrale nucléaire de type EPR en France est à :**

- ❍ **a.** Flamanville.
- ❍ **b.** Cherbourg.
- ❍ **c.** Bure.

28 Le parc nucléaire français est composé aujourd'hui de :

❍ **a.** 10 centrales nucléaires.
❍ **b.** 19 centrales nucléaires.
❍ **c.** 35 centrales nucléaires.

29 Auprès de qui peut-on en France acheter son électricité :

❍ **a.** EDF uniquement qui est en situation de monopole.
❍ **b.** EDF et Engie (ex-Gaz de France).
❍ **c.** Plusieurs opérateurs, y compris des opérateurs privés comme Enercoop et Total.

30 Quelle part de la production électrique en France l'énergie solaire représente-t-elle en 2018 ?

❍ **a.** Moins de 2 %.
❍ **b.** Autour de 5 %.
❍ **c.** Environ 10 %.

31 Le plan « Place au soleil » vise à produire de l'énergie solaire grâce à :

❍ **a.** La construction de 10 centrales solaires par EDF d'ici 5 ans.
❍ **b.** L'équipement de panneaux solaires sur des surfaces disponibles de la SNCF, l'armée, les centres commerciaux.
❍ **c.** L'importation d'énergie solaire de pays voisins comme l'Allemagne.

32 La dette de la SNCF s'élève à plus de :

❍ **a.** 50 milliards.
❍ **b.** 60 milliards.
❍ **c.** 70 milliards.

33 Le 27 juillet 2018, un feu s'est déclaré sur le réseau RTF à :

❍ **a.** Paris.
❍ **b.** Issy-Les-Moulineaux.
❍ **c.** Ivry.

34 Le statut de cheminot a été créé en :

❍ **a.** 1920.
❍ **b.** 1910.
❍ **c.** 1890.

35 **Dès 2019, la concurrence s'ouvrira pour :**
- ❍ **a.** Les trains régionaux.
- ❍ **b.** Les TGV.
- ❍ **c.** Les Ouigo.

36 **En quelle année l'entreprise Apple a-t-elle été créée ?**
- ❍ **a.** 1966.
- ❍ **b.** 1976.
- ❍ **c.** 1986.

37 **Qui est l'actuel PDG d'Apple ?**
- ❍ **a.** Steve Jobs.
- ❍ **b.** Jeff Bezos.
- ❍ **c.** Tim Cook.

38 **Quelle était la valeur d'une action Apple le 2 août 2018 ?**
- ❍ **a.** 207 $.
- ❍ **b.** 307 $.
- ❍ **c.** 407 $.

39 **Quelle autre entreprise a dépassé les 1 000 milliards de dollars en Bourse ?**
- ❍ **a.** Microsoft.
- ❍ **b.** Amazon.
- ❍ **c.** Facebook.

40 **Quelle vedette de la télévision américaine a signé un contrat avec Apple ?**
- ❍ **a.** Jimmy Fallon.
- ❍ **b.** Ellen DeGeneres.
- ❍ **c.** Oprah Winfrey.

Corrigé

1**c**, 2**a**, 3**b**, 4**a**, 5**b**, 6**a**, 7**b**, 8**c**, 9**b**, 10**a**, 11**b**, 12**a**, 13**b**, 14**c**, 15**c**, 16**a**, 17**c**, 18**b**, 19**b**, 20**c**, 21**b**, 22**b**, 23**c**, 24**b**, 25**a**, 26**c**, 27**a**, 28**b**, 29**c**, 30**a**, 31**b**, 32**a**, 33**b**, 34**a**, 35**a**., 36**b**, 37**c**, 38**a**, 39**b**, 40**c**.

PARTIE 5

CULTURE ET ENVIRONNEMENT

Coupe du monde de football en Russie : le sport comme outil politique

par Élodie Grémaud

Le 15 juillet 2018, la France remporte sa deuxième Coupe du monde, à Moscou, 20 ans après la première au Stade de France. Au-delà des images de liesse sur les Champs-Élysées et dans les villes de France, quel est le bilan sportif, mais surtout politique, de cette Coupe du monde ? Pourquoi Vladimir Poutine tenait-il tant à l'organiser alors que le foot n'est pas son sport préféré (il pratique le sambo et le judo), que la Russie n'est pas une nation de football et que la Sbornaya (nom de l'équipe nationale russe) a peu de chances de s'illustrer au vu de son classement FIFA (70e) ?

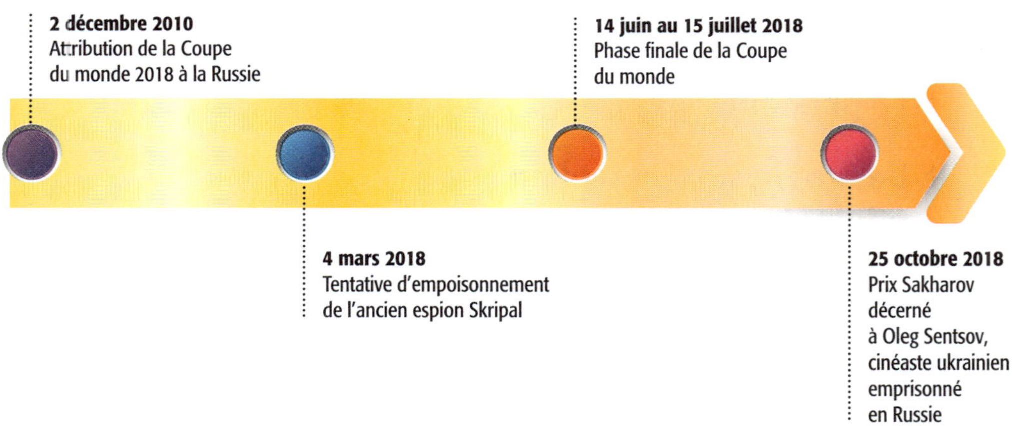

Le bilan sportif

Trente-deux équipes se sont affrontées lors de cette phase finale de la 21e Coupe du monde. En 2026, elles seront 48, avec des poules à 3 équipes (alors qu'elles sont 4 aujourd'hui). Les deux meilleures équipes qualifiées iront dans le tableau final qui débutera aux seizièmes de finale. Les matchs seront-ils de moins bonne qualité ? Est-il utile pour les équipes nationales de se déplacer pour 2 matchs ? Quel pays pour accueillir 80 matchs en 32 jours ? Est-ce vraiment encourager les « petites » nations du football ?

Si l'on s'intéresse aux performances de cette édition, on notera qu'aucun pays africain n'a passé le premier tour. L'Europe reste en position dominante : sur 14 nations en lice, 10 ont atteint les huitièmes de finale. Les 4 demi-finalistes sont des équipes européennes. La Russie, dernière équipe du classement FIFA, a déjoué les pronostics en se hissant jusqu'aux quarts de finale (la dernière fois c'était en 1970 avec l'URSS). Les surprises sont venues des équipes favorites. En effet, deux grandes équipes, les Pays-Bas et l'Italie, ne participaient pas et l'Allemagne, tenante du titre, a été éliminée dès le premier tour. Quant au Brésil et à l'Argentine, deux nations « stars », elles n'ont pas atteint les demi-finales.

La nouveauté technologique de cette Coupe du monde a été l'utilisation de la vidéo d'assistance à l'arbitrage (VAR : *video assistant referee*), qui permet à l'arbitre de prendre des décisions plus justes. Elle ne peut être utilisée que dans quatre situations : vérifier la validité d'un carton rouge, vérifier un but, accorder un penalty, valider l'identité d'un joueur sanctionné. L'arbitre principal est en relation permanente avec les trois arbitres de vidéo. Pour les opposants, cet arbitrage rendrait le jeu moins fluide à cause des interruptions.

Quant à l'équipe de France, avec ses deux étoiles, elle rejoint l'Argentine et l'Uruguay. En tout, elle a inscrit 14 buts.

Le bilan politique

La Russie utilise le sport comme un « *soft power* », c'est-à-dire la puissance d'influence et de persuasion d'un État. Cette Coupe du monde, en particulier, devait « redorer » l'image d'un pays, isolé diplomatiquement, par son accueil et son organisation.

L'attribution de l'évènement a manqué de transparence, et des soupçons de corruption ont été évoqués. En effet, la Russie n'avait pas le dossier le plus solide (manque de stades et d'infrastructures), mais elle a eu 13 voix sur 22 alors que l'Angleterre qui avait le dossier le plus sérieux n'a eu que 2 voix. Dès 2011, la justice suisse a ouvert une procédure pénale contre X pour soupçon de blanchiment d'argent et de gestion déloyale dans le cadre d'attribution des coupes du monde 2018 et 2022. Depuis, sur les 22 votants du comité exécutif, 13 ont été suspendus, inculpés par la justice ou poussés à quitter la fédération.

L'organisation de la Coupe de monde est un évènement parmi d'autres dans le plan ambitieux de Vladimir Poutine de faire du sport un outil politique. Il y a eu notamment l'organisation des championnats du monde d'athlétisme en 2013, les Jeux olympiques d'hiver de Sotchi en 2014, mais aussi les championnats du monde d'escrime en 2015 ou de hockey sur glace en 2016. Cependant les Jeux olympiques d'hiver de Sotchi n'ont pas eu le bilan positif escompté. Si la Russie arrive en tête du tableau des médailles, une affaire de dopage d'État vient entacher son exploit. En juillet 2016, l'Agence mondiale antidopage affirmait que le ministère des Sports russe « dirigeait, contrôlait et supervisait la manipulation des résultats d'analyse des sportifs […] avec la participation active et l'assistance du Service fédéral de sécurité (FSB) […] ainsi que des laboratoires de Moscou et de Sotchi ». En conséquence, aux Jeux olympiques d'été de Pyeongchang, la Russie n'avait pas de délégation nationale (ni drapeau ni hymne), les athlètes ont concouru sous le sigle

OAR (Athlètes olympiques de Russie). Ainsi, pour la Coupe du monde 2018, il s'agissait de dépersonnaliser l'évènement et de faire passer la « marque « Russie » avant tout. D'autant plus que l'équipe nationale n'était pas promise à un parcours exceptionnel. Aussi, Vladimir Poutine a-t-il assisté à la cérémonie d'ouverture, puis est resté discret.

Les points négatifs concernant la Russie au moment de la Coupe du monde sont nombreux, alors qu'en 2010, au moment de l'attribution de cette même coupe, le pays était dans une dynamique de modernité et d'ouverture. En 2018, en Russie, Vladimir Poutine vient d'être élu pour un quatrième mandat, mais, sur le plan intérieur, sa popularité est mise à mal avec la réforme des retraites. Sur le plan extérieur, il s'agit de faire oublier l'annexion de la Crimée en 2014, les scandales de dopages à la suite des Jeux de Sotchi en 2014, le soutien aux séparatistes prorusses en Ukraine lors de la guerre du Donbass en 2014, l'emprisonnement du cinéaste ukrainien Oleg Sentsov, qui a mené une grève de la faim de mai à octobre 2018 pour réclamer la libération de 70 prisonniers politiques ukrainiens en Russie. Et surtout, il y a eu l'affaire Skripal. En effet, le 4 mars 2018, un ex-espion russe, Sergueï Skripal, a fait l'objet d'une tentative d'empoisonnement. C'est un ancien colonel du service de renseignements de l'armée russe, accusé de « haute trahison » pour avoir vendu des informations aux renseignements britanniques. Condamné en 2006 à 13 ans de prison, il a bénéficié d'un échange de prisonniers en 2010 et s'est installé en Angleterre. Cette affaire Skripal a engendré une crise diplomatique avec l'expulsion de plusieurs diplomates russes par l'Union européenne et les États-Unis.

Au regard de toutes ces affaires, fallait-il boycotter la Coupe du monde sur le plan sportif ou politique ? Des pays l'ont envisagé. Finalement, le boycott diplomatique décidé par le Royaume-Uni n'a été suivi que par l'Islande, la Pologne et l'Australie. Emmanuel Macron avait décidé de se déplacer si la France dépassait les quarts de finale.

Ce rendez-vous sportif a été aussi un lieu de rencontres informelles entre chefs d'État. Vladimir Poutine a rencontré les présidents du Sénégal, du Panama, de la Bolivie, du Portugal, de la Corée du Sud, le secrétaire général de l'ONU, Antonio Gutteres, et le prince héritier saoudien. Le match d'ouverture entre la Russie et l'Arabie saoudite a été l'occasion pour les deux chefs d'État de poursuivre le rapprochement entamé dès 2016 pour limiter la production de pétrole et faire ainsi remonter les prix. Le président de la Confédération suisse, en revanche, n'est pas passé par le Kremlin. Des rencontres ont pu aussi être tendues comme celle avec Thorbjorn Jagland, secrétaire général du Conseil de l'Europe, venu pour demander la grâce du cinéaste Oleg Sentsov. On remarque une faible présence des dirigeants européens ; en revanche celle de la princesse nippone, Takamado, a été remarquée, le 19 juin à Saransk, puisqu'aucun membre de la famille impériale japonaise n'était revenu en Russie depuis 1916.

Vladimir Poutine voulait impressionner la planète par son accueil et son organisation. Il a réussi !

Pari gagné

Pour Gianni Infantino, le président de la FIFA : « *C'est la meilleure Coupe du monde de tous les temps* ». Les stades étaient prêts à temps malgré quelques retards compensés par une surexploitation des ouvriers et la venue d'ouvriers nord-coréens. Les villes hôtes ont montré la diversité des villes de Russie, mais également une unité du territoire. La FIFA avait imposé que les villes ne soient pas trop éloignées (distance, décalage horaire), c'est pourquoi la partie asiatique du pays n'a pas participé à l'évènement. Les villes de Kaliningrad et d'Ekaterinbourg, qui ont accueilli des matchs, étaient séparées néanmoins de 2 500 km. La ville de Kazan se voulait un exemple de diversité puisqu'elle compte des musulmans et des orthodoxes dans sa population. Les villes choisies ont été souvent des villes modernes. Les régions les plus pauvres n'ont pas été montrées.

La Russie a accueilli, pendant ce mondial, 5 000 journalistes et plus de 600 000 touristes étrangers, dont les démarches administratives pendant l'évènement ont été facilitées. Du côté de la sécurité, les menaces terroristes, les violences hors matchs, et les hooligans ont également été maîtrisés.

En termes d'image du pays, de « *nation branding* », le bilan est positif. « *Tous les supporters étrangers qui ont fait le déplacement en Russie se disent ravis de l'accueil qui leur est réservé* », a souligné le chercheur Pascal Boniface sur le site de l'Iris (Institut des relations internationales et stratégiques).

Aznavour : l'artiste complet

par Élodie Grémaud

Charles Aznavour est décédé le 1er octobre 2018 à l'âge de 94 ans. Un hommage national lui a été rendu le 5 octobre dans la cour de l'Hôtel des Invalides. En Arménie, une journée de deuil national a été décrétée le 6 octobre, jour des funérailles du chanteur. Artiste mondialement connu, Charles Aznavour était un artiste complet : auteur, interprète, acteur, mais aussi un artiste engagé envers l'Arménie.

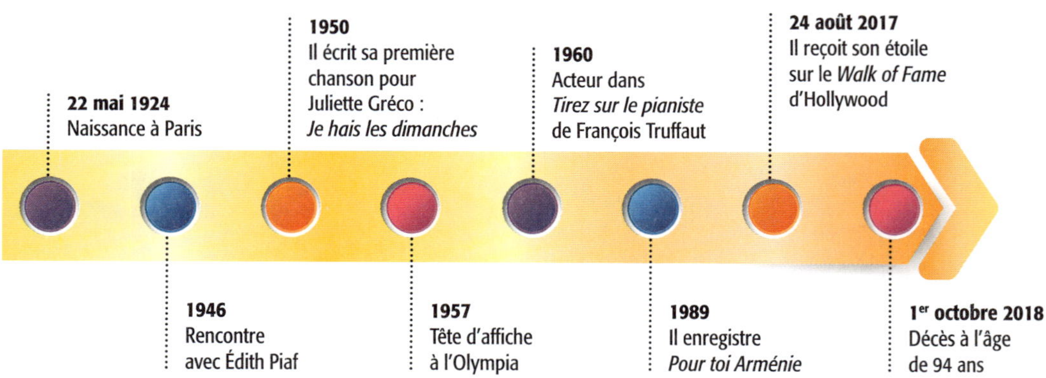

Charles Aznavour : un artiste complet

Charles Aznavour est né à Paris le 22 mai 1924. Ses parents, d'origine arménienne, sont en attente d'un visa pour les États-Unis. Son père, Mamigon (surnommé Micha) Aznavourian, baryton, est né en Géorgie. Sa mère, Knar Baghdassarian, comédienne, est la seule rescapée du génocide d'une famille de marchands arméniens de Turquie. Ils sont apatrides, mais leur fils Charles est français. Ils décident de rester à Paris.

À 9 ans, Charles fréquente une école de spectacle, il se destine à devenir acteur. Il fait de la figuration et a des petits rôles au théâtre et au cinéma.

En 1940, il rencontre Pierre Roche, un pianiste, compositeur, avec lequel il monte un duo. Ils sont repérés par Édith Piaf, qu'ils accompagnent en tournée en France et aux

États-Unis. Puis à la fin des années 1940, Charles Aznavour et Pierre Roche partent travailler aux États-Unis et au Canada. Charles Aznavour rentre seul en France, car Pierre Roche est resté au Canada.

Son début de carrière solo n'est pas convaincant. En revanche, il écrit pour les autres avec plus de succès. Il écrit notamment pour Patachou ou Juliette Gréco, dont la chanson *Je hais les dimanches* obtient le prix de la Société des auteurs, compositeurs, et éditeurs de musique (SACEM). Au début des années 1960, il écrit également pour Johnny Halliday la chanson *Retiens la nuit*, et pour Sylvie Vartan *La plus belle pour aller danser*.

Sa carrière auprès du public décolle au milieu des années 1950. L'Olympia l'accueille en vedette, mais la critique reste toujours réservée. Le changement s'opère notamment lors du concert mythique du 12 décembre 1960 à l'Alhambra. Le « petit homme, petit chanteur » devient un géant. Lors de ce concert (une générale remplie de vedettes et de journalistes), Aznavour interprète *Je m'voyais déjà*, une chanson écrite pour Yves Montand, mais qui l'avait refusée. Lorsqu'il revient des coulisses, le public, jusqu'alors assez froid, est debout et l'ovationne le chanteur. Il était pourtant prêt à arrêter sa carrière de chanteur !

Charles Aznavour sur la scène de l'Olympia en 1964

Source : Getty Images.

Charles Aznavour apporte un ton nouveau dans la chanson française. Il parle du quotidien. Les années 1960 et 1970 sont les années de ses plus grands succès : *Les Comédiens*,

La Mamma, Hier encore, For me formidable, La bohême, Emmenez-moi, Comme ils disent, She, Mes emmerdes...

Sa carrière devient internationale grâce à son talent, mais aussi grâce à son culot. En effet, au début des années 1960, il a réservé une trentaine de théâtres dans le monde malgré les réticences de son imprésario. Il chante notamment au Carnegie Hall à New York mais aussi à Moscou. C'est un triomphe.

C'est aussi à cette période que sa carrière d'acteur connaît le succès. Il tourne notamment en 1958 *La tête contre les murs*, un film de Georges Franju adapté d'un roman d'Hervé Bazin. Et surtout, François Truffaut lui confie le rôle principal du pianiste dans *Tirez sur le pianiste*, film tiré d'un roman de série noire de David Goodis. Ce rôle va le poursuivre longtemps et lui ouvrir les portes des États-Unis.

Ses carrières de chanteur et d'acteur se poursuivent jusqu'à sa mort tant en France qu'à l'international. Côté cinéma, il a notamment joué dans *Le Tambour* de Volker Schlöndorff, Palme d'or du Festival de Cannes en 1979, *Les Fantômes du Chapelier* de Claude Chabrol, sans oublier *Ararat* d'Atom Egoyan, film de2002 sur le génocide arménien. Dans ce film, il s'appelle Édward Saroyan, en référence au nom de son personnage dans *Tirez sur le pianiste*. En 1997, il reçoit un César d'honneur pour sa carrière d'acteur.

Côté chansons, Charles Aznavour connaît le succès outre-Manche avec la chanson *She* en 1973. Cette chanson sera reprise par Elvis Costello pour le film *Coup de foudre à Notting Hill*. Il a continué de donner des concerts même si, en 2000, il avait annoncé une tournée d'adieux. Pour ses 80 ans, il chante au Palais des Congrès de Paris devant les caméras de TF1 qui retransmet le spectacle en direct. En 2017, il se produit encore sur la scène de Bercy.

Ses chansons ont été reprises par les plus grands artistes. Ainsi Ray Charles a repris *La Mamma*, tandis que Fred Astaire chantait *Les plaisirs démodés*. Elles ont été aussi reprises pour ses 90 ans par de jeunes artistes français dans un album intitulé *Sa jeunesse*.

Charles Aznavour et l'Arménie

Charles Aznavour s'est investi tardivement pour la reconnaissance du génocide arménien. Cette mémoire est longtemps restée muette dans son œuvre, jusqu'à l'indépendance de l'Arménie en 1991.

C'est en 1963 qu'il chante pour la première fois en Arménie lors d'une tournée en URSS. En 1975, il écrit *Ils sont tombés* à l'occasion des 60 ans du génocide. La chanson devient l'hymne de la diaspora.

En décembre 1988, un tremblement de terre dévaste la région de Spitak en Arménie. On compte, 25 000 personnes décédées et plus de 500 000 se retrouvent sans abri. À ce moment, Charles Aznavour se sent arménien et non plus français d'origine arménienne. Il communique dans tous les journaux pour informer et alerter sur la situation des sinistrés. Il crée l'association « Aznavour pour l'Arménie » pour collecter des vêtements et de la nourriture. En 1990, la chanson *Pour toi Arménie* réunit 90 chanteurs et acteurs ; elle se vend à 1 million d'exemplaires. Le prestige d'Aznavour s'accroît. En 1995, il est nommé ambassadeur et délégué permanent de l'UNESCO auprès de l'Arménie. Il devient le personnage incontournable des rendez-vous culturels et politiques franco-arméniens. Il devait d'ailleurs se rendre à Erevan en octobre 2018 pour le XVIIe sommet de la Francophonie.

Il est aussi un ardent défenseur de la reconnaissance du génocide arménien. En France, il n'est reconnu officiellement qu'en 2001. En 2015, Charles Aznavour accompagne François Hollande à Erevan pour le centenaire de la commémoration.

Charles Aznavour représente l'Arménie dans plusieurs instances diplomatiques et reste l'un des représentants les plus symboliques de la diaspora.

En Arménie, il devient un « héros national » en 2004 et, en 2008, il acquiert la nationalité arménienne. Enfin, il est devenu ambassadeur d'Arménie en Suisse, où il résida depuis 1972. Il s'y exile, alors qu'il est poursuivi pour fraude fiscale en France…

Au-delà de l'artiste et du citoyen, Charles Aznavour était un homme d'affaires aguerri. Il a par exemple racheté les droits des chansons d'Édith Piaf et de Charles Trenet en acquérant en 1992 le catalogue d'édition phonographique Raoul Breton. En outre, en 2018, *Médiapart* et *Le Soir* révèlent qu'il a évité de payer des impôts, en toute légalité, en ouvrant une société au Luxembourg.

Aznavour : les chiffres de tous les records

Nombre de langues dans lesquelles il a chanté	8
Nombre de disques d'or reçus en France	18
Nombre d'années de carrière	77
Nombre de films et de téléfilms dans lesquels il a joué	80
Nombre d'albums enregistrés (dont 51 en français)	91
Nombre de chansons qu'il a enregistrées	1 200
Nombre de chansons qu'il a écrites	1 300
Nombre de disques vendus dans le monde	180 millions

L'e-sport en plein essor !

par Marie-Laure Boursat

L'e-sport (ou *esport* ou encore sport électronique en français) désigne la pratique compétitive de jeux vidéo entre joueurs professionnels, soit en ligne soit lors d'événements. S'il existe depuis les années 2000, avec l'arrivée du haut débit, l'e-sport a vu le nombre de ses joueurs et sympathisants supporteurs exploser en 2018. L'e-sport serait-il en train de devenir une nouvelle discipline sportive susceptible d'être représentée lors des Jeux olympiques ? Ou bien utilise-t-il, de façon abusive, le terme « sport » pour anoblir la pratique du jeu vidéo ?

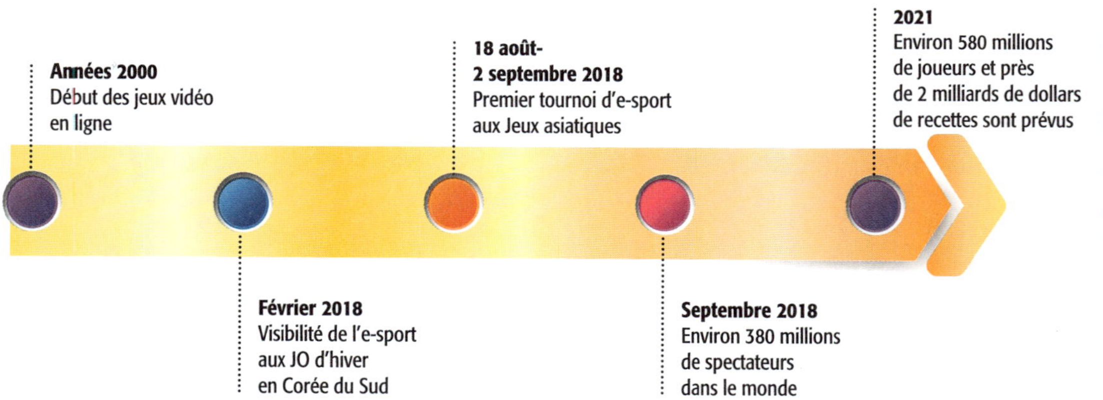

L'e-sport, un sport pas tout à fait comme les autres

Dans l'univers de l'e-sport, on trouve des joueurs et de la compétition, des spectateurs et aussi des commentateurs. On désigne les joueurs professionnels par le terme de *pro-gamers*, qualifiant des personnes gagnant leur vie en jouant aux jeux vidéo. Seul ou en équipe, un *pro-gamer* s'entraîne plusieurs heures par jour, en général sur le même jeu, et il est souvent accompagné d'un entraîneur, le « *coach* ». Comme pour le « vrai » sport, l'e-sport regroupe un ensemble de disciplines, qui ne sont pas le football, la gymnastique ou l'athlétisme, mais qui sont des jeux vidéo appartenant à des éditeurs comme

Fortnite, Overwatch, League of Legends ou encore la FIFA. Chaque jeu vidéo recouvre une discipline à part entière avec ses règles, ses compétitions et ses stars. Comme pour les sports, des commentateurs spécialisés dans ces jeux commentent des compétitions, on les appelle des « *casters* ». Pour les néophytes, il n'est pas toujours simple de suivre ces commentaires qui décrivent les actions des joueurs et l'ambiance.

Audience de l'e-sport

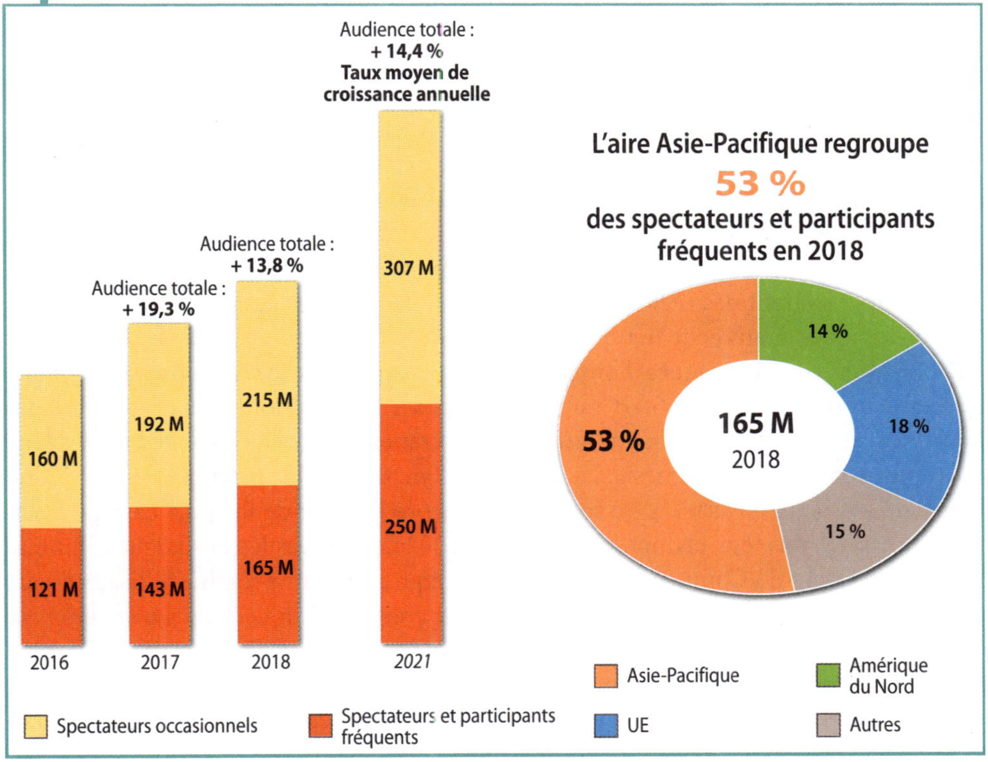

Source : Newzoo, 2018.

Cependant, ces caractéristiques suffisent-elles pour faire de l'e-sport une discipline sportive à part entière ? Pour le courant « hygiéniste », l'e-sport ne serait pas un sport pour la simple raison qu'il ne relève pas d'une activité physique. Pourtant, d'autres caractéristiques rapprochent l'e-sport d'un sport physique de compétition comme l'exigence d'une hygiène de vie parfaite, un entraînement quotidien de plusieurs heures et des aptitudes physiques et mentales comme la dextérité pour déplacer la souris, la patience, la réflexion et la coordination pour les jeux en équipe. Les joueurs professionnels sont quasi exclusivement des hommes, et ce, dans tous les pays. Ainsi, dans la compétition internationale du jeu Overwatch, une seule femme, Kim Se-Yeon, alias « Geguri », joueuse sud-coréenne, a intégré une équipe de ce tournoi.

Côté spectateurs, on note aussi un public très masculin et très jeune. En France, l'audience est composée de jeunes gens entre 15 et 34 ans à plus de 80 %. Le premier baromètre français de l'e-sport, publié par Médiamétrie, en septembre 2018, estime à 5,5 millions le nombre de spectateurs en 2018, soit 1 Français sur 12, et 1 million de joueurs. Ces chiffres sont quatre fois supérieurs à ceux d'une étude réalisée en 2016 par l'Agence française pour le jeu vidéo. Et le phénomène est identique au niveau mondial. L'audience est estimée en septembre 2018 à 380 millions de spectateurs – 165 millions de spectateurs et joueurs assidus et 215 millions de spectateurs occasionnels –, dont plus de 85 % d'hommes. La croissance a été énorme en 1 an. La moitié de l'audience mondiale provient d'Asie, avec en tête la Chine, la Corée du Sud et le Japon.

Pourquoi l'e-sport veut-il jouer dans la cour des grands ?

L'e-sport veut tirer profit de cet engouement de la part des jeunes gens, joueurs et spectateurs, et se départir de la perception négative des joueurs « *geeks* » enfermés pendant des heures devant leur ordinateur, pour se rapprocher de l'image positive du sport classique. L'e-sport cherche à s'ériger en « vrai » sport en se réappropriant un vocabulaire sportif, en instaurant des règles et en cherchant à intégrer des compétitions comme les Jeux olympiques. Dans cette optique, une première démarche a été entreprise en février 2018 lors des Jeux olympiques d'hiver de PyeongChang en Corée du Sud. Une démonstration d'un tournoi du jeu StarCraft a été proposée lors des journées d'ouverture des Jeux. Puis, en septembre 2018, une autre démonstration officielle a été faite lors des Jeux asiatiques à Jakarta, en Indonésie. La Chine a été victorieuse du tournoi Arena of Valor. Pourtant, ces deux ouvertures ne signent pas encore l'arrivée de l'e-sport comme discipline aux prochains Jeux olympiques de Paris en 2024. Après ces Jeux asiatiques, Thomas Bach, le président du Comité international olympique, a exprimé son hostilité aux e-jeux à caractère violent : « *Nous ne pouvons avoir au programme olympique un jeu qui promeut la violence ou la discrimination. Ce qu'on appelle les jeux de tuerie [*killer games*]. De notre point de vue, ils sont contraires aux valeurs olympiques et ne peuvent donc pas être acceptés* ». Or, les jeux d'e-sport les plus populaires entrent justement dans la catégorie des « *killer games* » : StarCraft, League of Legends, Dota 2, Overwatch… Les jeux de simulation sportive ont, en revanche, plus de chances d'être reconnus par la suite : FIFA (football) ou NBA*2K* (basket). Les paris restent ouverts pour l'entrée aux Jeux olympiques de 2024 !

La deuxième raison qui pousse les acteurs de l'e-sport à le considérer comme un sport à part entière est son attractivité économique par rapport au secteur du sport. Des sports comme le football, le golf, le basket ou le tennis drainent beaucoup d'argent. Les fortes audiences motivent l'investissement des marques dans les événements sportifs. L'e-sport, avec ses 380 millions de sympathisants dans le monde en 2018 et les perspectives de hausse rapide d'ici 2021 (580 millions de spectateurs selon Newzoo), a déjà le potentiel pour attirer les investisseurs. Si l'image de l'e-sport arrive à s'éloigner du stéréotype du *geek* et se rapproche de celle du sport classique, alors les marques seront prêtes à investir, et pas seulement celles de jeux vidéo. Enfin, un autre critère d'attractivité de l'e-sport est le profil de ses joueurs, qui sont une cible très pertinente pour les marques. Ce sont de jeunes gens, dont près d'un tiers appartiennent à une catégorie socioprofessionnelle favorisée. De quoi attirer les annonceurs ! D'autant que cette cible est difficile à atteindre *via* des campagnes médias « traditionnelles » (télévision, radio, magazines…). Les marques vont certainement s'intéresser rapidement au potentiel du secteur de l'e-sport et permettre ainsi son développement économique. Les prévisions de recettes de ce secteur sont de plus de 2 milliards de dollars d'ici 2021.

L'exemple de Fortnite, le jeu vidéo qui a explosé en 2018

Fortnite est un jeu de tir, édité par la société Epic Games. On appelle ce type de jeu multijoueur une « *battle royale* ». Il réunit 100 joueurs simultanément. Le but est qu'il ne reste qu'un seul survivant, le vainqueur de la partie. En quelques mois, Fortnite a connu une explosion du nombre de joueurs. Début 2018, il a détrôné en à peine 3 mois plusieurs autres jeux très bien installés : Minecraft, League of Legends, Destiny et d'autres. Dès mars 2018, il est devenu le jeu le plus joué au monde et les records d'audience sont battus tous les mois : en janvier 2018, le chiffre déjà énorme de 40 millions de joueurs était donné par son éditeur ; en septembre 2018, c'est le chiffre de 78 millions de joueurs qui est annoncé pour le seul mois d'août 2018 ! Son succès tient aussi à son modèle économique innovant : contrairement à son concurrent de « *battle royale* » appelé PUBG (*PlayerUnkown's Battlegrounds*) qui coûte 30 €, Fortnite est gratuit dans sa version de base, ce qui a permis l'envol ultrarapide du nombre de joueurs. Seules des options enrichies sont payantes. Mais jusqu'à quand va-t-il rester le numéro 1 ? Difficile à dire tant est touffue l'offre des nouveaux jeux.

L'e-sport est un vrai phénomène social et mondial, qui fait sortir le jeu vidéo de la sphère privée pour le hisser sur la scène des grands événements virtuels, avec des compétitions internationales à forte audience. Peut-être sera-t-il partie prenante des prochains Jeux olympiques. Reste à voir si l'e-sport va séduire les jeunes femmes, actuellement plus friandes de séries télévisées que de jeux multijoueurs.

Au Panthéon, Simone Veil(le) sur nous

par Marie Perez

Le 30 juin 2017, Simone Veil décède à l'âge de 89 ans. Le dimanche 1er juillet 2018, elle est la cinquième femme à être inhumée au Panthéon. Emmanuel Macron prononce un discours en l'honneur du couple que formaient Simone et Antoine Veil, évoquant la Shoah et la construction européenne. Car Simone Veil incarne à elle seule les turpitudes du XXe siècle. Rescapée des camps de concentration, elle est ministre de la Santé dans le gouvernement Chirac. En dépénalisant l'avortement, elle devient l'icône de la lutte pour le droit des femmes.

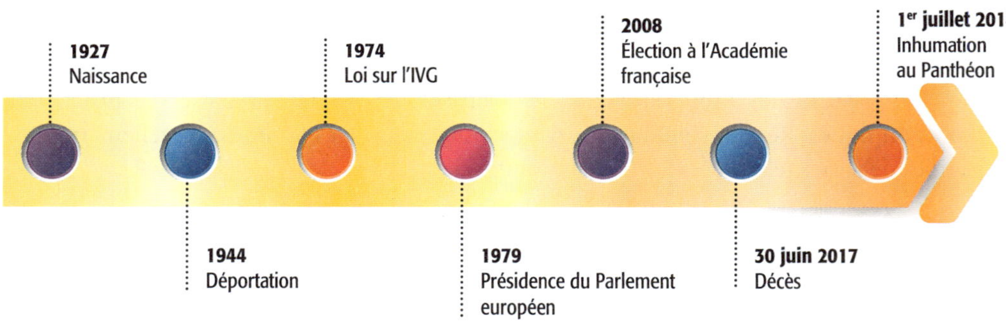

Simone Jacob, la déportée 78651

C'est en 1927 à Nice que naît Simone Jacob. Elle appartient à l'élite culturelle juive : son père André est un architecte reconnu, sa mère a fait des études de chimie avant d'élever ses quatre enfants. Le 13 avril 1944, sa vie bascule : Simone, sa mère et sa sœur sont embarquées dans des wagons à bestiaux pour Auschwitz-Birkenau, un camp d'extermination nazi en Pologne. Dès qu'elle y entre, on lui tatoue sur le bras gauche le matricule 78651. Le 18 janvier 1945, face à l'arrivée des Soviétiques, les Allemands contraignent les prisonniers à marcher jusqu'au camp de Bergen-Belsen, en Allemagne. Une « marche de la mort » de plus de 820 km par moins trente degrés.

Au retour de la guerre, la famille Jacob est broyée, seules les sœurs de Simone, Denise et Madeleine, ont survécu. Son père et son frère, Jean, ont été déportés et assassinés en Lituanie. Sa mère est morte du typhus dans le camp surpeuplé de Bergen-Belsen.

Ces quelques mois dans l'enfer des camps ont ancré en Simone une certitude : personne ne doit oublier. Le mutisme des Français pousse Simone Veil à œuvrer pour la mémoire du génocide. C'est une victoire quand Jacques Chirac reconnaît en 1995 la responsabilité de la France dans la déportation des Juifs. Simone Veil rend hommage à cette lucidité qu'elle qualifie de « *geste de vérité* ».

Simone Jacob épouse Antoine Veil à seulement 19 ans, et met au monde trois fils entre 1947 et 1954. Lorsque son mari est muté en Allemagne, Simone Veil n'hésite pas à la suivre malgré son passé concentrationnaire. Elle considère, au contraire, qu'il faut créer, développer et entretenir des relations économiques et diplomatiques avec l'Allemagne afin d'instaurer une paix durable entre les deux nations. Mère de famille bourgeoise, aimante et dévouée, Simone Veil passe le concours de la magistrature deux ans après la naissance de leur troisième fils. En 1956, elle devient haut fonctionnaire, responsable de l'administration pénitentiaire au ministère de la Justice. Sensible aux conditions de vie sordides des détenus, elle entreprend d'améliorer et de moderniser la détention en milieu carcéral. Mandatée par le ministère de la Justice, elle s'indigne du sort des prisonnières lors de la guerre d'Algérie, et obtient finalement leur transfert en France afin de les protéger des traitements violents qu'elles subissent quotidiennement. Son combat en faveur du droit des femmes vient de commencer véritablement.

Simone Veil, ministre de la Santé

En 1974, Valéry Giscard d'Estaing est élu président de la République. Symbole du renouveau, Giscard a bâti sa popularité sur sa jeunesse et sa modernité. Élu à 48 ans, il cultive l'image d'un Président dynamique, soutenu par des célébrités populaires comme Brigitte Bardot ou Johnny Halliday. Pour parfaire cette image de Président novateur, il a besoin d'intégrer davantage de femmes à son gouvernement. Sur les conseils de Jacques Chirac, il nomme Simone Veil, femme discrète, conventionnelle et docile, pense-t-il, au ministère de la Santé, fonction qu'elle remplit jusqu'en 1979.

Le Président Giscard d'Estaing lui confie le projet de mener à bien l'une des mesures les plus symboliques de son programme, la dépénalisation de l'avortement. Simone Veil présente le projet de loi sur l'interruption volontaire de grossesse (IVG) à l'Assemblée nationale, le 26 novembre 1974. Commencent alors trois jours de débat d'une violence rare dans l'histoire de la Ve République. « *Avortoir* », « *abattoir* », « *four crématoire* », aucun terme n'est assez violent pour exprimer l'horreur, l'épouvante et la répulsion qui saisissent les parlementaires ce jour-là. Pourtant, Simone Veil est loin des féministes contemporaines. Elle ne tente pas de les convaincre du bien-fondé d'une telle loi. Son discours est à son image, sobre, digne et courageux : « *Aucune femme ne recourt de gaieté de cœur à l'avortement, il suffit d'écouter les femmes. C'est toujours un drame et cela restera toujours un drame* ». Ce n'est pas une logique de mort ou de conquête de droit qui l'anime, mais la nécessité d'encadrer légalement une pratique clandestine afin de protéger les femmes les plus démunies qui n'ont pas les moyens d'aller se faire avorter à l'étranger. Le 29 novembre 1974, le texte est finalement adopté à 284 voix contre 189. L'autorisation de l'IVG doit durer seulement cinq ans, mais sera reconduite pour une durée indéterminée.

La ministre de la Santé est devenue l'incarnation de la lutte en faveur du droit des femmes : pour chaque Français, la dépénalisation de l'avortement se nomme désormais « loi Veil ».

Simone Veil en 1982

Source : Getty.

En 1979, le président Giscard d'Estaing lui accorde une nouvelle fois sa confiance en lui demandant de conduire la liste UDF aux élections européennes. Elle sera élue à la présidence du Parlement européen le 17 juillet 1979. Une ancienne déportée juive à la tête de l'Europe. Simone Veil accepte. Elle a toujours été convaincue de la nécessité d'un rapprochement franco-allemand. Mais son enthousiasme est loin d'être naïf : dès son discours d'intronisation, elle souligne les difficultés de la construction européenne et du travail de mémoire, en France comme en Allemagne. Membre du Conseil constitutionnel, elle invite à voter « oui » au référendum français sur la constitution européenne. Pour Simone Veil, la construction d'une Europe pacifiée n'est pas juste un projet politique, c'est une exigence morale.

Simone Veil, un héritage politique ?

Simone Veil quitte progressivement le champ politique : en 2007 elle abandonne son poste au Conseil constitutionnel ainsi que la présidence de la Fondation pour la mémoire de la Shoah. Elle continue néanmoins à occuper l'espace médiatique : elle soutient Nicolas Sarkozy à l'élection présidentielle de 2007, puis Jean-Louis Borloo lors de la fondation du parti centriste UDI, en 2012. Elle se consacre désormais à la publication de son autobiographie *Une vie* avant d'être élue, en 2008, à l'Académie française. Les décès de son mari Antoine et de sa sœur Denise, en 2013, l'incitent à se retirer définitivement de la vie publique. Quatre ans plus tard, le 30 juin 2017, elle s'éteint à son domicile, Place Vauban. Le 5 juillet Emmanuel Macron annonce au cours de l'hommage national rendu aux Invalides qu'elle reposerait avec son époux au Panthéon.

Simone Veil est une personnalité qui fédère le peuple français. Partis politiques de droite comme de gauche, libéraux et conservateurs, dirigeants européens et maghrébins : tous lui rendent hommage et réclament son entrée au Panthéon. Elle y repose désormais avec son époux, Antoine.

Comment Simone Veil a-t-elle fait pour exprimer des convictions politiques aussi fortes sans s'attirer le désaccord d'une partie de la population ? Simone Veil est une figure extrêmement nuancée. Elle est juive, mais adhère au MRP (démocrates-chrétiens). Elle soutient la candidature à la présidence de la République du gaulliste, Jacques Chaban-Delmas, mais regarde avec bienveillance les révoltes étudiantes de Mai 68. Elle défend la dépénalisation de l'avortement, mais condamne fermement sa banalisation. Simone Veil est une figure toute en retenue, en nuances et en subtilité. Féministe convaincue, elle n'adhère pas pour autant à leur discours dominant : les femmes doivent reconquérir leur corps et leur liberté, c'est à elles seules de décider ce qui doit s'épanouir ou non dans leur ventre. Conquête de la liberté, lutte contre la domination masculine, rien de cela n'entre dans l'argumentation de Simone Veil, mais une sensibilité accrue à la douleur des individus : souffrance de la femme qui doit poser un choix difficile, insalubrité des avortements clandestins, choc psychologique d'une grossesse non désirée.

Selon un sondage Ifop de 2010, Simone Veil est la femme préférée des Français. Sa cérémonie d'entrée au Panthéon le confirme : des milliers d'anonymes y ont assisté, la classe politique approuve unanimement cette décision et Emmanuel Macron conclut « *La France aime Simone Veil* ».

Le phénomène Netflix

par Céline Charles

Il est loin le temps où l'on devait patienter une semaine pour regarder un nouvel épisode de sa série préférée. Il est aussi loin le temps où la publicité s'imposait sans que l'on puisse l'éviter à moins d'en profiter pour aller chercher une crème glacée ! Netflix semble révolutionner l'histoire du petit écran. Comment ce simple loueur de DVD par correspondance a-t-il pu s'imposer aux États-Unis et dans le monde entier ? Quels sont les ressorts de cette plateforme qui a conquis plus de 125 millions d'abonnés ? Ce succès est-il un succès comptable ? Autrement dit, Netflix est-il rentable ? Quelles en sont les répercussions sur le monde du cinéma et de la télévision ?

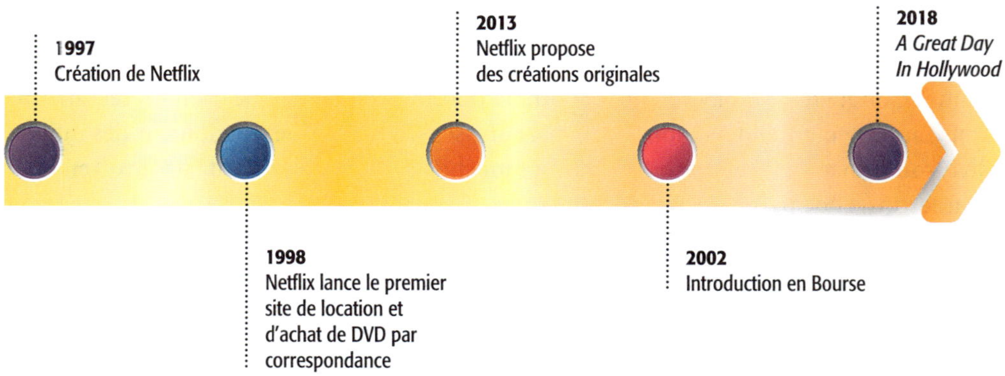

De la location de DVD à la production d'œuvres exclusives

À l'origine, Netflix était un simple loueur de DVD par correspondance. Pour visionner une série de votre choix, vous receviez par courrier un DVD en contrepartie d'une contribution monétaire. Pour éviter de perdre une clientèle lassée de côtoyer un peu trop son facteur, Netflix a acheté des droits à des chaînes de télévision comme CBS ou la Fox pour pouvoir diffuser les séries en *streaming*. Le succès est alors immédiat et Netflix, bien décidé à conquérir le monde. En 2013, la plateforme décide de proposer non seulement des contenus sous licence, mais également des productions originales. Son premier essai, *Hemlock Grove*, une série fantastique, ne connaît pas le succès attendu. Cet échec n'était visiblement pas un présage…

Netflix en chiffres

Source : *Libération*, 6 avril 2018 ; *Le Figaro.fr*, 24 mai 2018.

Les ressorts du succès

La plateforme cherche à répondre aux attentes des téléspectateurs en offrant un service pratique et flexible, sans publicité et sans contrainte. Les contenus sont diversifiés et personnalisés : des algorithmes sondent nos goûts en observant nos connexions, nos recherches, nos visionnages et nos notations afin de proposer et produire des contenus censés nous plaire. Enfin, si un client reste insatisfait, il peut remplir un formulaire en ligne pour faire une proposition de contenu à Netflix, qui se laisse le droit d'y donner suite ou pas.

Au-delà de la facilité d'utilisation, Netflix a misé sur des personnalités pour attirer la clientèle et légitimer son offre. Des acteurs comme Kevin Spacey (aujourd'hui écarté de plusieurs projets de séries en raison d'accusation de harcèlement), Winona Ryder (*Stranger things*) ou bien encore Gwyneth Paltrow (*Glee*) ont fait la renommée de la plateforme. Martin Scorsese vient de terminer le tournage de *The Irishman*, un film réunissant Robert De Niro et Al Pacino, le duo mythique de *Heat*. Sa sortie est prévue en 2019 et en exclusivité sur Netflix…

Au-delà du marketing, Netflix revendique une véritable ligne éditoriale, porteuse de valeurs comme l'égalité dans le cinéma. En juin 2018, lors de la cérémonie des BET

Awards (récompensant des artistes afro-américains), un clip, produit par Netflix, fustige la « *catégorie noire* » en déclarant « *Nous ne sommes pas un genre, car il n'y a pas qu'une seule façon d'être Noir* ». Le cliché, intitulé *A Great Day In Hollywood*, a été pris à l'occasion du tournage du clip et met en scène 47 acteurs, producteurs, scénaristes ou showrunners, dont Spike Lee. C'est un hommage à la célèbre photo de Art Kane *A Great Day In Harlem*. Pris en 1958, le cliché mettait à l'honneur 57 légendes du jazz dont Count Basie, Charles Mingus ou encore Lester Young posant dans le quartier d'Harlem à New York.

Tous ces atouts n'empêchent pourtant pas la firme d'être endettée de plusieurs milliards de dollars, 5 milliards selon le *Los Angeles Times*. En effet, les droits de licence versés à d'autres studios pour pouvoir diffuser leurs contenus représentent un poste de dépenses important pour la plateforme. Par ailleurs, Netflix n'a pas hésité à emprunter de l'argent pour attirer des stars comme Michael Douglas ou Emma Stone dans le cadre de ses créations originales. Cette dernière est à l'honneur dans *Maniac*, une série originale de Netflix, diffusée depuis septembre 2018.

▶ Une révolution pour le grand et petit écran ?

Netflix a de quoi inquiéter les professionnels de la télévision. Aujourd'hui, les jeunes (15-24) passent plus de temps sur Internet que devant la télévision. Si l'on ne peut pas faire le même constat pour le reste de la population, on peut néanmoins observer que le temps passé devant des écrans augmente notoirement pour toute la population. Aussi les professionnels de la télévision doivent-ils s'adapter. En juin 2018, TF1, France Télévisions et M6 ont uni leurs savoir-faire pour proposer une plateforme de vidéos à la demande. Baptisée « Salto », la plateforme doit concurrencer Netflix et Amazon. TF1, France Télévisions et M6 ont néanmoins de nombreux défis à relever avant le lancement de leur plateforme : la validation du projet par l'Autorité de la concurrence, la création de contenus originaux, l'exploitation d'un budget nettement inférieur à celui de Netflix… Pour briser le monopole de Netflix, certaines firmes ont décidé de proposer leur propre plateforme ; c'est le cas de Disney. Il n'y aura bientôt plus de Marvel[1] sur Netflix, a annoncé le *The New York Times* en août 2018. Par ailleurs, la plateforme Amazon Prime Vidéo, créée en 2016, est bien décidée à conquérir le marché français. Fin novembre, elle propose *Deutsch-les-Landes*, une série originale produite en France, à l'écriture de laquelle ont participé deux des scénaristes de *Bienvenue chez les Ch'tis*. On peut alors douter des propos de Jay Marine, le vice-président de Prime video Europe, quand il affirme : « *Chez Amazon, nous ne nous préoccupons pas de ce que fait la concurrence.* »

La relation semble être plus apaisée avec le grand écran : les cinémas ne désemplissent pas. Richard Patry, président de la Fédération nationale des cinémas français, s'est réjoui des entrées pendant la fête du cinéma en 2018. En 2017, le Festival de Cannes a même sélectionné deux films Netflix. Cette paix semble pourtant bien illusoire : Netflix a refusé de participer à la 71e édition du Festival, refusant deux réglementations françaises : 1. l'obligation récente de sortie en salle en France pour tout film sélectionné ; 2. la néces-

---

1. La Walt Disney Company a racheté Marvel Entertainment en 2009.

sité de respecter la chronologie des médias. Cette dernière prévoit un délai obligatoire entre la diffusion sur grand et petit écran. Un délai pouvant aller jusqu'à 36 mois pour un service de vidéo à la demande.

Des réalisateurs se sont mêlés à la querelle. Tandis que Steven Spielberg renvoie toute création de Netflix à la catégorie « téléfilm », Christopher Nolan craint la fermeture prochaine et inévitable de salles de cinéma. Sur le site d'actualité américain consacré au cinéma indépendant Indiewire, il expliquait en juillet 2017 : « *Je crois que l'investissement que Netflix met dans des réalisateurs et des projets intéressants serait plus admirable si ce n'était pas utilisé comme un étrange moyen d'influence pour écarter les salles de cinéma* ». Peut-il se rassurer avec les velléités de rachat de plusieurs salles américaines par Netflix ?

L'astrophysicien Stephen Hawking rejoint les étoiles

par Marie Perez

Le 14 mars 2018, alors que le monde commémore les 139 ans de la naissance d'Albert Einstein, le physicien, cosmologiste et mathématicien britannique, Stephen Hawking, décède à l'âge de 76 ans. Les hommages fusent de toutes parts : de la communauté scientifique, bien sûr, mais aussi de la Nasa qui le qualifie de « *physicien de renom et ambassadeur de la science* », de Theresa May qui salue « *un esprit brillant et extraordinaire, l'un des plus grands scientifiques de sa génération* », du pape François, qui l'avait rencontré, ou encore de la chanteuse Katy Perry… Tous expriment leur admiration pour cet homme de sciences, paralysé par la maladie depuis l'âge de 21 ans. Le 15 juin, ses cendres sont déposées à l'abbaye de Westminster, aux côtés de Charles Darwin et d'Isaac Newton.

1942
Naissance de Stephen Hawking à Oxford

1963
Annonce de la maladie de Charcot avec un pronostic de deux ans de vie

1974
Entrée à la Royal Society, Académie des sciences britannique

1985
Il perd définitvement l'usage de la parole

1988
Il publie *Une brève histoire du temps*, vendu à plus de 10 millions d'exemplaires

14 mars 2018
Décès

Un génie précoce

Né à Oxford le 8 janvier 1942, Stephen Hawking y étudie la physique avant de partir faire son doctorat de cosmologie à Cambridge. Dès son arrivée à Cambridge en 1963, il apprend qu'il souffre d'une maladie dégénérative paralysante, la sclérose latérale amyotrophique (SLA) ou maladie de Charcot. Face à cette maladie, les médecins ne lui donnent que deux ans à vivre. Pourtant, ce n'est qu'en 1974, qu'il devient incapable de se nourrir et de sortir de son lit par lui-même. En 1985, il perd définitivement l'usage de la parole après avoir subi une trachéotomie à la suite d'une pneumonie. Mais son esprit reste intact.

Malgré sa maladie, Stephen Hawking est toujours animé de la même passion : il veut « comprendre complètement l'univers, pourquoi il est comme il est et pourquoi il existe ». Devenu chercheur, il publie de nombreux articles, où il exprime des interprétations physiques originales, notamment sur les trous noirs et la théorie du big bang. À 32 ans, il devient le plus jeune membre de la Royal Society, l'équivalent britannique de l'Académie des sciences en France. Le plus beau résultat de Stephen Hawking date de 1974. Le chercheur est le premier à réussir à associer les constantes fondamentales de la relativité générale avec celles de la mécanique quantique, deux théories *a priori* incompatibles, dans une même équation. Elle décrit la manière dont les trous noirs devraient « s'évaporer » en émettant un léger rayonnement appelé « rayonnement Hawking ». Grâce à cette découverte, il se voit proposer en 1979, à seulement 37 ans, la prestigieuse chaire lucasienne de professeur de mathématiques de Cambridge, auparavant occupée par sir Isaac Newton. Un poste qu'il occupera pendant 30 ans jusqu'à ce que la limite d'âge ne l'oblige à se retirer.

Une reconnaissance unanime

« *Je suis certain que mon handicap a un rapport avec ma célébrité. Les gens sont fascinés par le contraste entre mes capacités physiques très limitées et la nature extrêmement étendue de l'univers que j'étudie* », disait Stephen Hawking. En effet, si l'institution scientifique reconnaît la pertinence de son travail sur les trous noirs, c'est auprès du grand public qu'il devient l'incarnation la plus populaire de l'homme de sciences. En 1988, il publie un ouvrage de démocratisation de thèses complexes en 1988, *Une brève histoire du temps, du big bang aux trous noirs*, qui demeure le plus grand succès de vulgarisation scientifique. En 20 ans, l'ouvrage se vend à plus de 10 millions d'exemplaires. Il n'hésite pas à faire de nombreuses interventions dans les médias, mais aussi dans des séries comme *Star Trek* en 1993, ou encore dans *The Big Bang Theory*. En 1999, il devient l'un des personnages des *Simpsons*, et intervient dans plusieurs épisodes. Incapable de parler, il utilise sa voix synthétique pour chanter dans des concerts aux côtés de U2, des Pink Floyd et même des Monty Python. En 2014, un film biographique britannique réalisé par James Marsh, *Une merveilleuse histoire du temps* (*The Theory of Everything*, en anglais), raconte son histoire. La star britannique, Eddie Redmayne, recevra l'oscar du meilleur acteur pour son interprétation de l'astrophysicien et fera définitivement de Stephen Hawking le scientifique le plus populaire au monde.

En dépit de ses opinions tranchées, sa figure fédère les personnalités de tout bord. Athée, comme il l'explique dans son livre *Y a-t-il un grand architecte dans l'univers ?*, quatre papes vont pourtant le rencontrer : Paul VI, Jean-Paul II, Benoît XVI et François. Le respect que lui voue l'Église se traduit par son intégration dans l'Académie pontificale des sciences en 1986. Car l'ironie veut que ce scientifique rationnel et résolument incroyant demeure un cas médical miraculeux : moins de 5 % des patients atteints de la maladie de Charcot survivent plus de deux décennies, quand Stephen Hawking, lui, y survit durant 55 ans.

Stephen Hawking et l'acteur Eddie Redmayne en 2014 lors de la première du biopic *Une merveilleuse histoire du temps* (*A Theory of Everything*)

Source : Mike Marsland/Getty Images.

La victoire de l'esprit sur le corps ?

Comment un scientifique, certes brillant, a-t-il pu provoquer un tel engouement ? C'est d'abord sa capacité de résilience qui émeut le public : l'étudiant de 21 ans, fauché en pleine jeunesse par une maladie dégénérative, défie le diagnostic médical qui ne lui donne plus que 2 à 3 ans de vie. Plus encore, malgré la nouvelle de sa maladie, il se marie, en 1965, avec une jeune étudiante en linguistique, Jane Wilde, avec qui il aura trois enfants, et termine rapidement sa thèse de doctorat. Les médecins avaient pronostiqué sa mort pour 1965 : non seulement Hawking vivra jusqu'en 2018, mais il consacrera l'essentiel de ses recherches au temps, au vide et à l'infini. L'annonce de sa finitude imminente crée en lui le désir paradoxal de repousser les limites de l'espace et du temps. Il incarne avec justesse ce constat du philosophe Pascal : « *Par l'espace l'univers me comprend et m'engloutit comme un point ; par la pensée, je le comprends* ».

Il personnifie ce triomphe de l'esprit sur le corps, ce refus de se laisser déterminer par la maladie et affirme la prévalence de l'intellect sur la matière organique, faillible et imparfaite. C'est ainsi que la sociologue Hélène Mialet voit en lui l'archétype d'une science dématérialisée, dépassant toutes les contingences matérielles pour ne se concentrer que sur l'intellectuel. Incapable de bouger et de parler, il ne peut que produire des idées. Il faut néanmoins souligner la part mythique d'une telle vision : son fort handicap physique le rend totalement dépendant des soignants, mais aussi de ses nombreux étudiants qui exploitent, étudient, vérifient ou invalident chacune de ses intuitions. Ainsi, chaque article, signé en son nom, a en fait été produit par l'intégralité de son équipe de recherche dans la mesure où son handicap le contraint à déléguer une grande partie du travail matériel.

Stephen Hawking demeure, aux yeux du grand public, l'incarnation d'un homme qui ne s'est pas laissé dominer par la fatalité et par le déterminisme biologique. Dans une société soucieuse de la perfection physiologique, qui cherche à évacuer la douleur et à se prémunir contre la dégradation du corps, la vie de Stephen Hawking représente un défi lancé au handicap, la possibilité de transcender ses limites physiques et de se concentrer sur les idées.

Les abeilles, victimes des pesticides

par Élodie Grémaud

Depuis 20 ans, on constate une surmortalité des abeilles d'environ 30 %. Cette surmortalité concerne autant les abeilles sauvages que les abeilles domestiques. Certains apiculteurs parlent d'une hécatombe. Or les abeilles sont indispensables à la vie sur Terre, à la biodiversité et donc à tout un pan de l'agriculture. Les raisons de cette surmortalité sont nombreuses, mais l'utilisation des néonicotinoïdes (pesticides neurotoxiques) serait l'une des principales. L'Union européenne (UE) commence à légiférer pour interdire ces produits.

1er décembre 2013
Adoption d'un moratoire sur les restrictions partielles d'utilisation de trois pesticides dans l'UE

8 août 2016
En France, promulgation de la loi pour la reconquête de la biodiversité, de la nature et des paysages

27 avril 2018
L'UE prolonge le moratoire de 2013 et le généralise à toutes les cultures de plein champ (mais pas de serre). Trois néonicotinoïdes sont interdits à partir du 19 décembre 2018

17 mai 2018
Le tribunal de l'UE confirme les restrictions sur les trois néonicotinoïdes

30 juillet 2018
En France, une aide de 3 millions d'euros est débloquée pour que les apiculteurs puissent renouveler les essaims

1er septembre 2018
En France, interdiction de 5 néonicotinoïdes avec des dérogations jusqu'en juillet 2020

Des abeilles indispensables à la vie

En France, il existe plus de 1 000 espèces d'abeilles sauvages et plus 20 000 à travers le monde. Les abeilles sont apparues sur Terre 100 à 150 millions d'années avant les hommes. Elles ont permis l'évolution des plantes à fleurs et contribuent avec d'autres insectes à la pollinisation (transport du pollen pour féconder les plantes) de 80 % des espèces de plantes à fleurs, dont des plantes cultivées. Les plantes produisent du pollen, qui contient des gamètes mâles, et qui n'est pas mobile, il faut le transférer sur la partie réceptrice de l'appareil femelle de chaque fleur. Le vent, l'eau et les animaux (dont les abeilles) sont les principaux vecteurs de la pollinisation.

La pollinisation par un animal

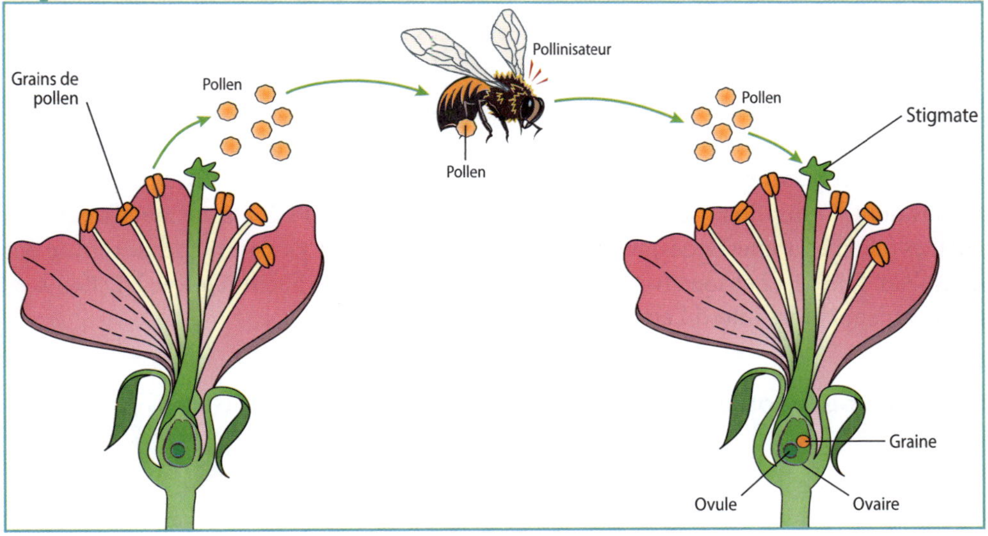

Selon Bernard Vaissière, chercheur à l'Institut national de la recherche agronomique (INRA) d'Avignon, les abeilles interviennent dans 4 grands domaines de l'agriculture, qui représentent 30 % de notre tonnage d'alimentation :

– l'agriculture fruitière ;

– les grandes cultures oléagineuses et protéagineuses comme le tournesol ;

– le maraîchage : les cucurbitacées, le melon, la pastèque, la courgette, la fraise... ;

– la production de semences pour l'oignon, le poireau, la carotte, la salade, l'endive…

Selon l'INRA, la valeur économique mondiale de l'activité pollinisatrice des insectes est estimée à 153 milliards d'euros, soit 9,5 % en valeur de l'ensemble de la production alimentaire mondiale. Les cultures les plus dépendantes de la pollinisation par les insectes sont aussi celles qui ont la valeur économique la plus importante.

Pour pallier le manque d'abeilles, les agriculteurs louent des colonies d'abeilles domestiques ou des colonies de bourdons. En Chine, dans certaines provinces où les insectes pollinisateurs se sont éteints, les agriculteurs font la pollinisation à la main !

Les abeilles se nourrissent en grande partie de pollen et de nectar. Pour préserver leur survie et la diversité des sources de pollen, il faut donc recourir à des jachères florales dans les zones de grande culture, sur les bordures des routes, dans les jardins, etc.

Face à cette surmortalité des abeilles, l'Union européenne a décidé de légiférer sur les néonicotinoïdes sans pour autant les interdire totalement.

Les pesticides et la législation

Les néonicotinoïdes ont été mis en vente dans les années 1990. Ce sont les produits comme Gaucho, Cruiser, Poncho. Ils s'utilisent en granules ou en enrobage de semences lors des semis, aussi leur dissémination est rapide. La molécule des néonicotinoïdes attaque le système nerveux central des insectes. Les abeilles sont désorientées, perdent la mémoire et ne retrouvent pas le chemin de la ruche.

En 2013, l'UE interdit trois néonicotinoïdes sur sept, sur des cultures bien précises comme le colza, le maïs et le tournesol (cultures qui attirent les abeilles). Fin février 2018, l'Autorité européenne pour la sécurité des aliments (EFSA) a confirmé que les trois pesticides dont l'utilisation avait été restreinte depuis 2013 par l'UE étaient nocifs pour les abeilles (abeilles domestiques, abeilles sauvages et bourdons). Ces pesticides se retrouvent dans l'eau, l'air, le sol et sont 10 000 fois plus toxiques pour les abeilles que le DDT (insecticide organochloré interdit en Europe depuis les années 1970).

Les trois néonicotinoïdes interdits par l'UE en 2013

Marque et fabricant	Gaucho – BAYER	Poncho-Maïs – BAYER	Cruiser – syngenta
Situation	Mise sur le marché en 1994. Interdit en France sur tournesols depuis 1999, sur maïs depuis 2004. Autorisé sur bois, céréales à paille (blé, orge) et sur vergers (Confidor). Autorisé dans l'Union européenne et aux États-Unis.	Jamais autorisé en France. Autorisé en Europe et aux États-Unis.	Autorisé en France depuis 2008, pour un an, renouvelé chaque fois depuis, malgré des annulations du Conseil d'État. Dans nos champs jusqu'en 2011 minimum. Autorisé par l'Europe mais interdit en Slovénie et en Italie. Autorisé aux États-Unis.
Toxicité pour les abeilles par rapport au DDT	x 7 297	x 6 750	x 5 400

Sources : *Sciences et Avenir*.

Le 27 avril 2018, l'UE a voté pour l'interdiction de trois produits néonicotinoïdes sur toutes les cultures de plein air. Seize États sur 28 (dont la France) ont donné leur accord. Les groupes des produits phytosanitaires Bayer et Syngenta avaient contesté et demandaient l'annulation de l'interdiction. Mais le 17 mai 2018, les deux groupes ont été déboutés. Le 1er septembre 2018, la France a interdit deux néonicotinoïdes supplémentaires dans le cadre du projet de loi pour la reconquête de la biodiversité, de la nature et des paysages de 2016. Toutefois, des amendements ont permis des dérogations. L'interdiction totale prendra effet le 1er juillet 2020.

La législation ne satisfait pourtant ni les apiculteurs ni les agriculteurs. Le 7 juin 2018, à travers une mobilisation nationale, les apiculteurs français ont alerté les pouvoirs publics sur le taux de mortalité très élevé des abeilles en accusant les pesticides. Ils ont convergé vers l'Élysée depuis toute la France avec des ruches vides et des abeilles mortes et demandé des aides et l'interdiction des pesticides. Pour les apiculteurs, le problème va au-delà des cinq pesticides interdits, car il faudrait tous les interdire. Leur inquiétude vient également des néonicotinoïdes « nouvelle génération » comme le sulfoxaflor, qui va remplacer les néonicotinoïdes interdits. Les apiculteurs ont néanmoins obtenu une aide de 3 millions d'euros fin juillet de la part du gouvernement pour aider au renouvellement des essaims disparus. Avec la démission de Nicolas Hulot, fin août 2018, les apiculteurs ont perdu leur seul allié au gouvernement qui s'opposait, sur cette question, au ministre de l'Agriculture d'alors, Stéphane Travert.

Les agriculteurs sont également mécontents, mais pour des raisons contraires. À leur tête, on retrouve les producteurs de betterave qui utilisent les néonicotinoïdes depuis 1992 afin de lutter contre le puceron vert. La Confédération générale des planteurs de betterave estime que les rendements vont baisser de 12 %, avec une perte de 300 euros par hectare après l'interdiction des néonicotinoïdes. Pour la Fédération nationale des syndicats des exploitants agricoles (FNSEA), cette interdiction impose aux agriculteurs « *une impasse technique dramatique* ». De plus, la concurrence ne sera plus loyale avec les autres pays européens et non européens qui n'ont pas les mêmes interdictions. Enfin, les lobbies agricoles et agrochimiques contestent l'établissement d'un lien clair entre les pesticides et la surmortalité des abeilles.

Les autres facteurs de disparition des abeilles

Avec les pesticides, les abeilles sont plus fragilisées et de fait sont plus vulnérables face à certains prédateurs : le frelon asiatique, un nouveau prédateur qui vient d'Asie et qui dévore les abeilles ; le varroa, qui est un acarien parasite ; le nosema, qui est un champignon. Tous ces prédateurs sont néanmoins moins nocifs que les pesticides et les engrais.

Le réchauffement et les changements climatiques sont également à l'origine de nombreuses disparitions de ruchers.

La « végane » attitude

par Élodie Grémaud

Végane, végétalien, végétarien, flexitarien, antispéciste… que recouvrent ces appellations ? Peut-on parler d'une révolution végane alors que la proportion de personnes véganes et végétariennes en France serait de 5 % (pas de recensement officiel) ? Cette proportion augmente néanmoins chaque année, et les secteurs économiques en lien avec ces façons de se nourrir et de consommer (agroalimentaire, restauration, cosmétique…) sont en pleine croissance, notamment dans les grandes villes.

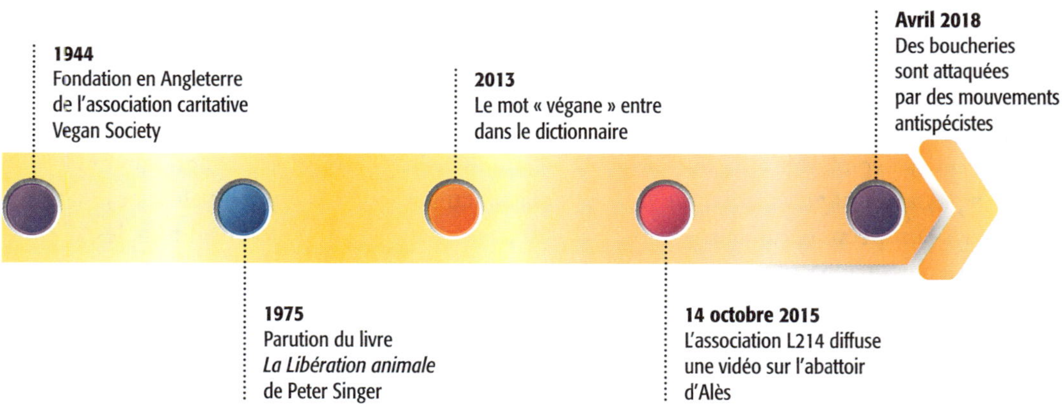

Petit lexique

Les personnes végétariennes ne consomment pas de viande, car elles ne sont pas d'accord avec le fait de tuer des animaux doués de conscience. Elles ne sont pas opposées, en revanche, à l'élevage d'animaux pour la consommation de leur lait ou de leurs œufs. Les motivations des végétariens sont diverses : conscience environnementale, bien-être animal, santé…

Les personnes végétaliennes et véganes refusent toute utilisation des animaux par l'homme pour une question d'éthique et de bien-être animal. Elles bannissent de leur alimentation (pour les personnes végétaliennes) et de leur vie (pour les personnes véganes) tous les produits d'origine animale et toutes les pratiques fondées sur l'exploitation des animaux. Le véganisme est donc un mode de vie.

Selon les antispécistes, la vie d'un animal vaut autant que celle d'un être humain. Les antitspécistes refusent que l'on exploite et que l'on tue des animaux à des fins de consommation. Le philosophe de l'antispécisme est l'Australien Peter Singer, qui a publié, en 1975, son essai *La Libération animale*.

La personne flexitarienne a un régime végétarien, mais ne s'interdit pas de manger de la viande occasionnellement, notamment en société.

Qui suis-je ?

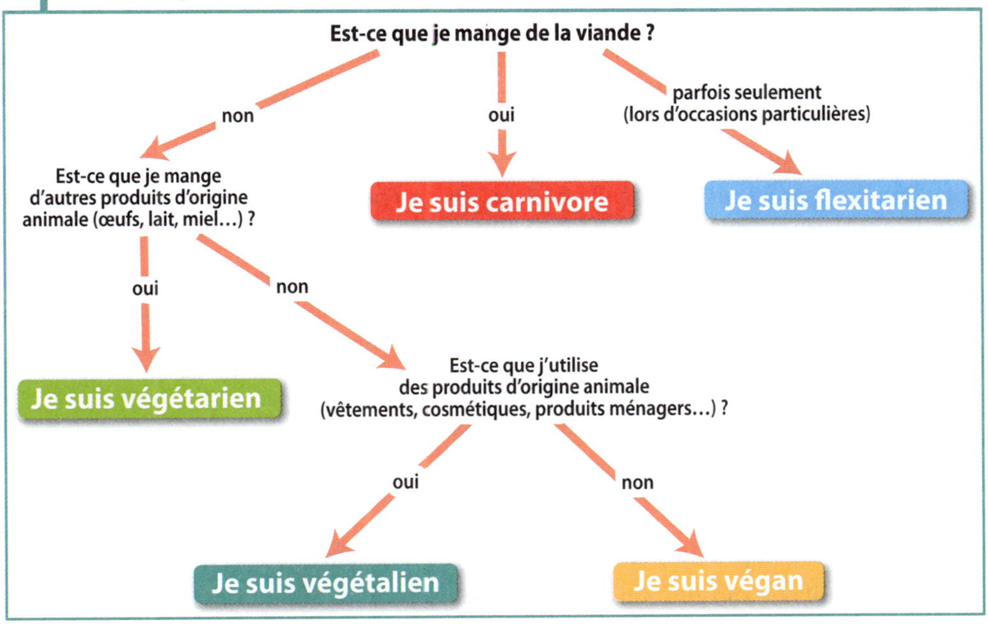

Une société intrinsèquement carnivore

L'homme moderne est-il appelé à devenir végane ? Selon la sociologue Jocelyne Porcher, auteure de *Vivre avec les animaux. Une utopie pour le XXIe siècle* (édition la découverte), le véganisme remettrait en cause un mode de vie millénaire. Selon elle, la domestication des animaux serait une volonté conjointe des animaux et des hommes. En effet, la plupart des espèces domestiques sont des proies et ont une espérance de vie courte dans la nature. De fait, la domestication ne serait pas un rapport de domination et d'exploitation, mais un rapport de pacification et de communication. Pour elle, il ne faudrait pas confondre les 10 000 ans d'élevage et les 150 dernières années de développement industriel avec l'élevage intensif.

Qu'en est-il de la consommation de viande ? En France elle est en baisse depuis quelques années. On est passé de 93,6 kg équivalent carcasse par personne en 1993 à

84,3 kg en 2017. Mais, au début du XXe siècle, on consommait seulement 40 kg par an et par personne. D'une manière générale, la consommation de viande stagne en Europe et aux États-Unis. En revanche, elle augmente dans les pays en développement (Inde, Chine). Ainsi entre 1950 et 2000, la production mondiale de viande a été multipliée par 5.

Le boom du véganisme

Les motivations pour diminuer sa consommation de viande sont variées :

– la santé : les protéines animales ne seraient pas bonnes pour l'organisme humain. Par exemple, le Centre international de recherche sur le cancer indique que la viande transformée est cancérogène et que la viande rouge l'est probablement aussi ;

– l'environnement : l'élevage, à l'échelle mondiale, représente 14,5 % des émissions de gaz à effet de serre, soit légèrement plus que le secteur des transports. Plus de 70 % des terres agricoles dans le monde servent à nourrir les animaux. Pour produire 1 kg de viande, il faut produire 7 à 12 kg de céréales ;

– le bien-être animal : en 2016, en France, 30 % des abattoirs ont fait l'objet d'observations critiques par les services de l'État. Toujours en France, 83 % des poulets sont élevés sans voir le jour et 95 % des cochons sont élevés sur caillebotis.

Cet engouement ou questionnement pour le véganisme se traduit par un boom économique dans différents secteurs : livres de cuisine, restauration, cosmétique, agro-industrie. Le véganisme n'est pas simplement un régime alimentaire, c'est un mode de vie. Ainsi, l'offre de produits véganes a augmenté de 82 % en 2016 dans les supermarchés, représentant un chiffre d'affaires modeste de 30 millions d'euros. Le label « Expertise végane Europe » (EVE VEGAN) est un organisme français de contrôle et de labellisation de produits véganes.

Différentes voix s'élèvent pour diminuer la production de viande, changer la façon de la produire ou, plus radicalement, la supprimer. Plusieurs perspectives sont à envisager. Des produits de substitution sont créés pour produire des « fromages » véganes ou des pâtisseries véganes. Les grandes marques industrielles s'intéressent aussi à ce secteur. L'enseigne bio, Naturalia, a ainsi ouvert plusieurs magasins spécifiquement véganes en région parisienne. Danone possède la marque Alpro, qui offre aux consommateurs différents produits d'origine végétale, et Herta, marque emblème de la charcuterie industrielle, a lancé une gamme « Le bon végétal » composé de produits à base de céréales et de légumineuses pour remplacer les protéines animales. Les industriels proposent des aliments 100 % d'origine végétale, mais ces aliments sont des produits industriels, ils ne sont pas forcément sains (conservateurs…).

Le véganisme a donc le vent en poupe. Dans Paris, il existe même un quartier, situé entre les 9e et 10e arrondissements, nommé « Veggietown » depuis 2016 par l'Association végétarienne de France. Il concentre les boutiques et restaurants végétariens et véganes. Le secteur végane n'attire pas que les véganes. Les flexitariens et toutes les personnes qui veulent diminuer leur consommation de viande sont de possibles consommateurs. Ainsi le Salon « VeggieWorld », dédié au mode de vie végane, a attiré à Paris 5 000 personnes lors de sa première édition en 2016. En 2018, il a accueilli 30 000 visiteurs.

Un mouvement extrémisme ?

L'association « L214 éthique & animaux », fondée en 2008, revendique aujourd'hui 30 000 adhérents. Elle tient son nom de l'article L. 214-1 du code rural et de la pêche maritime, dans lequel les animaux sont désignés comme des « êtres sensibles ». Cette association défend la cause végane et le droit des animaux. En 2015, leur première vidéo tournée en caméra cachée dans un abattoir d'Alès a été vue plus de 1,8 million de fois sur YouTube. À la suite de cette vidéo, une commission d'enquête parlementaire avait mis en place un contrôle des abattoirs. Il s'était avéré que 80 % des chaînes d'abattage présentaient des non-conformités. Par la diffusion de vidéos-chocs tournées dans des abattoirs, L214 vise à sensibiliser l'opinion publique et à entamer des discussions ou négociations avec les élus et les industriels.

L'association « 269 Libération Animale », association antispéciste française créée en 2016, a des méthodes « plus musclées ». Elle lutte pour la libération animale à travers un activisme offensif : attaques de boucheries, occupations d'abattoirs… Les relations se crispent avec les bouchers. Au mois d'avril 2018, dans les Hauts-de-France, 7 boucheries ont été aspergées de faux sang. Des boucheries et poissonneries ont été vandalisées. En septembre, deux militants véganes ont fait un « *happening* » devant une boucherie du XVIe arrondissement de Paris, en tenant dans leurs bras un porcelet mort. Le 3 juillet, les bouchers ont été reçus par le ministère de l'Intérieur suite aux « violences » véganes.

Et si le monde entier devenait végane ?

Une étude de l'université d'Oxford a envisagé les conséquences de ce scénario :

– les émissions de gaz à effet de serre diminueraient de 70 % ;

– le nombre de terres cultivables augmenterait ;

– dans les pays riches, le diabète reculerait, ainsi que les maladies cardiovasculaires et les cancers ;

– *a contrario* dans les pays en voie de développement, les protéines animales sont essentielles pour lutter contre la malnutrition ;

– sans l'intervention de l'homme, des animaux d'élevage comme les abeilles, les poules et les vaches seraient en danger.

On peut penser que le mouvement végane va continuer de s'étendre en France. Malgré le faible nombre d'adeptes, les sympathisants sont nombreux. En outre, les jeunes générations sont plus sensibilisées à cette problématique.

AUTRES FAITS

janv.

20 janvier Paul Bocuse, le « cuisinier du siècle », décède à 91 ans à Collonges-au-Mont-d'Or, dans sa célèbre auberge *L'auberge du Pont de Collonges*. Formé par la mère Brazier, il devient Meilleur ouvrier de France (MOF) en 1961, et décroche les 3 étoiles en 1965. Il a monté un empire gastronomique en ouvrant plusieurs brasseries à Lyon. Sa cuisine était simple et traditionnelle.

fév.

9 au 25 février Les Jeux olympiques d'hiver ont eu lieu à Pyeongchang en Corée du Sud. La Norvège est en tête du tableau des médailles. La France est 9e. Les athlètes des deux Corées ont défilé ensemble lors de la cérémonie d'ouverture. Il y avait même une équipe féminine de hockey de la Corée unifiée. La Russie, quant à elle, n'a pas eu d'équipe officielle pour cause de dopage. Certains athlètes russes ont participé, ce sont les athlètes olympiques de Russie.

mars

29 mars La ministre de la Culture, Françoise Nyssen, a présenté son plan « Culture près de chez vous ». Il s'agit de rapprocher la culture et les territoires les moins dotés en matière artistique et culturelle grâce à des projets fondés sur l'itinérance.

avril

13 avril La justice a ordonné le gel d'une partie des biens de Johnny Hallyday. La star, décédée le 5 décembre 2017, avait décidé de tout léguer à son épouse Laeticia, déshéritant David et Laura, ses deux enfants nés de précédentes unions. La justice française a décidé du gel des biens immobiliers du chanteur et de la mise sous séquestre de tous les droits artistiques en attendant un accord entre les parties.

22 avril Plus de 200 parlementaires signent une tribune dans *Le Journal du dimanche* et appellent le gouvernement à mettre en place un « grand plan vélo », prévoyant la création, entre autres, de pistes cyclables et d'« autoroutes vélos ».

mai

4 mai Dans un rapport publié vendredi par WWF, on apprend que les Français vont vivre « à crédit » à partir du 5 mai. Si leur consommation était généralisée à la planète, les ressources renouvelables en un an par la nature seraient déjà épuisées.

4 mai Le prix Nobel de littérature n'est pas attribué cette année pour cause de scandales sexuels au sein du comité Nobel en Suède : 28 femmes accusent le mari d'une académicienne, le Français Jean-Claude Arnault, de viols et agressions sexuelles. Depuis 1901, il a déjà été annulé à 7 reprises.

19 mai Le prince Harry et sa fiancée Meghan Markle ont échangé leur consentement à l'occasion d'un mariage somptueux qui aurait rassemblé plus de 2 milliards de téléspectateurs dans le monde. Au mois d'octobre 2018, la famille royale britannique a de nouveau fait parler d'elle en annonçant la grossesse de la jeune mariée, qui porte désormais le titre de duchesse de Sussex.

MARQUANTS 2018

juil.

5 juillet L'écrivain, journaliste et cinéaste Claude Lanzmann s'éteint à l'âge de 92 ans. Il a notamment réalisé le film documentaire *Shoah* (1985). Ce film documentaire de 9 heures et demie donne la parole aux protagonistes des camps de concentration et d'extermination.

15 juillet La France est championne du monde de football en battant en finale la Croatie avec les trois buts marqués par Kylian Mbappe, Paul Pogba et Antoine Griezmann, et le but de Mario Mandzukic. L'entraîneur est Didier Deschamps. C'est la deuxième victoire des Bleus en Coupe du monde, la première ayant eu lieu 20 ans auparavant, en 1998.

août

6 août Joël Robuchon, chef le plus étoilé du monde, avec 32 étoiles en 2016, est mort à 73 ans des suites d'un cancer. Il était à la tête d'une trentaine d'établissements à son nom. En 1994, son premier restaurant à son nom obtient le titre de « meilleur restaurant du monde ». Son plat signature reste sa fameuse purée de pommes de terre. Il a également participé à des émissions de télévision à la fin des années 1990 début des années 2000, dont celle intitulée *Bon appétit bien sûr*, de 2000 à 2009.

16 août La chanteuse surnommée « la reine de la soul », Aretha Franklin, s'éteint à l'âge de 72 ans, à Détroit des suites d'un cancer. Ses plus grands succès sont, entre autres, *I say a little prayer*, *Think*, et *Respect* qui est une reprise d'un titre d'Otis Redding. En 2009, elle avait participé à la cérémonie d'investiture de Barack Obama.

oct.

2 octobre Le prix Nobel de physique 2018 a été attribué à un Français, Gérard Mourou (74 ans) et à deux autres physiciens, la Canadienne Donna Strickland et l'Américain Arthur Ashkin. Donna Strickland et Gérard Mourou ont été récompensés pour leurs recherches sur la génération d'impulsions optiques très intenses et ultra-courtes, utilisées notamment pour la chirurgie des yeux.

16 octobre Après le remaniement ministériel et 18 mois en poste, Françoise Nyssen n'est plus ministre de la Culture. Elle est remplacée par Franck Riester. L'ancienne dirigeante de la maison d'édition Actes Sud, à Arles, a été fragilisée par des suspicions d'entorses à l'urbanisme dans le cadre de ses activités à Arles.

nov.

8 novembre Plusieurs médias européens, dont *Mediapart* et *Envoyé spécial*, révèlent que le PSG aurait pratiqué le fichage ethnique de ses joueurs entre 2013 et 2018. Si le club reconnaît cette pratique, il affirme ne jamais avoir utilisé ces informations de manière discriminante. De leur côté, la CNIL et la LDH dénoncent les risques d'une telle pratique, par ailleurs interdite par la loi.

QCM

Pour chaque question, une seule réponse est correcte.

1 L'e-sport désigne :
- ❍ **a.** Le sport équestre.
- ❍ **b.** La pratique sportive visant spécifiquement les enfants.
- ❍ **c.** La pratique de jeux vidéo en compétition.

2 L'audience mondiale de l'e-sport entre 2016 et 2018 :
- ❍ **a.** A augmenté de 20 %.
- ❍ **b.** A presque doublé.
- ❍ **c.** A été multipliée par 10.

3 Qui sont les joueurs d'e-sport :
- ❍ **a.** À 80 % des hommes.
- ❍ **b.** À 50 % des hommes.
- ❍ **c.** À 60 % des hommes.

4 L'e-sport cherche à devenir une discipline :
- ❍ **a.** Avec des compétitions spécifiques réservées aux femmes.
- ❍ **b.** Pratiquée dans le cadre académique de l'université.
- ❍ **c.** Reconnue aux futurs Jeux olympiques.

5 Le jeu Fornite est un jeu :
- ❍ **a.** Payant dans sa version de base.
- ❍ **b.** Dit de « battle royale » entre les joueurs.
- ❍ **c.** Qui se joue à quatre joueurs.

6 Les jeux d'e-sport les plus populaires sont :
- ❍ **a.** Les « *killers games* » ou jeux de tirs comme Starcraft, League of Legend.
- ❍ **b.** Les jeux de simulation sportive comme FIFA, NBA2K.
- ❍ **c.** Les jeux de construction comme Mindcraft.

7 Netflix a été créé en :

❍ **a.** 1997.
❍ **b.** 2007.
❍ **c.** 2017.

8 Son chiffre d'affaires actuel est d'environ :

❍ **a.** 10 milliards.
❍ **b.** 20 milliards.
❍ **c.** 30 milliards.

9 En France, le nombre d'abonnés avoisine les :

❍ **a.** 1 million.
❍ **b.** 4 millions.
❍ **c.** 8 millions.

10 Qui a réalisé *The Irishman* :

❍ **a.** Clint Eastwood.
❍ **b.** Christopher Nolan.
❍ **c.** Martin Scorcese.

11 *A Great Day In Hollywood* est le titre :

❍ **a.** D'une série.
❍ **b.** D'un cliché.
❍ **c.** D'un roman.

12 Qu'est-ce qu'un néonicotinoïde ?

❍ **a.** Un engrais.
❍ **b.** Un désherbant.
❍ **c.** Un insecticide.

13 Depuis le 1er septembre 2018, combien de néonicotinoïdes sont interdits en France ?

❍ **a.** 3.
❍ **b.** 4.
❍ **c.** 5.

14 **Pourquoi les abeilles sont-elles indispensables ?**

- ❍ **a.** Parce qu'elles produisent du miel.
- ❍ **b.** Parce qu'elles pollinisent les plantes.
- ❍ **c.** Parce qu'elles tuent les pucerons verts.

15 **Que font les néonicotinoïdes sur les abeilles ?**

- ❍ **a.** Ils détruisent le système nerveux.
- ❍ **b.** Ils détruisent le système digestif.
- ❍ **c.** Ils les tuent immédiatement.

16 **Quand l'interdiction totale des néonicotinoïdes prendra-t-elle effet en France ?**

- ❍ **a.** Le 1er juillet 2019.
- ❍ **b.** Le 1er juillet 2020.
- ❍ **c.** Le 1er juillet 2021.

17 **Quel est le montant de l'aide accordée aux apiculteurs pour renouveler leurs essaims ?**

- ❍ **a.** 3 millions d'euros.
- ❍ **b.** 4 millions d'euros.
- ❍ **c.** 5 millions d'euros.

18 **En 2017, quelle est la consommation moyenne de viande par personne ?**

- ❍ **a.** 40 kg.
- ❍ **b.** 84 kg.
- ❍ **c.** 93 kg.

19 **Combien faut-il de kilos de céréales pour produire un kilo de viande ?**

- ❍ **a.** 1 à 3 kg.
- ❍ **b.** 5 à 9 kg.
- ❍ **c.** 7 à 12 kg.

20 **Que fait l'association L 214 ?**

- ❍ **a.** Elle tourne des vidéos en caméra cachée dans des abattoirs.
- ❍ **b.** Elle fait des sit-in devant les boucheries.
- ❍ **c.** Elle distribue des labels « vegan ».

21 Quand la Vegan Society a-t-elle été fondée en Angleterre ?

❍ **a.** En 1918.
❍ **b.** En 1944.
❍ **c.** En 1968.

22 Quelle est la proportion de personnes végétariennes et véganes en France ?

❍ **a.** 5 %.
❍ **b.** 10 %.
❍ **c.** 15 %.

23 Que pensent les antispécistes ?

❍ **a.** Que la vie d'un animal vaut plus que celle d'un être humain.
❍ **b.** Que la vie d'un animal vaut moins que celle d'un être humain.
❍ **c.** Que la vie d'un animal vaut autant que celle d'un être humain.

24 Quand l'équipe de Russie a-t-elle été éliminée lors de la Coupe du Monde de Football ?

❍ **a.** Après le premier tour.
❍ **b.** Après les huitièmes de finale.
❍ **c.** Après les quarts de finale.

25 Qui est Skripal ?

❍ **a.** Un footballeur russe.
❍ **b.** Un ancien espion russe.
❍ **c.** Un hooligan russe.

26 Quel pays a boycotté politiquement le Mondial 2018 ?

❍ **a.** Le Royaume-Uni.
❍ **b.** La Corée du Sud.
❍ **c.** Le Sénégal.

27 Quelle est la particularité de la ville de Kazan ?

❍ **a.** Elle se trouve en Sibérie.
❍ **b.** Il y a une grande communauté musulmane.
❍ **c.** C'est la ville natale de Vladimir Poutine.

28 Quelle a été la nouveauté de cette coupe du Monde ?

❍ **a.** Il y avait 48 équipes au départ au lieu de 32.
❍ **b.** Il y a eu la mise en place de la VAR (vidéo d'assistance à l'arbitrage).
❍ **c.** Il y a eu la règle du « but en or ».

29 Qui est Oleg Sentsov ?

❍ **a.** Un cinéaste ukrainien emprisonné en Russie.
❍ **b.** Un journaliste ukrainien emprisonné en Russie.
❍ **c.** Un écrivain ukrainien emprisonné en Russie.

30 Quel est le pays d'origine des parents de Charles Aznavour ?

❍ **a.** La Georgie.
❍ **b.** La Turquie.
❍ **c.** L'Arménie.

31 Par quel artiste est-il reperé dans les années 1940 ?

❍ **a.** Charles Trénet.
❍ **b.** Édith Piaf.
❍ **c.** Joséphine Baker.

32 Dans quel film de François Truffaut a-t-il tourné ?

❍ **a.** *Les 400 coups.*
❍ **b.** *Tirez sur le pianiste.*
❍ **c.** *Le dernier métro.*

33 Quelle chanson a-t-elle été reprise par Ray Charles ?

❍ **a.** *La Bohème.*
❍ **b.** *La Mamma.*
❍ **c.** *Les Comédiens.*

34 En quelle année le génocide arménien a-t-il été reconnu en France ?

❍ **a.** 1991.
❍ **b.** 2001.
❍ **c.** 2011.

35 Combien de disques Charles Aznavour a-t-il vendu dans le monde ?

❍ **a.** Plus de 18 millions.
❍ **b.** Plus de 80 millions.
❍ **c.** Plus de 180 millions.

36 De quelle maladie souffrait le scientifique Stephen Hawking ?

❍ **a.** La sclérose en plaques.
❍ **b.** La sclérose latérale amyotrophique.
❍ **c.** La mucoviscidose.

37 Quel est le titre de l'ouvrage publié en 1988 par Stephen Hawking ?

❍ **a.** *L'univers à portée de main.*
❍ **b.** *Comment je vois le monde.*
❍ **c.** *Une brève histoire du temps.*

38 À quel phénomène physique Stephen Hawking a-t-il donné son nom ?

❍ **a.** Un rayonnement.
❍ **b.** Un trou noir.
❍ **c.** Une diffraction.

39 En quelle année a été votée la loi sur l'interruption volontaire de grossesse ?

❍ **a.** 1968.
❍ **b.** 1974.
❍ **c.** 1979.

40 En 1979, Simone Veil est la première femme à être élue à la tête :

❍ **a.** De l'Assemblée nationale.
❍ **b.** Du Sénat.
❍ **c.** Du Parlement européen.

Corrigé

1**c**, 2**b**, 3**a**, 4**c**, 5**b**, 6**a**, 7**a**, 8**a**, 9**b**, 10**c**, 11**b**, 12**c**, 13**c**, 14**b**, 15**a**, 16**b**, 17**a**, 18**b**, 19**c**, 20**a**, 21**b**, 22**a**, 23**c**, 24**c**, 25**b**, 26**a**, 27**b**, 28**b**, 29**a**, 30**c**, 31**b**, 32**b**, 33**b**, 34**b**, 35**c**, 36**b**, 37**c**, 38**b**, 39**b**, 40**c**.

PARTIE 6

CLASSEMENTS ET CHIFFRES INCONTOURNABLES

Les 10 aéroports les plus fréquentés dans le monde

Rang	Aéroport	Nombre de passagers en 2017
1	Hartsfield-Jackson d'Atlanta (ATL)	103 902 992
2	Beijing-Capital de Pékin (PEK)	95 786 442
3	Dubaï (DXB)	88 242 099
4	Haneda de Tokyo (HND)	85 408 975
5	Los Angeles (LAX)	84 557 968
6	O'Hare de Chicago (ORD)	79 828 183
7	Londres Heathrow (LHR)	78 014 598
8	Hong Kong (HKG)	72 663 955
9	Shanghai-Pudong (PVG)	70 001 237
10	Paris Charles-de-Gaulle (CDG)	69 471 442

Source : *Business Insider*, 2018.

Les 10 plus grandes villes de France

Rang	Ville	Nombre d'habitants
1	Paris	2 206 488
2	Marseille	861 635
3	Lyon	513 275
4	Toulouse	471 941
5	Nice	342 522
6	Nantes	303 382
7	Montpellier	277 639
8	Strasbourg	277 270
9	Bordeaux	249 712
10	Lille	232 741

Sources : Insee, 2015.

Les 10 musées les plus visités dans le monde

Rang	Musée	Ville	Pays	Nombre de visiteurs en 2017
1	Musée du Louvre	Paris	France	8 100 000
2	Musée national de Chine	Pékin	Chine	8 062 625
3	Metropolitan Museum of Art	New York	États-Unis	7 350 000
4	Musées du Vatican	Vatican	Vatican	6 427 277
5	British Museum	Londres	Royaume-Uni	5 906 716
6	Tate Moderne	Londres	Royaume-Uni	5 826 927
7	National Gallery of Art	Washington	États-Unis	5 232 277
8	National Gallery	Londres	Royaume-Uni	5 229 192
9	Musée national du Palais	Taipei	Taïwan	4 436 118
10	Musée de l'Ermitage	Saint-Pétersbourg	Russie	4 200 000

Source : Art Newspaper, 2018.

Les 10 films sortis au cinéma en 2018 les plus vus en France

Rang	Film	Nationalité	Nombre d'entrées*
1	*Les Indestructibles 2*	Américaine	5 688 095
2	*Les Tuche 3*	Française	5 687 076
3	*La Ch'tite Famille*	Française	5 623 343
4	*Avengers: Infinity War*	Américaine	5 141 500
5	*Le Grand Bain*	Française	3 822 502
6	*Black Panther*	Américaine	3 687 930
7	*Taxi 5*	Française	3 653 933
8	*Jurassic World: Fallen Kingdom*	Américaine	3 641 125
9	*Hôtel Transylvanie 3*	Américaine	3 053 796
10	*Mission impossible: Fallout*	Américaine	3 010 246

* Classement arrêté au 27 novembre 2018.

Sources : cbo-boxoffice.com, Cine-directors.net, jpbox-office.com et Mediavision.fr.

Les 10 films sortis au cinéma en 2018 les plus vus dans le monde

Rang	Film	Recettes (en millions de dollars)*
1	*Avengers: Infinity War*	2 038
2	*Black Panther*	1 350
3	*Jurassic World: Fallen Kingdom*	1 303
4	*Les Indestructibles 2*	1 237
5	*Venom*	822
6	*Mission impossible: Fallout*	791
7	*Deadpool 2*	734
8	*Ant-man et la guêpe*	622
9	*Ready Player One*	574
10	*En eaux troubles*	525

* Classement au 30 novembre 2018.

Sources : cinemondial.

Les 10 livres les plus vendus de l'histoire

Classement basé sur le nombre d'exemplaires imprimés et vendus au cours des 50 dernières années

Rang	Titre	Auteur	Nombre d'exemplaires (estimations, en millions)
1	Bible		3 900
2	*Citations du Président Mao Zedong* ou *Petit Livre Rouge*	Mao Zedong	820
3	*Harry Potter*	J. K. Rowling	400
4	*Le Seigneur des Anneaux*	J. R. R. Tolkien	103
5	*L'Alchimiste*	Paulo Coelho	65
6	*Da Vinci Code*	Dan Brown	57
7	*Twilight*	Stephenie Meyer	43
8	*Autant en emporte le vent*	Margaret Mitchell	33
9	*Think and Grow Rich*	Napoleon Hill	30
10	*Le Journal d'Anne Frank*	Anne Frank	27

Source : James Chapman, 2015.

Les 10 plus grandes fortunes dans le monde en 2018

Rang	Nom	Nationalité	Fortune (en milliards de dollars)
1	Jeff Bezos	Américaine	112
2	Bill Gates	Américaine	90
3	Warren Buffett	Américaine	84
4	Bernard Arnault	Française	72,2
5	Mark Zuckerberg	Américaine	71
6	Amancio Ortega	Espagnole	70
7	Carlos Slim Helú	Mexicaine	67,1
8	Charles Koch	Américaine	60
9	David Koch	Américaine	60
10	Larry Ellison	Américaine	58,5

Source : *Forbes*, 2018.

Les 10 pays les plus visités dans le monde en 2018

Rang	Pays	Nombre de visiteurs internationaux (en millions)
1	France	86,9
2	Espagne	81,8
3	États-Unis	75,9
4	Chine	60,7
5	Italie	58,3
6	Mexique	39,3
7	Royaume-Uni	37,7
8	Turquie	37,6
9	Allemagne	37,5
10	Thaïlande	35,4

Source : Organisation mondiale du tourisme, 2018.

Les 10 applications les plus téléchargées en France

Applications téléchargées sur l'App Store (Apple) au cours des dix dernières années

Rang	Application
1	Facebook Messenger
2	Facebook
3	YouTube
4	Snapchat
5	Skype
6	WhatsApp
7	Instagram
8	Deezer
9	Shazam
10	Google Maps

Source : App Annie, 2018.

Les 10 animaux emblématiques menacés d'extinction en 2018

Éléphant
Girafe
Gorille
Guépard
Léopard
Lion
Loup
Ours polaire
Panda
Tigre

Sources : F. Courchamp et al., « *The paradoxical extinction of the most charismatic animals* », PLOS Biology, publié en ligne le 12 avril 2018 ; cité par *CNRS Le Journal*, 2018.

La population mondiale en 2018

Continents	Population (en milliers)	Taux de natalité	Espérance de vie	Taux de mortalité infantile	Nombre d'enfant(s) par femme	Population de 65 ans et plus (en milliers)
Afrique	1 287 920	33,439	62,642	48,865	4,404	45 682
Amérique latine et caraïbes	652 012	16,314	75,808	15,839	2,026	54 174
Amérique du Nord	363 844	12,414	79,997	5,026	1,85	58 065
Asie	4 545 130	16,334	72,967	26,033	2,144	379 874
Europe	742 648	10,44	78,221	4,295	1,629	137 967
Océanie	412 61	16,351	78,852	18,76	2,33	5 176
Monde	**7 632 820**	**18,462**	**72,07**	**30,352**	**2,469**	**680 937**

Source : *World Population Prospects*, Nations Unies, 2017.

Les 15 pays les plus riches du monde en 2018

Rang	Pays	PIB 2018 (en milliards de $)	Évolution
1	États-Unis	**20 200**	+ 4 %
2	Chine	**13 119**	+ 10 %
3	Japon	**5 063**	+ 4 %
4	Allemagne	**3 935**	+ 8 %
5	France	**2 766**	+ 7 %
6	Royaume-Uni	**2 661**	+ 4 %
7	Inde	**2 654**	+ 9 %
8	Brésil	**2 200**	+ 6 %
9	Italie	**2 049**	+ 7 %
10	Canada	**1 763**	+ 8 %
11	Corée du Sud	**1 597**	+ 4 %
12	Russie	**1 523**	+ 4 %
13	Australie	**1 482**	+ 7 %
14	Espagne	**1 420**	+ 9 %
15	Mexique	**1 250**	+ 9 %

Source : Fonds monétaire international, 2018.

Le chômage en France en 2018

Taux de chômage BIT en France métropolitaine

	En % de la population active		Variation en points sur un		Milliers
	2018 T1	2018 T2 (p)	trimestre	an	2018 T2 (p)
Personnes au chômage	**8,9**	**8,7**	**– 0,2**	**– 0,4**	**2 538**
15-24 ans	20,8	20,1	– 0,7	– 2,6	554
25-49 ans	8,3	8,1	– 0,2	– 0,3	1 440
50 ans ou plus	6,3	6,3	0,0	0,0	544
Hommes	**8,8**	**8,7**	**– 0,1**	**– 0,5**	**1 312**
15-24 ans	20,6	21,2	0,6	– 2,0	322
25-49 ans	7,9	7,8	– 0,1	– 0,4	708
50 ans ou plus	6,6	6,4	– 0,2	– 0,2	281
Femmes	**9,0**	**8,7**	**– 0,3**	**– 0,3**	**1 227**
15-24 ans	21,1	18,7	– 2,4	– 3,3	232
25-49 ans	8,8	8,5	– 0,3	– 0,1	732
50 ans ou plus	5,8	6,2	0,4	0,2	263
Personnes au chômage de longue durée	3,6	3,6	0,0	– 0,4	1 040

(p) = provisoire.

Données CVS, en moyenne trimestrielle.
Champ : France métropolitaine, population des ménages, personnes de 15 ans ou plus.
Source : Insee, enquête Emploi, 2018.

La participation des femmes à la vie politique française

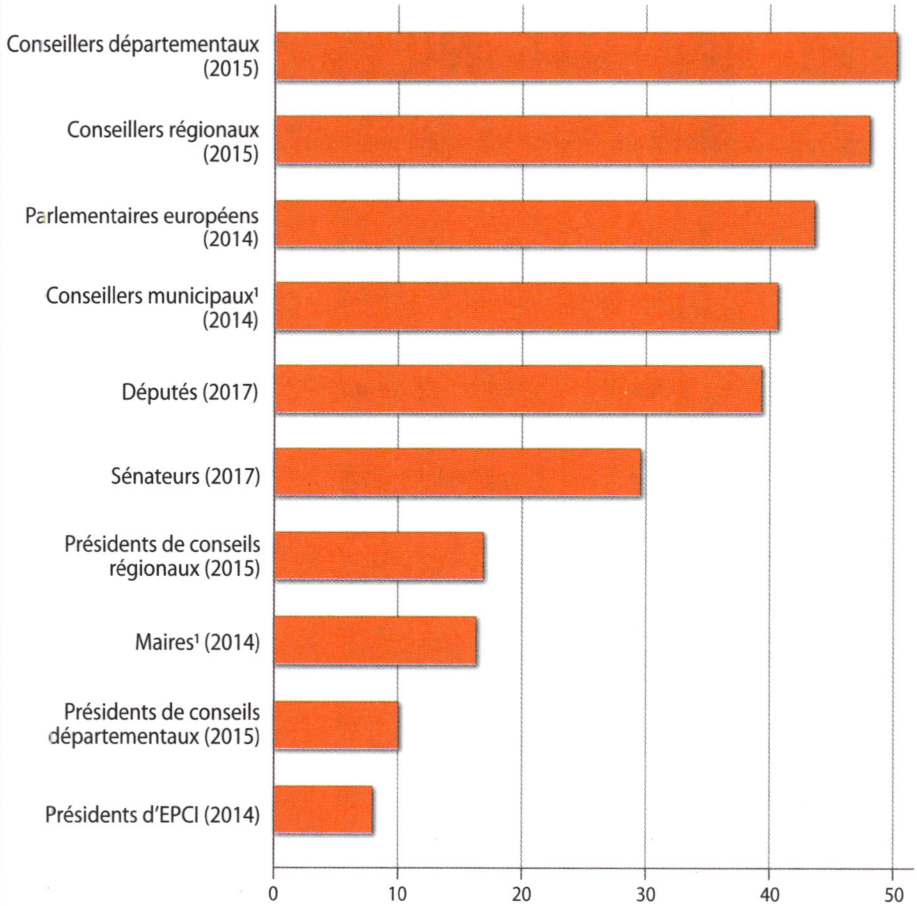

1. Ensemble des communes.

Source : Les tableaux de l'économie française, Insee, 2018.

Le nombre de personnes par ménage en France

Répartition des ménages en fonction du nombre de personnes

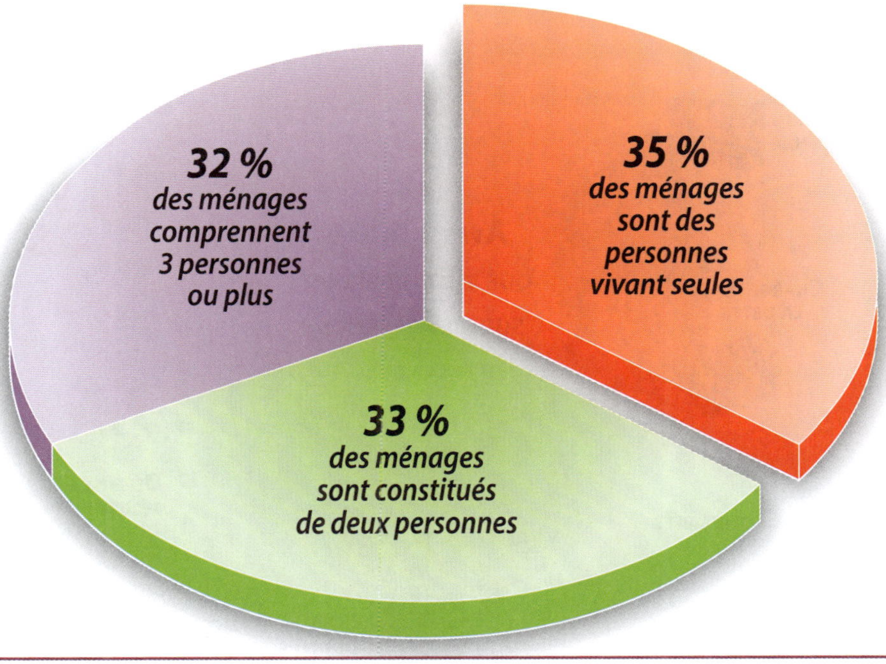

Source : Insee Première, août 2017, n° 1663.

PARTIE 6

L'utilisation des impôts en France en 2018

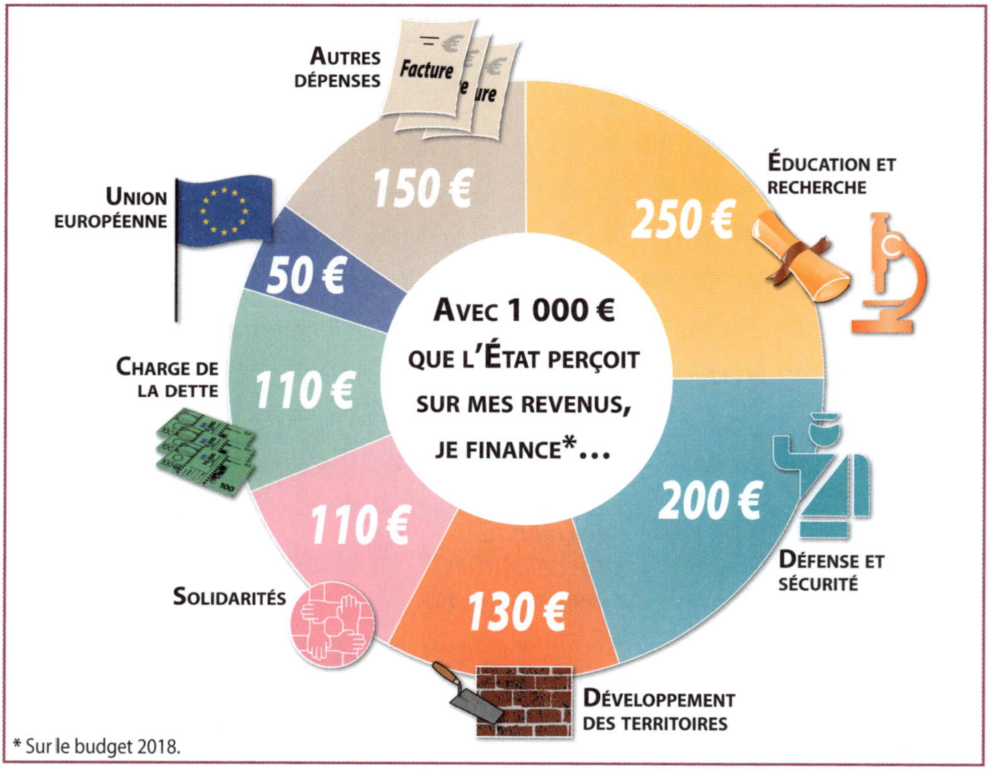

Source : www.aquoiserventmesimpots.gouv.fr.

Les dépenses moyennes par élève dans l'enseignement en France

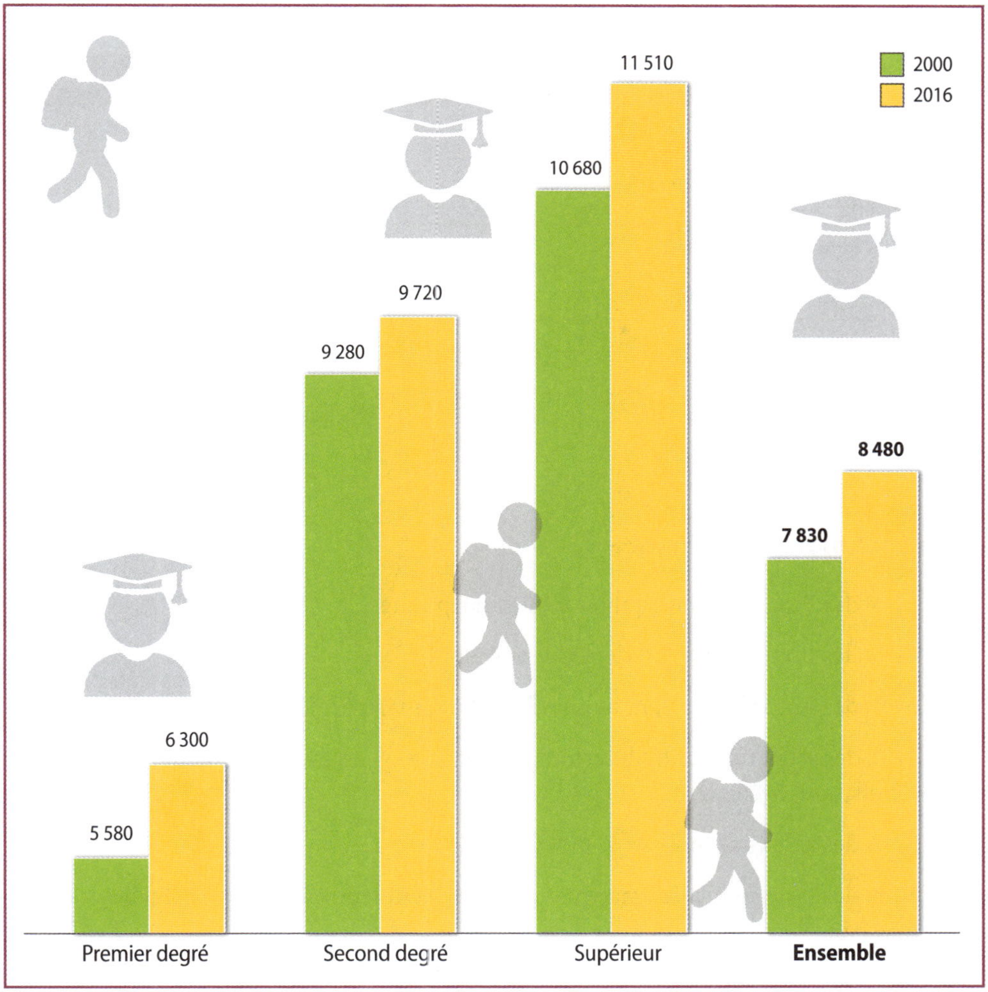

Prix en euros.

Source : Les tableaux de l'économie française, Insee, 2018.

PARTIE 6

Les usages de l'Internet en France

Usage de l'Internet pour les loisirs selon l'âge

	16-24 ans	25-64 ans	65-74 ans	Ensemble
Journaux	57	50	31	48
Jeux, images, films ou musique	70	37	14	39
Radios en ligne	40	29	11	28
Jeux en réseau	29	9	2	11
Voyages et hébergement	40	44	30	42

Champ : particuliers entre 16 et 74 ans.

Source : Eurostat 2017, EU-TIC.

Internet mobile en France

- 73 % des Français sont équipés d'un smartphone.
- 42 % des Français surfent depuis leur mobile.
- 64 % des Français utilisent aujourd'hui leur smartphone pour se connecter au web.
- 77 % des recherches mobile se font à la maison ou au travail même si un ordinateur est disponible à côté.
- 50 % des achats se font sur le mobile.
- 82 % des utilisateurs de smartphones consultent leur mobile avant d'acheter en magasin.

Source : Baromètre du numérique 2017, Crédoc.

BILAN : QCM FINAL

Pour chaque question, une seule réponse est correcte.

1 Le premier ministre de la Hongrie en 2018 est :

- ❍ **a.** Viktor Orban.
- ❍ **b.** László Kövér.
- ❍ **c.** János Áder.

2 À la rentrée 2018, la popularité d'Emmanuel Macron :

- ❍ **a.** Est plutôt en hausse.
- ❍ **b.** Est plutôt en baisse.
- ❍ **c.** Stagne.

3 Le RGPD :

- ❍ **a.** Est un règlement européen visant à protéger les données des citoyens de l'Union européenne.
- ❍ **b.** Est une loi française visant à définir les contours de l'économie sociale et solidaire.
- ❍ **c.** Est un article de l'Union européenne permettant de sanctionner un État ne respectant pas les valeurs de l'Union européenne.

4 Monsanto a été racheté par l'entreprise allemande Bayer en :

- ❍ **a.** Septembre 2018.
- ❍ **b.** Juin 2016.
- ❍ **c.** Juin 2018.

5 Le fonds *Time's Up* (« c'est fini ») a été créé :

- ❍ **a.** En janvier 2018.
- ❍ **b.** En mars 2018.
- ❍ **c.** En septembre 2018.

6 Le sigle ESS signifie :

- ❍ **a.** Économie sociale et solidaire.
- ❍ **b.** Économie socialiste solidaire.
- ❍ **c.** Économie de la solidarité sociale.

7 L'énergie nucléaire en France représente environ :

❍ **a.** 25 % de la production d'électricité.
❍ **b.** La moitié de la production d'électricité.
❍ **c.** Les trois quarts de la production d'électricité.

8 Le groupe Bolloré est :

❍ **a.** Détenu majoritairement par la famille Bolloré.
❍ **b.** Détenu majoritairement par l'État français.
❍ **c.** Détenu majoritairement par le milliardaire Antoine Pinault.

9 En 2022, les entreprises françaises qui ne pratiqueront pas une stricte égalité des salaires hommes-femmes seront soumises à :

❍ **a.** Une interdiction d'embaucher.
❍ **b.** Une amende de 1 % de la masse salariale.
❍ **c.** Une obligation de recruter des femmes.

10 On appelle « GAFA » :

❍ **a.** Gang des Fournisseurs d'Apple.
❍ **b.** Google And Facebook and co.
❍ **c.** Google, Amazon, Facebook et Apple.

11 Le e-sport prévoit à l'échelle mondiale un nombre de joueurs :

❍ **a.** Stabilisé sur l'audience record de 2018.
❍ **b.** En baisse dans les trois prochaines années par rapport à 2018.
❍ **c.** En forte hausse dans les trois prochaines années par rapport à 2018.

12 L'agence chargée de l'enfouissement des déchets à Bure s'appelle :

❍ **a.** L'Andra.
❍ **b.** L'Ira.
❍ **c.** L'Ifra.

13 La grève à la SNCF votée par l'intersyndicale était une grève longue :

❍ **a.** 36 jours de grève ont été décidés.
❍ **b.** 62 jours de grève ont été décidés.
❍ **c.** 72 jours de grève ont été décidés.

14 La fortune imposée au titre de l'IFI (impôt sur la fortune immobilière) comprend :

❍ **a.** Le patrimoine immobilier.
❍ **b.** Les placements financiers.
❍ **c.** Les œuvres d'art.

15 **La chronologie des médias est :**

❍ **a.** Le temps minimum pour que l'on puisse qualifier une œuvre de série.
❍ **b.** Le temps nécessaire pour faire un film.
❍ **c.** Le délai prévu entre la sortie sur le grand écran et celle sur le petit écran.

16 **Un des griefs adressés à la Chine par les États-Unis est :**

❍ **a.** Le transfert de technologie obligatoire.
❍ **b.** Le transfert de main-d'œuvre obligatoire.
❍ **c.** Le transfert de capitaux obligatoire.

17 **À présent, si un chômeur ne se présente pas à un rendez-vous, la radiation durera :**

❍ **a.** 15 jours et non deux mois comme avant.
❍ **b.** Trois semaines et non deux mois comme avant.
❍ **c.** 1 mois et non deux mois comme avant.

18 **En Italie, le dirigeant de la Ligue du Nord est :**

❍ **a.** Luigi Di Maio.
❍ **b.** Giuseppe Conte.
❍ **c.** Matteo Salvini.

19 **En 2018, l'ESS représente :**

❍ **a.** 5 % du PIB national.
❍ **b.** 25 % du PIB national.
❍ **c.** 10 % du PIB national.

20 **Le principal secteur d'activité de l'ESS est :**

❍ **a.** L'enseignement.
❍ **b.** Le sport et les loisirs.
❍ **c.** L'action sociale.

21 **Une partie des retraités français a manifesté en 2018 contre :**

❍ **a.** L'augmentation de la CSG.
❍ **b.** La suppression de la CSG.
❍ **c.** La baisse de la CSG.

22 **Emmanuel Macron a remplacé l'ISF par :**

❍ **a.** L'IFI.
❍ **b.** L'IDI.
❍ **c.** L'IRE.

23 **Pour protéger l'économie américaine, Donald Trump a pris des mesures protectionnistes d'ordre :**

- ❍ **a.** Tarifaire.
- ❍ **b.** Non tarifaire.
- ❍ **c.** Les deux.

24 **La flat tax est ou sera en place à partir du :**

- ❍ **a.** 1er janvier 2018.
- ❍ **b.** 1er janvier 2019.
- ❍ **c.** 1er janvier 2022.

25 **Le modèle de l'État-providence en France est :**

- ❍ **a.** Social-démocrate.
- ❍ **b.** Bismarckien.
- ❍ **c.** Il présente des caractéristiques empruntées à ces deux modèles.

26 **L'âge légal du départ à la retraite en France est de :**

- ❍ **a.** 60 ans.
- ❍ **b.** 62 ans.
- ❍ **c.** 64 ans.

27 **Le bitcoin est :**

- ❍ **a.** Une cryptomonnaie.
- ❍ **b.** Une scriptomonnaie.
- ❍ **c.** Une cleptomonnaie.

28 **À sa valeur maximale, le cours du bitcoin frôlait les :**

- ❍ **a.** 200 dollars.
- ❍ **b.** 2 000 dollars.
- ❍ **c.** 20 000 dollars.

29 **Combien existe-t-il de tranches d'impôt sur le revenu en France ?**

- ❍ **a.** 2.
- ❍ **b.** 5.
- ❍ **c.** 7.

30 **Le prélèvement à la source est ou sera opérationnel le :**

- ❍ **a.** 1er janvier 2017.
- ❍ **b.** 1er janvier 2018.
- ❍ **c.** 1er janvier 2019.

31 Les subprimes sont des crédits :

- ❍ **a.** Très avantageux, avec une prime pour ceux qui l'obtiennent.
- ❍ **b.** Très chers, prioritairement destinés à des ménages peu solvables.
- ❍ **c.** Très sélectifs, destinés aux américains VIP.

32 La crise des subprimes est une crise systémique, cela signifie :

- ❍ **a.** Qu'elle se reproduira systématiquement dans les années à venir.
- ❍ **b.** Qu'elle provient du système informatique des marchés financiers.
- ❍ **c.** Qu'elle impacte tout le système économique.

33 Quel parti politique Angela Merkel dirige-t-elle ?

- ❍ **a.** La CDU.
- ❍ **b.** L'AfD.
- ❍ **c.** Le SPD.

34 Quelle décision prise par Angela Merkel a été controversée dans son pays en 2015 ?

- ❍ **a.** L'arrêt des ventes d'armes à la Turquie.
- ❍ **b.** L'accueil de 890 000 demandeurs d'asile.
- ❍ **c.** La sortie de l'Allemagne de l'OTAN.

35 À poste égal, les femmes sont aujourd'hui moins payées que les hommes à hauteur de :

- ❍ **a.** 3 %.
- ❍ **b.** 6 %.
- ❍ **c.** 9 %.

36 Depuis le 1er janvier 2018, l'exploitation des centrales nucléaires françaises a été confiée à :

- ❍ **a.** La filiale d'EDF renommée Framatome.
- ❍ **b.** La société Orano.
- ❍ **c.** L'Autorité de sûreté nucléaire (ASN).

37 La réforme de la SNCF prévoit le changement de statut de l'entreprise. Actuellement établissement public à caractère industriel et commercial (EPIC), elle va devenir :

- ❍ **a.** Société anonyme (SA).
- ❍ **b.** Société à responsabilité limitée (SARL).
- ❍ **c.** Licorne.

38 **Quel est le produit phare d'Apple ?**

❍ **a.** L'Ipod

❍ **b.** L'Iphone.

❍ **c.** L'Ipad.

39 **Quel est le titre du film biographique sorti en 2014 consacré au scientifique Stephen Hawking ?**

❍ **a.** *Une merveilleuse histoire du temps.*

❍ **b.** *Les figures de l'ombre.*

❍ **c.** *Imitation Game.*

40 **Où ont été déposées les cendres du scientifique Stephen Hawking ?**

❍ **a.** À Cambridge.

❍ **b.** À l'abbaye de Westminster.

❍ **c.** Au MIT (Boston).

41 **Malgré son handicap, Stephen Hawking a chanté lors d'un concert du groupe suivant :**

❍ **a.** The Rolling Stones.

❍ **b.** Pink Floyd.

❍ **c.** Nirvana.

42 **Combien de femmes reposent au Panthéon ?**

❍ **a.** 2.

❍ **b.** 4.

❍ **c.** 8.

43 **En 2008, Simone Veil devient membre :**

❍ **a.** Du Conseil constitutionnel.

❍ **b.** De l'Académie française.

❍ **c.** Du Collège de France.

44 **Quel est le nom du proche collaborateur d'Emmanuel Macron qui est à l'origine d'une affaire en juillet 2018 :**

❍ **a.** Patrick Strozda.

❍ **b.** Alexandre Benalla.

❍ **c.** Pascal Pavageau.

45 **Combien de candidats ont passé le baccalauréat en 2018 ?**

❍ **a.** Environ 550 000.

❍ **b.** Environ 750 000.

❍ **c.** Environ 1 150 000.

46 **Harvey Weinstein, qui a donné son nom à l'affaire Weinstein, est un :**

- ❍ **a.** Acteur.
- ❍ **b.** Réalisateur.
- ❍ **c.** Producteur.

47 **Le RGPD est entré en vigueur dans l'ensemble des pays de l'Union européenne en :**

- ❍ **a.** Janvier 2018.
- ❍ **b.** Mai 2018.
- ❍ **c.** Septembre 2018.

48 **Au second trimestre 2018, le site de e-commerce le plus visité en France était :**

- ❍ **a.** Vente-privée.com
- ❍ **b.** Oui SNCF.
- ❍ **c.** Amazon.

49 **Quel est le score de la finale de la Coupe du monde de football en 2018 ?**

- ❍ **a.** France : 3 ; Croatie : 0.
- ❍ **b.** France : 4 ; Croatie 1.
- ❍ **c.** France : 4 ; Croatie : 2.

50 **Charles Aznavour a vendu dans le monde :**

- ❍ **a.** Environ 60 millions de disques.
- ❍ **b.** Environ 110 millions de disques.
- ❍ **c.** Environ 180 millions de disques.

Corrigé

1**a**, 2**b**, 3**a**, 4**c**, 5**a**, 6**a**, 7**c**, 8**a**, 9**b**, 10**c**, 11**c**, 12**a**, 13**a**, 14**a**, 15**c**, 16**a**, 17**a**, 18**c**, 19**c**, 20**c**, 21**a**, 22**a**, 23**c**, 24**a**, 25**c**, 26**b**, 27**a**, 28**c**, 29**b**, 30**c**, 31**b**, 32**c**, 33**a**, 34**b**, 35**c**, 36**a**, 37**a**, 38**b**, 39**a**, 40**b**, 41**b**, 42**b**, 43**b**, 44**b**, 45**b**, 46**c**, 47**b**, 48**c**, 49**c**, 50**c**.

Achevé d'imprimer en décembre 2018 sur les presses de la SEPEC (France)
N° d'impression : 09463181110 - N° d'éditeur : 2018_0235 - Dépôt légal : janvier 2019

IMPRIM'VERT®

PEFC 10-31-1470 / Certifié PEFC / Ce produit est issu de forêts gérées durablement et de sources contrôlées. / pefc-france.org